梦山书系

教育人类学研究丛书

丛书主编 \ 齐学红

# 生活世界与文化传承

齐学红　杨渝东 \ 主编

海峡出版发行集团
THE STRAITS PUBLISHING & DISTRIBUTING GROUP ｜福建教育出版社

**图书在版编目（CIP）数据**

生活世界与文化传承/齐学红，杨渝东主编.

福州：福建教育出版社，2024.9. —（教育人类学研究丛书/齐学红主编）. —ISBN 978-7-5334-9995-2

Ⅰ. G40-056

中国国家版本馆 CIP 数据核字第 2024FF0218 号

**教育人类学研究丛书**

丛书主编　齐学红

Shenghuo Shijie Yu Wenhua Chuancheng

**生活世界与文化传承**

齐学红　杨渝东　主编

| | | |
|---|---|---|
| **出版发行** | | **福建教育出版社** |
| | | （福州市梦山路 27 号　邮编：350025　网址：www.fep.com.cn |
| | | 编辑部电话：0591-83779615　83726908 |
| | | 发行部电话：0591-83721876　87115073　010-62024258） |
| **出 版 人** | | 江金辉 |
| **印　　刷** | | 福建省地质印刷厂 |
| | | （福州市金山工业区　邮编：350011） |
| **开　　本** | | 710 毫米×1000 毫米　1/16 |
| **印　　张** | | 20.5 |
| **字　　数** | | 283 千字 |
| **插　　页** | | 2 |
| **版　　次** | | 2024 年 9 月第 1 版　　2024 年 9 月第 1 次印刷 |
| **书　　号** | | ISBN 978-7-5334-9995-2 |
| **定　　价** | | 58.00 元 |

如发现本书印装质量问题，请向本社出版科（电话：0591-83726019）调换。

序　言


# 中国教育人类学未来发展思考

## 冯增俊[①]


　　近些年来，中国教育人类学学科发展渐呈多样发展势头，有了较大进步，不仅田野研究踏实推进，研究范式多样，还通过创立相关研究团体，举办系列年会及多期田野研究研习班，建设全国教育人类学实验基地学校，编辑出版系列研究成果等，对推进中国教育研究发挥了积极的作用。但由于中国现代社会的后发性，教育人类学主要移植借鉴其他国家的研究范式，这就易于造成这些范式与中国教育实际相脱节，如把美国种族矛盾冲突模式对应到中国教育中，却忽视了中国教育文凭问题；或按中国早期理解来定义学科框架，如用民族学来代替对人类发展的研究；或仅从中国情事定义学科发展之内涵与体裁，如把民族学、人类学及社会学混为一谈，简单地把 ethnography 译为民族志，导致学科被严重窄化、片面化、简单化等。为此，我们需要正本清源，从学科内在的特征和规律，梳理当下的研究乱局，扶正创新，开创中国教育人类学之新未来，为教育科学研究做出新贡献。

---

　　① 冯增俊，博士，广东外语外贸大学南国商学院教育学院院长，广东时代教育学院院长，中山大学教授，博士生导师。（此文由冯增俊于 2022 年 9 月 24—25 日在河北大学举办的"第八届全国教育人类学学术年会"上的演讲整理而成）

## 一、在人类发展框架下把握教育人类学学科体系

世界是人类的世界，人及人类发展是这个世界研究的核心主题，由于对人的理解和满足人的发展要求的视角不同，就形成了不同的世界观和学科体系。最早研究人及人类问题的是早期哲学，而后逐步从以人的研究为中心派生出各种不同学科。19世纪中后期，以泰勒《原始文化》为代表的人类学开始更具专业性地探讨人类发展问题，教育如何传导文化也进入这一学科视野，先是欧洲学者从哲学角度提出教育与人的思考，而后是20世纪初美国学者休伊士撰写论文，探讨教育中的种族问题，从教育的文化传承角度回应教育与人类发展关系这一哲学最高命题，推动人及人类的科学发展以及教育人类学学科的兴起，为我们了解教育人类学的兴起和学科发展逻辑提供了重要线索。

**首先，哲学赋予教育人类学研究总纲。**哲学是理论化、系统化的世界观，是自然知识、社会知识、思维知识的总概括。哲学的最高学科命题，即人类研究都必然聚焦并回答人类的起源和未来，从其各自角度上阐明"人是怎么来的，未来会走向哪里去"，以及为什么会有不同的人、不同的国家，未来走向怎样，等等。

**其次，人类学奠定教育人类学研究坐标。**为了回答哲学这一命题，许多学者为此进行了艰苦的研究，其中以泰勒的《原始文化》为代表，创立起从生物和文化的角度研究人及其文化的人类学，力图通过比较研究人类在不同环境中创造出的不同的社会、政治、经济制度和宗教体系，探讨这些文化及制度之间的异同，从而探求人类发展的本质，回答为什么会有人、人的起源与人类发展等关于人及人类的问题。人类学的研究服从哲学总命题指导，是哲学研究的具体化。

**再次，教育学开辟教育人类学的研究基础。**教育是培养人的活动，但唯有人类学兴起后，其文化传承演化的关键功能才被重视，学者们开始关注教育学作为一门研究人类的文化传承活动及其规律的科学的作用。研究

"为什么会有教育"以及教育在"人成长成人"中的作用，是在整体上回应哲学及人类学关于"人"的命题下展开的，其最终研究结果也必然影响并纳入对整体人的发展的研究的基本内涵。

以上分析可见，正是"人"的由来与发展这一人类研究的核心问题，随着社会发展，逐步引发哲学、人类学及教育学这三大学科的交互作用，催生了教育人类学并形成独特的学科逻辑，在回应哲学最高命题的同时产生推进人类发展及教育改造的有效行动。因此研究和推进教育人类学学科发展必须着眼于三个学科的相互关系，即探求教育在推进人类高级发展中如何促进个体充分发展，从而采取充分有效的教育行动。正是这个框架，为中国教育人类学发展提供了重要启示。

## 二、教育人类学发展特性及其走向

综上所述，教育人类学是在哲学观指导下，借助人类学方法，通过教育场域探讨文化传承的方式，研究人及人类发展的学科，呈现出以下相关特性。

### （一）教育人类学：学科基本内涵

教育人类学作为一门新兴交叉学科，其主旨是积极回应哲学关于人存在的最高命题，展开各式研究。一方面，教育人类学具有人类学的学科特点，接受人类学学科定义与理论框架，遵循其研究原则和方法论；另一方面，教育人类学注重研究教育与人的发展，遵循教育学基本原理，重视人的遗传、环境的作用，通过揭示现代教育规律来解决人的教育问题。

所以，从这个角度上，教育人类学是集人类学、教育学、历史学、文化学、心理学等相关学科于一体，融多种方法于一炉以解决工业化运动下多元化社会教育问题的一门新兴学科。如果离开了三位一体的学科结构，其研究就会极易偏离学科主题。

### （二）教育人类学：历史发展轨迹

在百年发展历程中，教育人类学在人类发展观与个体文化传承作用的互动过程中演进发展。二战期间，人类学家博厄斯、马林诺夫斯基等批判"遗传决定论"和"白人优良论"等，成为教育界反对种族歧视的先声，影响巨大，强化了科学的人类发展观。同时，由于教育人种志研究方法的确立，使文化作用于人的方式变得清晰可寻，如本尼迪克特提出教育具有传递、转变和改造的文化功能，M. 米德以前示性、互示性和后示性文化适应来揭示现代社会代沟冲突直接影响了教育的定位；C. 克拉克洪的教育价值论、A. 蒙塔古的教育人性化等也有助于发挥教育的文化功能。哲学教育人类学对纳粹主义的批判和对教育培养健全人性的探索，也吹响了德国教育变革的号角。

可以说，教育人类学已成为日益受到重视的新兴学科，其中体现出两大发展特点：一是教育学、人类学研究主题与哲学观主导具有高度契合性，使其提供了一个从历史发展高度考察教育与人类发展的新方法和新维度；二是促进学科有效地参与社会实践，对许多国家的教育政策规划制定都产生了重大作用，带动了学科发展，使之成为目前世界上最有影响的教育学科之一，涌现出许多不同的教育人类学学术流派和一批著名学者。

### （三）教育人类学：研究对象

教育人类学以文化背景下的教育与人的发展问题及其规律为学科的研究对象，即应用人类学原理和方法来研究教育与人类发展以及个体的文化教育过程。为此，首先，教育人类学在方法上始终坚持以哲学命题为先导，使之与田野研究的人的成长相对应；其次，在研究目的上不仅关注猿向人转变过程中教育的作用，也重视个体的人在文化中的发展与教育方式的互动，而且更关注特定人类发展阶段对教育模式设计的影响；再次，非常重视在教育人种志研究下，积极开展包括纵向与横向的教育与人类发展的跨文化研究。

### （四）教育人类学："类"与"个"的整体性

考察表明，教育人类学的进步和教育发展都呈现出人类学、民族学及社会学三个学科的紧密互动，对人类发展的探索必须落实在教育实际问题的解决上，而在解决具体教育问题中有对人类发展的定位和追求。

1. 目标上的融合：人类发展与个体成长

教育人类学重视对哲学命题的"人"与课堂教学中文化的"人"的互动性，这是保证学科健康发展的根本。一是重视哲学概括与阐释关于整体的人、完善的人的发展目标研究，力图把握人类发展进程，定义人与教育的关系和作用方式，阐明人作为"类"发展的群体形态。二是重视从具体文化传承体系中研究具体人的文化成长形态。通过具体的在地教育人种志，分析研究教育情景下文化活动中人的文化获得及文化成长，探讨人在教育中不断社会化的过程，在实现文化传承、保存、选择、创新中推动新时代的人的发展。

2. 哲学追求与文化建构：人类远大图景与个体文化完成

在教育人类学的现实世界中，始终呈现着理论上的哲学性人类目标描述与实践性的文化个体完成的真实，促使教育人类学研究工作在坚持哲学高度概括与具体教育行为两者在教育活动本质上的一致性。为此，要做到下列两个方面有机互动。

（1）从哲学上追寻人类整体发展的科学阐释

这方面，许多著名学者开展了很重要的研究，提出了不少丰富而深邃的观点。这其中，尤以马克思的研究最具历史意义，他指出人类的本质是创造性，在改造社会中促进生产力极大发展，也使人类自身获得极大解放，得到充分的全面发展。这一科学发展观改变了世界，他提出通过科技发展提高人的生活和工作质量，使社会分工消失，实现人类的解放。此外，哲学教育人类学家罗特、加纳、斯普朗格都积极探讨人性的完善，提出人发展的特定化、可塑性、可教育性以及教育需要性、教育意向性等，努力提供一个人类发展的高大全形象。

（2）从文化上探讨教育场域中人成长的逻辑表述

许多人类学家通过不同的教育田野解析文化传承下的人的成长过程，

还发起全人教育与实现个体的全人发展的研究。如美国心理学家埃里克森发起自我同一性研究，倡导为儿童建立符合自我发展要求的目标和环境的教育，实现人生科学发展。一些学者还从不同的文化实践出发，研究不同的德道修行下的教育设计。弗洛伊德还提出从本我到自我、超我的人生设计等。

（3）哲学追求与文化建构：人类远大图景与个体文化完成

由于教育人类学学科发展的综合性，学科发展呈现出多样化色彩，并演变为教育人类学的不同研究方向和理论派别，呈现出思维和地域之差，重点表现为两个派别。

其一为哲学教育人类学，主要兴于德语系欧洲国家，倚重德语，强调哲学思维的思辨性和概括性，注重运用哲学人类学原理，从阐释、模塑健全人性的角度来研究教育与人类发展问题。

其二是文化教育人类学，主要流派兴于欧美英语系国家及亚太地区国家，倚重从文化建构的角度，分析教育和文化传承过程中的文化保存、文化传递、文化选择及文化创新对人的发展的作用，注重运用文化人类学原理从跨文化、跨种族的角度来研究教育与人类发展的问题。其中积极开展以田野工作为主要特征的教育人种志研究，为清晰探讨教育文化演化提供了重要依据。

尽管教育人类学由于研究的多样性出现了多种不同研究流派，但是其学科的宗旨和使命依然是同一的，不仅哲学阐释需要文化分析的支持并以之为基础，而且文化分析也同样需要在哲学阐释下进行论证或突破创新。这些流派都不可能相互对立更不可能背离"类"的研究与"个"的发展的内在一致性。

3. "类"的完善把握与"个"的演化达成

教育人类学的发生发展，正是得益于哲学的人类研究、人类学兴起，以及由工业化引起的教育多元文化问题爆发，三者的共同作用推动了学科的发展。

对人的研究源自工业化推进下的欧洲，从英国的纺织工业兴起到德国以铁路开发及内燃机发明应用为代表的新工业革命对教育的推动，促发了人们对人类发展的新思考和新教育变革浪潮。

（1）"类"诠释下教育对"个"发展的作用

德语系国家在哲学研究人的基础上推进教育变革，为现代工业发展奠定了重要的思想基础，做好了人才储备。如新教主义者卡斯曼、康德以及后期哲学人类学家舍勒、普列斯纳等的研究直接触发了19世纪后期德国教育人类学的产生和发展。

20世纪初，意大利教育家蒙台梭利博士出版了世界第一本《教育人类学》，第一次把作为整体"类"的人类学原理应用到具体教育行为上，把生理的人、精神的人、文化的人与完全的人统一起来，把儿童与成年人、病人与健康人、不同区域和文化下的人统一起来，重视文化及种族对教育过程的影响，是教育人类学的重大发展。她的工作开启了人类学框架下的教育与人的发展的新研究。

由于工业化推进了新型的北美现代化发展，带来教育上激烈的种族文化冲突。美国教育家休伊特（E. L. Hewett）于1904年和1905年先后在《美国人类学家》杂志上发表了《人类学与教育》和《教育中的种族因素》等文章。他于1904年在美国费城召开的美国教育科学发展协会年会上提交了一篇论文，呼吁开展教育人类学研究，还提议该协会赞助举办全美教育研究会与人类学学会的联合大会，以"促进教育人类学研究的发展"。他的工作开启了探讨教育文化建构的人种志研究。

（2）学科推进历程中"类"与"个"的时代演进

教育人类学学科的学术转型得益于20世纪60年代三大事件的催化作用。其一是席卷西方的重大政治危机，促使人类学家更系统地参与教育研究。如德国弗利特纳1963年邀请生物、医学、心理学、社会学、哲学和神学等学科专家，在图宾根大学开设了一系列教育人类学讲座。美国戴蒙德主持了一项宏大的学校文化研究，编纂了一套教育人类学评论和文献目录，并组织了一系列讨论，其成果编成《教育的人类学观》（1968）一书。其二是开设相关课程，把人类学研究成果编到大、中、小学教材之中，如大学《人类历史形态》和小学《人类学》读本。其三是许多相关学科的大发展，对教育人类学发展有直接的影响。

### 三、中国教育人类学的创立

中国教育人类学的发展源于 20 世纪初引进西方相关学科成果。但真正兴起却是 80 年代，由于教育发展与教育研究的需要，开始系统地引入国外教育人类学的相关理论和研究成果。其中，中国台湾詹栋梁教授 1986 年出版介绍哲学教育人类学的《教育人类学》，随后一批学者纷纷开展研究，出版了多部相关教材。大陆学者发表相关研究性论文始于 1986 年，以引进和介绍《世界简明教育百科全书》上的"教育人类学"为起端，之后相关研究专著和论文陆续发表，可谓是引进与研究融合并存。

#### （一）中国教育人类学发展特征

1. 沿袭早期"中国民族学会"衣钵

尽管 20 世纪教育人类学重新再出发，但基本框架依然继承 1934 年蔡元培等人成立的"中国民族学会"衣钵，由此把民族教育学、教育人类学、教育社会学看成是一个大学科。如何看待学科发展，依旧以早期的主要学者的观点为主，例如费孝通等学者的观点。为此产生了几个值得研究的重要问题：首先，这是三个学科还是一个学科？教育人类学的学术主体如何界定？其次，随着社会发展，三个学科显现出各自不同的专业性，如何实现三个学科的独特学术性并获得互动发展，已经成为三个学科都必须面对的重大问题。

2. ethnography 研究法的实际应用和学科认可问题

ethnography 研究法是支持人文研究从而使之成为社会科学的关键性研究法，这种方法在英文中表述非常清晰，但是译为中文名称"民族志"后歧义纷争很多。甚至连真正的民族志都无法冠其"民族志"，更何况对人类学、社会学的相关研究，由此出现了各种诸如"人种志""质性研究""民俗志"等的名称。因此，明确 ethnography 的中文名称及使用，其意义非常重大。

3. 移植国际相关的研究范式

中国的教育人类学尽管也有些许本土研究，但是其总体趋势主要偏重移植国外的相关做法和成果，认同西方观点，因此真正推动学科发展，必须破解目前存在的三个困境。

（1）引用国际语言很多，离教育人类学赋予学科的使命却很远。从中国 20 世纪 80 年代再次兴起人类学研究以来，重点依然是采用国际上现有的理论体系和概念套路，有些甚至以交识某位外国学者为关注点，以为掌握学科发展先机，把国内研究作为重新证明国外研究的手段，无视本土研究的重要性。

（2）沿袭老路的研究方式很坚定，也很省事，但离解决中国教育问题的研究却很远，这是目前中国教育人类学面临的现实问题。主要研究方式和基本概念体系沿用旧的框架，回避热点问题，回避争论，尚未能在关键问题上提出真正的解决策略和新的学科体系。

（3）一些学者试图依据中国教育实际提出新的研究框架，尽管能解决当前教育中出现的问题，但由于不入传统框架而备受排挤刁难，致使学科发展依然困境重重。

以上三大困境，造成教育人类学研究多但效果微弱，三大学科主题交错混淆，学科发展逻辑不清，缺乏顶层设计，少了学科引领，田野研究未能得到真正的提升，所做的许多研究发挥的作用不大。例如一些研究虽然揭示了学生学习负担重，尤其过多的培训造成沉重的经济负担让家长难以承受，但是却无法在文化层面建构解决方案，得不到社会共鸣。可见，如果我们的研究未能从过去的模式中脱胎换骨，学科发展就必然在混乱中消沉。

## （二）中国教育人类学未来发展展望

许多著名学者指出，教育人类学将成为教育研究的主流学科之一。这是由教育人类学的学科性质所决定的。今天，无论是文化教育人类学还是哲学教育人类学，都开始受到重视并积极应用推广，呈现繁荣发展之势。

### 1. 教育人类学将成为教育研究核心学科

教育人类学最高层次的追求是促进人的全面发展。只有教育人类学才真正把对人的全面发展的追求与人种志对人的文化获得的研究联系起来，结合起来。"人的全面发展"不能简单地解释为能做各种事情，它是马克思主义对人类发展本质的最高定义，其核心是指从由于生产力不足造成脑体劳动分离的社会分工（这种分工是资本文化造成并赖以发威的恶果），转变为生产力充分发展促使社会分工消亡，消除劳动异化，消除资本文化霸权，使人得到自由充分的发展。这是一个历史发展过程。在这里，推进和发展"对的教育"是关键。为此，把握教育人类学的研究特性，正确发挥教育的功能，有重大的意义。

### 2. 创建科学的中国教育人类学学科方法体系

中国教育人类学要走出移植国外的樊篱，破解旧研究模式带来的问题，最重要的是确立科学的研究观，即既要坚持人的全面发展的顶层设计思想，更要突出学科最重要特征，积极参与教育实践，坚持"改变世界"行动，而不是用概念解释概念，用方法解析方法。马克思说，哲学家们只是用不同的方式解释世界，而问题在于改变世界。中国教育人类学研究者唯有通过改变世界的行动，才能在改变教育的过程中改变你自己；而随着教育的改变，你也会转变成长为时代新人。

所以，中国教育人类学应积极倡导在人的全面发展总纲下，通过参与教育实践研究，把定量研究与定性研究、微观研究和宏观研究结合起来，把对教育发展规律的探讨和教育实践决策的制定工作相统一，从而为更全面地认识教育改革与发展提供一个更科学客观、更有实际指导作用的新视野，推动教育深度改革。

3. 懂得科学应用 ethnography，助力学科发展

中国教育人类学在人的全面发展总纲指导下积极参与教育实践的另一个重要意义是，在真正理解 ethnography 的基础上，科学地应用这一人类学方法开展有意义的研究。一是确立教育服务中国社会实践，在"改造世界"的行动中培养新时代新人才的研究定位；二是按照定位实现人类学对人全面发展的追求，通过人种志从文化传承的视角考察怎样的教育才能与人的发展设计达至最佳契合，为具体教育改革提出建议。其中有三点值得重视。

一是懂得 ethnography 的实际应用，能把握这一研究法的度和教育人类学的"人种志研究"的具体要求，把"民族志"还给民族学等，积极推进不同学科的互动发展。

二是坚持从实际出发，立足教育田野。要懂得什么是教育田野，哪里是田野，如何把握田野研究，如何实现田野研究与总体的人的全面发展互动贯通。

三是树立教育人类学的研究不是靠想象力，也不是单纯靠理论推演的认知定位，坚持研究必须来自对实际教育场域及实践行动的真切体验。许多哲学教育人类学的德国学者也很重视对实际的研究，例如通过考察、统计各种遗传特征对教育及人的发展的影响情况来佐证遗传的作用，又如连续多年对课桌、座位方向及距离对学生发展的影响进行统计，从狼孩研究探讨语言发展关键期，以及各种教育形式对性格和健康的影响来论证人的发展的可塑性、可教育性，等等。可见即使是哲学研究也不是完全依靠推理想象的。

4. 探索新时代中国教育人类学新模式

随着中国发展进入新时代，教育发展再次成为国家重大发展战略的中心议题，因此，创新教育研究，就成为发展教育的当务之急，教育人类学要在其间积极发挥应有的作用。

第一，坚持教育人类学的学科内在逻辑，强化马克思主义关于人的全

面发展观，从中国社会实际出发，把握教育发展的基本规律，建构以人民为中心、以人的全面发展为重点的新教育模式。

第二，坚持教育人种志研究，坚持以教育田野研究为基础，实际研究与理论探讨相结合，创建以新时代中国教育实践为出发点的学科研究新模式。

第三，坚持以服务中国教育为主导，全面参与一线教育改革实践，在参与变革实践中发展学科，在改革教育中创新教育观，建构新时代人的全面发展新模式。

第四，坚持学科开放发展，重视学习、交流、吸收国际相关的研究范式和研究成果。

既然人类学的兴起成就了社会科学，那么教育人类学的发展也必将是成就中国教育实现科学转型的伟力。

### （三）新理事会的工作与学科进步

全国教育人类学学术委员会隶属中国教育学会教育学分会，是国内教育人类学同仁最早开展合作研究的机构，经过十多年的努力，学科有了较大的进步。特别是新理事会成立以来，开展的多项工作也取得了重要成果。如果说前面是开创和初探，那么第三届理事会尽管才成立一年多，就在推进学科提升发展方面有了很大突破，值得庆贺。

1. 学术研究组织工作成果斐然

在扎实开展田野研究的基础上，理事会积极推进学科系统研究工作，使学会有了重要的新发展。一年来，学会的具体活动如下：连续举办 5 期"田野研究在中国：教育人种志研习班"；教育人类学实验基地学校建设项目吸纳了两批学校并举办多期研讨；编辑新的《教育人类学研究》期刊；举办第八届年会以及多种专题研讨；等等。这些活动社会反响大，效果好。这一年学会的工作可圈可点。

2. 实验基地学校建设意义重大

值得关注的是，新理事会推进的实验基地学校建设工作，是学科发展的一件大事。在这之前，中国教育人类学同行大多是坐而论道，或引进西方相关成果，或靠脑袋苦思冥想，部分同行进入教育田野开展人种志研究，可惜为数不多，难成气候。本届理事会成立伊始就积极推进实验基地学校建设工作，这是一件大事，可以说实现了教育人类学学科对教育的专业干预，这是积极改变教育的伟大开端！

3. 新理事会积极推进针对中国教育发展的重大问题的研究

新理事会重视从文化传统和各种传承方式上研讨当下教育发展，通过对新教改行为的审视，探讨对教育本质的追求，重视从具体教育政策到培养人过程中的文化涵养，从人的发展到具体研究课题设计，多次研讨都呈现出学科发展新气息，这是一个非常有意义的新开端。

4. 新理事会工作的新期待

简而言之，就是在积极开展具体研究工作中努力推进学会的发展，用新的学会建制来适应学会未来的新发展。

依据"改变世界"的伟大思想，中国教育人类学应当在回归学科发展正轨下，积极参与及发动教育变革行动，回应当下中国教育的理论和实践问题。例如，回答"教育的作用力"问题。社会发展靠教育，教育促进人的发展以推动社会进步。如何才能做到教育兴，国家亦兴？

又如回答"教育是什么"的问题。眼下中国教育界唯文凭、唯分数问题异常严重，这也是"负担重"的根源。教育人类学应以其学科特性通过实际参与对此做出全新的回应。类人猿缺乏本能性生存技能，但他们通过群居相互学习，不断提升生存技能，从利用工具到发明工具，最终完成从猿向人的转变，并随着工具的创新提高了产业水平，推高（族群）国家发展水平。在这个意义上，一是揭示教育的核心工作是提升人的生存技能；二是唯有办"推进以工科发展为核心的教育才是决定国家发展的关键"，这种教育才是"第一生产力"。那些发达国家如英国、法国、德国、美国都是如此强大起来的。所以，教育人类学唯有坚持参与教育实践，大力推进"改变世界"的思想，实施教育大变革，才能彻底改变唯文凭的教育模式。这也是中国教育人类学能得以真正成长的关键举措。

总之，教育人类学唯有扎根中国教育实践，把人的全面发展与真实的教育变革行动相结合，才能从中汲取中国教育实践的营养，转变"我注六经，六经注我"的研究怪圈，才能在服务中国社会发展、实现人的全面发展中找到现代教育的真谛。这，正是中国教育人类学走向未来之路。

# 目　录

理论前沿

# "禅让制"下的教育雏影

张北北①

**摘要：**禅让制在历史上曾经是一个具有争议性的话题，其存在的真实性与合理性一直饱受争议，不可否认的是，禅让制是人类最初社会形态下的一个特殊历史产物，仅仅存在于尧舜时期，但是在整个中华文明的发展历程中，却有着根深蒂固的发端作用。随着研究的逐渐深入，禅让制不仅仅牵涉到政治制度、文化，我们也依稀从中看到一些教育的雏形，影影绰绰地发挥着文明传承的作用，踉跄地推动着历史的发展。

**关键词：**禅让制　尧舜　教化

## 一、禅让制的真实性

禅让制是一种存在于特殊社会环境下的一种权力交接形式，与其后的世袭制在形态上相割裂，所以，学界一些人对禅让制是否曾经是真实存在的产生了质疑，有一种声音认为，禅让制是后来人附会神话臆造得来的理

① 张北北，当代中国出版社编辑（739607990@qq.com）。

想形态，实际从未真实存在过。但是，随着郭店楚简的出土，"唐虞之道，禅而不传。尧舜之王，利天下而弗利也。禅而不传，圣之盛也"（李零，2007：123—124）。这类记载真实地佐证了《尚书·虞书·舜典》中的"舜让于德，弗嗣"，信史言之凿凿，且依据历史学范畴的"二重证据法"，范文澜先生在《中国通史简编·第一编（修订本）》中对此一锤定音"大致可信"，肯定了"禅让制"的真实存在，然而，史学界始终无法涤荡其真实存在的争议。究其根本，中国社会形态的发展本来固有其延续性，随着生产力的发展而进化，但是，"禅让制"与紧随其后的"世袭制"在形态上割裂，在社会意识上出现悖逆，跳脱于文明序列，自然无端引发各路学术遐想。

尽管相关文献记载以及实物佐证"禅让制"的存在是无可争议的，但是学者们又被困于历史上尧与舜究竟是主动禅让的佳话还是被迫"禅让"的粉饰之辞的囹圄中。"德"是一种人们在长期的宽容环境下培养起来的美好品质，并且对周围人的言行具有积极的影响意义。具有"德"成为族群对个人认同的标准，从而成为是否具备社会组织领导者资格的要求。黄晓平认为中国历史上尧舜时期的禅让制是"以德传德"模式，即以圣传圣、以贤传贤（黄晓平，2012）。因此，诞生于有序的宽松环境下的"有德"成为禅让的核心标准，从而使"禅让"脱离一般政权更迭逃避不开的暴力干涉，从而得以顺利进行。在当时的社会条件下，"德"这一标准的提出，使"禅让制"划定"主动禅让"还是"被迫禅让"的范畴，增加几分说服力。

"德"的本质是什么？《尚书》认为尧是"有德"之人，而对尧的评价基本归纳起来是"格于上下""以亲九族""平章百姓""协和万邦"，总而言之，可以用一句话概括为"使万物有序"。这个序可以被认为是规律，"有德"即是掌握四时与上天的规律。这一点从下文尧"乃命羲和，钦若昊天"中可瞥见端倪。此处的德不仅仅是个人品行，还是一种掌握天地运行规律，使万物有序的能力。所以，尧看重天地运行的规律，尽最大的可能去揣度、掌握其规律。而"历象日月星辰，敬授民时"则是依照天地运行规律安排生产事务，从而使人类获得生产资料。尧获取部落首领的地位，依仗的也是自己可以最大化地掌握四时运行规律，作为"有德"的标志。人类可以借此承接"天命"，抑或"天意"，获得对自然的掌控权力。这是与最初的朴素的对天的崇拜相对应的，也体现人们初次尝试掌握天地运行规律，希冀与自然做斗争的美好愿望。而到了舜的时期，尧"赐舜缔衣，与琴，为筑仓廪，予牛羊"。（《史记·五帝本纪》）绝不是仅仅为了让舜生活富裕一些的生产资料，而是给予舜一定的社会地位。从"缔衣"可以看出尧将舜作为自己人看待。而琴属于乐器，在远古时期，乐器不仅仅是加强品德修养的工具，更进一步说，与乐器相关联的往往是祭祀，将祭祀的乐器赠予舜，则代表舜获得了"天"的认可，是可以继承首领位置的人，也是另一种意义上的"舜有大德"的表示。因此，此处德的实质不仅仅是个人品德，还是舜"受命于天"的一种浅层表现。

受禅者"有德"为什么可以成为"禅让制"的基本原则？尧舜时期，在部落联盟内的考察对象均处于相同的文化认知与地缘条件下，部落首领们亟须建立一种新的选拔关系，以进行权力秩序的集中与重构，维持整个社会组织进行正常运转。在此种条件下，在"德"作为选拔标准的情况下，有能力对他人施加"德之感化"影响的一方便上升为部落领袖，并遵循较其他人更高的行为准则；被"德"影响的一方则成为积极付出"认同"等情感倾向的一方，并且主动衡量自己与部落领袖的德行参差尺度。这种德行的高度差造成情感流动，生成辐射状的社会情感结构，与社会族群的基础结构相一致，起到稳定及辅助社会秩序有效运行的作用。

## 二、尧舜时期首领与四岳的关系转向

尧舜时期首领与四岳的关系并不始终如一，而是随着权力的流转忽远忽近，忽轻忽重，成为这一时期比较复杂的关系体系。

首先，孔安国认为四岳即"分掌四岳之诸侯"（《尚书正义》），可以看出尧与四岳是中央与各部族首领间的协商决策的关系，此时，在决策的地位中，尧处于上位，而四岳处于话语权力相对较弱的地位。此时四岳为尧提供各自领属情况，与尧是上下级汇报与指示关系。《尧典》中，尧向四岳咨询谁能担任四时之职时，四岳中的放齐"首推"尧的儿子丹朱，可想而知，此时放齐也是小心翼翼地揣度尧的意图，此时，尧可以利用自己的权力核心地位，掌控绝对的决策权，尧并未采纳其建议；而尧继续询问四岳谁善于处理政务，欢兜推荐了有功绩基础的共工，"都！共工方鸠僝功"（《尚书·虞书·尧典》）；值得玩味的是，尧并没有正面否认共工防救水灾的功绩，而是从另一方面提出了共工不可胜任之处"静言庸违"，从此也可以看出，尧在与四岳商议政事时拥有绝对的否决权，对四岳的举荐可以以一己之力轻易推翻。与此同时，关于治水事项，虽然尧对鲧也不甚满意，认为其"咈哉，方命圮族"。但是在四岳强烈建议尝试且没有其他备选人才的情况下，尧同意派鲧前往。回过头看，鲧是尧问"有能俾乂"的答案，但是对之前提出"畴咨若予采"的答案则不了了之。最重要的是，对于四岳推荐的丹朱、共工、鲧，尧都能直接指出其优缺点，足以说明尧对他们非常熟悉且知悉三个人各自的具体情况及品行。由此可以看出，四岳对职位安排的影响十分有限，核心权力集中于尧的手里，对集体事务譬如选拔官员的安排有绝对的决策权。

其次，尧问的是"畴咨若予采"，欢兜举荐的共工其可取之处是治水有功，但尧却直指共工"静言庸违，像恭滔天"，证实尧问的"可取之处"不是功绩，而是德行。甚至在接下来直接询问四岳有没有人可以治水。虽然尧对共工的不满远远大于鲧。同时，接下来在"共工有功"的前提下，尧却继续问四岳"有能俾乂"，则是进一步对共工的否定，甚至要求四岳再推荐额外的人代替其位的意图。四岳共同又推举了鲧。虽然尧对鲧的不服从命令"咈哉，方命圮族"也不满意，但是同意让鲧尝试去做，即便鲧治水九年依然没有取得成效，也没有再选举其他人另行任命。"德"与"才干"产生矛盾时，"德"要凌驾于"才干"之上。从尧的选拔标准可以看出，可以被举荐的人必须是"才可以庸，德不能寡"，而这个用人标准也是全部出自于尧的个人设定。这足以看出尧在与四岳决策、处理事务时有十足的分量。

最后，尧在协商决策的背景下，权力的强度渐渐式微，在对舜进行考察之后，基本权力多集于舜的手里。尧与四岳之间，重新引入了舜作为中间人。尧指导舜，舜与四岳协商解决实际事务。至此，四岳渐渐掌握了实际理政状况与话语权，尧对舜的依附性也逐渐加强，小至职能任命，大至权力转让，都由四岳提供消息来源与渠道。此时，四岳渐渐析出了新的职能——为舜提供专属"顾问"，而四岳游离于尧的部族之外，第一次建立了血缘关系之外的萌芽关系，隐隐出现了"帝师"的影子。

到舜时"月正元日，舜格于文祖，询于四岳，辟四门，明四目，达四聪"。舜到达尧的太庙，进行继任仪式，首先就询于四岳，体现出对四岳的尊重与关注，随后才建立治理体系。此时的四岳的职能大抵与后世的"辅政"相类（《尚书·虞书·尧典》），提供的是咨询与问政的服务。但这里有一点需要注意的是，舜咨四岳，《尚书》中记载的四岳一直以"佥"的方式持续回应政事处理，一共推荐了伯禹、弃、契、皋陶、垂等共22人作为新的行政体系。"佥"在汉语字典里是"大家"的意思，在尧时期，四岳推荐人尚不能达成一致意见，个别人会单独给尧提供建议。但到了舜的时期，四岳生成一个话语方向，不再有异见，且舜也没有表达不满意的言行。可见，舜与四岳，此时可以认定初步形成一个话语体系的共同体。

吕思勉教授在《中国通史》提出："政权当归诸一人，而大多数人，可以不必过问；甚或以为不当过问……其通常的事务，总是由少数主持常务的人执行的。久之，此少数人日形专擅，对于该问大众的特殊事务，亦复独断独行。"（吕思勉，2016）对于民主话语权的流向，四岳十二牧渐渐丧失了主动权，权力转移至舜，四岳只有与舜建立方向一致的话语体系，才能获得更进一步的存在价值与认可，其中的管理权依附于舜的决断权，也因此为氏族走向"家天下"创造了走向趋势。

### 三、尧舜时期的"教化"

#### （一）尧舜时期的教化目的与特征

孙培青教授在《中国教育史》（第四版）指出："原始的教育活动，是人类有意识的社会活动，具有一定的目的性，但还谈不上有严密的计划性。"（孙培青，2019）早期的教育活动称不上是真正的"教育"，而是具有一定目的性的，但由于缺乏"严密的计划性"，只能称之为与生产、生活相关的"教化"。教化具有教育的形态，却缺乏教育的逻辑性，是文明传承的根基。

这种教化的目的在于发展社会生产与管理社会生活。所有社会形态向前都需要社会生产力的推进，因此，当原始社会人类逐渐掌握了生产工具的使用方法来提高劳动效率，使生产力获得提高以后，教化则在社会群体中潜移默化地发生，使文明向前发展，从而使群体获得更多的物质生产与生活资料。但是这种教化是片面的，偶然发生的，如果需要大面积实现推广，必须有一个集中管理职能的上层机构将其进行整体性推进，将群众偶然出现的先进行为纳入整体社会生产秩序当中，使社会获得有序管理，从而提高社会的总体生产力。这也生成了"教"的最初形态。

教化的特征主要包括三点：第一，教化没有具体对象，面向全体成员，推进整体社会的前进；第二，教化是教育的初级形态，缺乏严密的计划性与逻辑性，没有建立科学体系，教化的发生是偶然的，是只能依附于统治上层的偶发的具体操作行为；第三，不似教育传递文化，教化传承的是文明，虽框架粗犷却影响深远且有力。

## （二）尧舜时期教化序列

### 1. 尧对官员

尧为了维护社会地位，首先就是通过选拔官员进行分工管理。其中，最典型的方式就是将身怀技能或者有处理问题能力的人安放在相应的位置上。如尧"乃命羲和"专职天文工作。同时，随着生产生活的推进，尧还不断选拔更适合的人接管职位，甚至为了更加科学地选拔到适合的人，对鲧约定了"试用期"，即用真实的工作环境进行"试岗"且长达九年。《尚书》对此记载："九载，绩用弗成。"这种以真实情境培养管理人才的方式也是尧对鲧的教化与培养，但是，没有取得理想的结果。而对于舜的考察，尧则表现出更加谨慎的态度，"降二女"且给予舜充分的"政务实操"的空间，对其进行充分考察，最终决定使其"陟帝位"。这是在宽松的群体中，尧选取的比较温和的选拔方式，这一行径也与尧所坚持的"德行"是选拔人才的标准这一方面密不可分，注定了尧对选拔失败的鲧不会有苛刻的要求与"政绩要求"。

### 2. 舜对部落成员

舜继位后，实施了一系列的政令："觐四岳群牧，班瑞于群后"；"五载一巡守，群后四朝""象以典刑，流宥五刑，鞭作官刑，扑作教刑，金作赎刑"……"流共工于幽州，放欢兜于崇山，窜三苗于三危，殛鲧于羽山"……这些做法无一不体现着舜对族群实施积极的"化民成俗"的政策，同时也达到了"天下咸服"的目的。同时，舜对社会生活的日常管理增加了后期维护环节，不但及时选拔与任免官员，还要进行"三载考绩，三考，黜陟幽明，庶绩咸熙"（《尚书·虞书·尧典》）。从此可以看出，舜虽然继承了"德"这一标准，但是更看重的是被选拔者实际的才干与能力，并且为了维护秩序，还收紧了宽松的选拔环境，进行了大刀阔斧的选拔标准的改革。此时，社会生产力得到一定的提高，有更加紧迫的生产要求，因此急需调整生产关系，对选拔者的"功绩"提出了挑战和要求。更重要的是，前期舜得到尧提供的宽松的政治环境，已经被培养成积攒大量

"前期实践经验"的实干家。因此，舜继位以后，熟悉社会事务，深知"德"教下的社会弊病，他充分发挥其能力选拔最适合的人来进行社会治理，迅速带领族群走上发展生产的道路。

3. 四岳对尧舜

四岳为尧舜提供的是"智库"的作用，相当于在教导尧舜如何做出比较科学的决策，但这种教化随着民主权利的强弱具备不同程度的影响（见表1与表2）。当尧自身没有想法时，四岳提供的是"参考建议"，而当尧自身有既定想法时，四岳提供的是对尧的观念的认同与支持。

表 1 尧与四岳议政情况一览表

| 尧 | 咨询事宜 | 回应 | 肯定程度 | 结果 |
|---|---|---|---|---|
| 放齐 | 选官 | 胤子朱启明 | 否定 | 未任用 |
| 欢兜 | 选官 | 共工 | 否定 | 未任用 |
| 众人 | 选官 | 于！鲧哉 | 否定 | 试用 |
| 众人 | 继任 | 否德忝帝位 | 否定 | 未许可 |
| 众人 | 继任 | 虞舜 | 未否定 | 试用后继任 |

表 2 舜与四岳议政情况一览表

| 舜 | 咨询事宜 | 回应 | 肯定程度 | 结果 |
|---|---|---|---|---|
| 众人 | 选官 | 伯禹 | 肯定 | 任用 |
| 众人 | 选官 | 垂 | 肯定 | 任用 |
| 众人 | 选官 | 益 | 肯定 | 任用 |
| 众人 | 选官 | 伯夷 | 肯定 | 任用 |

由表1与表2情况对比可见，尧对四岳的进言多存疑虑，并没有完全接受四岳的建议内容，四岳建议的结果大多被否定或者勉强成行。此时的尧与四岳，并没有一致的治理方向。同时，从表中可以看出，最初四岳中曾出现过个体建言献策的情况，但被接连否定后，四岳多采取众人合议献

策的方式，这样有利于规避责任，纾解尧对献策内容产生的不满。在尧时期，权力多集中于一身，但对"德"的倾向使这种治理力度被大打折扣，虽然实际的社会事务的内容多由尧一人决定，即便并不采纳四岳的建议，但在形式上也要听一听四岳的意见。而舜时期，四岳的建议基本被采纳，由此可见，四岳在舜的时期，发挥了一定程度的"智库"功能。但需要注意的是，此时仍然没有个人献策的情况，同时，舜对于一些职位依然具有绝对的任命权，并不通过四岳进行商议。所以，"智库"的职能虽然在舜的时期获得一定的体现，但并不充分。

总而言之，教化的过程显现出三条脉络。第一，尧对官员进行考察与岗位实习，以实务教导，但教化效果并不明显，官员多未能完全适应岗位，这种教化存在于具有领导才能的部落首领和统治上层之间，并不下移，是片面的。第二，舜对全体部落成员的直接教导，使族内实务直接落定，利用绝对强势的权力推进，化民成俗。此时的教化处于部落首领与部落民众之间，是自上至下的普及状态，较为全面。第三，四岳对尧舜产生的影响加强，由最初的多不采纳走向大部分认同，此时的教化是从统治上层走向部落首领，是由众到一，由下至上的。这三种流向的教化充斥到了整个社会各层面，从而有力地推动了社会形态的孵化，也萌生了教育的雏形。

## 四、教化对尧舜时期文明的推进

尧舜这一时期的教化对社会文明起着重要的推进作用，并承担了部分教育职能，以潜移默化的方式整体推进社会意识观念向前发展。

### （一）教化的目的

通过分析尧舜时期的三种教化脉络，我们可以清晰地看出，教化的一个最直接目的在于促进社会分层。韦伯曾经指出："财富、权力、声望"

是社会阶层划分的基本维度（弗兰克·帕金，1987）。在物资比较贫乏的情况下，尧舜时期社会财富没有较大波动趋势，权力与声望在尧舜时期需要通过某种介质朝浓度较高的方向进行流动。这种介质既要具有直接目的性，又要关联到社会各群体，从而促进群体间身份认同与流动。

满足介质特征的教化，其直接目的在于管理社会秩序，从《尚书》全篇记载内容可知，当时基本大事在于选官、继任这两项事务，做好这两项社会事务即可维持社会秩序的正常推进。而教化则联动了统治层、群众与部落首领，随着社会生产资料的逐渐增加，部落首领急需获取同样厚度的权力与声望。为此，部落首领不但要承担起明智决策这一重任，减少错误率，还要做出一些符合社会期待的行为以提高声望。因此，从尧到舜，与四岳从"政见不合"到建立共同的话语体系，无一不是为了更好地归置权力与囤积声望。

### （二）教化的内容与原则

从一些文献来看，在尧早期，教化的具体内容集中于对部落成员的言行进行评价，而受制于当时生产力和文明传承方式，不排除有在其他生产力提升下的生产关系变革，但最主要的活动集中于以"德"为标准选拔人才，然后安排适合的岗位进行实习，即德居于才能之前，即便四岳提出的人才，也会因为尧对其"德"的评价不佳而"落选"。这种选官标准凸显了价值观的方向，即"教之以德"。并且，从中原龙山（位于今山西襄汾县陶寺村南）文化系统的陶寺文化来看，考古专家不但发现此处有宫殿建筑、贵族居住区、仓储区，甚至还有贯通天文历法的观象台（卜宪群，2016），这也从侧面佐证了尧在这一时期进行有目的的权力强化与社会分层，并不注重结果与功绩。而舜在通过尧对其"德"的考验并且以"德"继任后，采取了一系列的以"功"选拔、任命官员的措施。第一，舜首先去四方巡守，亲自考察各方官员的政绩得失，并且按照自己对事务处理的认知结构亲自任命了一些人作为官员，取得了比较理想的成绩。第二，经过四岳与舜肯定的人，大多都会辞让并推举其他人，显示自己"谦让"的美德，但是并不能改变结果，从某种意义上看，"弗、让"已经成为一种形式流于"仪式"。同样，舜也没有真正采纳他们的"看法"。由此可见，舜对官员的任命是意志坚定且不易动摇的。第三，舜在任命官员时都会对其提出要求和注意事项，对工作要求有明确的标准。由此可知，舜出身于社会最底层，且对各项工作有基本的正确认知与实践经验，还对等待上任的官员传递自身的直接经验，甚至对其功绩进行定期考核，考核过程中非常注重结果与功绩，没有再额外提出"德"这一标准，由此，"德"仅仅止步于上任前的选拔条件，但是在实践中处理事务时，终究要让步于"功绩"。

### （三）教化的方式

1. 制定政策：天命与人为

为了在管理的过程中施行教化，在《尚书》的记载中，尧与舜分别实施了两种不同的施政方式。尧自居"以德配位"，并在选拔继承人的过程中，也十分看重德行，将"德"纳入核心指标。从"光被四表，格于上下"可以看出，尧并没有实在的治理措施，仅仅是"以德服人"，用德行感召他人。此处不可遗漏的是，尧"乃命羲和，钦若昊天，历象日月星辰，敬授民时"，不但十分重视天文历法工作，而且其本人对上天怀有浓厚的尊敬之情。由此可知，尧企图传达一个观念——"天命授以德"，以此来维持自己的管理秩序，但是，全篇都没有看到尧对自己的管理制定任何规则，仅仅只能通过不断地任命官员来实现秩序的维持，甚至对于气焰嚣张的共工和九年毫无建树的鲧，尧也没有拿出任何惩戒措施。而尧对天的认知在于德行是天赋予人的内在品格，一个人德行美好，即代表天赋予其特殊职责，是高于普通人的。

而舜在尧对其考察期间表现出了自己美好的德行，"受终于文祖"之后，实行了积极的"人为之政"："以齐七政""望秩于山川，肆觐东后。协时月正日，同律度量衡。修五礼、五玉、三帛、二生、一死贽。如五器，卒乃复。"共任命二十二人，使其各司其职，将定期考核作为制度固定下来，维持社会的有效管理。

2. 价值引导：德行与功绩

尧认为自己的内在价值存在于"德"。"协和""平章"，以"光被四表"标榜自己的"神性"。在选拔继位者的时候，提出"汝能庸命，巽朕位"，仍然主张顺应天命，而舜继位时，也要"肆类于上帝"，种种迹象仍然表明，尧主张以德彰显自身的"神性"，自己的地位是顺应天命而得来。选官标准也是依照"德"的高低来定，在尧的观念之中，只要德行高尚，所有事物都可以自动维持其秩序，无须人为的才能去干预。尧对治理的认知即是向内修己，对外证明自己的"德"可以匹配首领这一地位。

而舜因为"有德"而被四岳和尧看重。"帝曰：'格！汝舜。询事考言，乃言底可绩，三载。汝陟帝位。'舜让于德，弗嗣。"（《尚书·虞书·舜典》）尧初步提出禅位的时候，夸奖舜是"可绩"，并没有提到"德"，所以舜知道并没有从"德"被尧认可，所以"弗嗣"。在舜即位后，各部落向舜汇报的标准变成了"明试以功"，从此处看，对官员的价值评判已经从"德"转化为"功"。而舜明确对四岳提出的"奋庸熙帝之载，使宅百揆亮采"，更是强调了要加强人为干预，制造"功绩"。"帝曰：'龙，朕堲谗说殄行，震惊朕师。命汝作纳言，夙夜出纳朕命，惟允！'"（《尚书·虞书·舜典》）舜在此处直接表达了自身的喜恶，并且要求通过"纳言"密切联系群众，获知群众的真实感受，使群众明确自己的想法，而不是执着于己身修德。这些措施也是对当时社会主流的价值观进行引导，让全体成员都处于一个向外积极探索的状态之下，乐于积极发挥主观能动性来获取"功绩"，获取其他族群成员的认同。

3. 激励措施：最早的"赏"与"罚"

唐太宗李世民曾经说过，"国家大事，惟赏与罚"（吴兢，2018），所以要管理社会各项事务，且以"教化"为主，宜采用教育手段。杨昌济曾提出"吾人定赏罚之意义及目的如上，以之为教育必要之手段"（杨昌济，1983）。"赏"与"罚"不但生成了最早的行政文化，而且还成为最直接的

14

教化手段。尧认为"德"是使人接受教化的方式，而舜则大胆启用了"赏与罚"。但二者代表两个治理方向，以一种别扭的方式杂糅在一起，共同成为维持社会治理的措施。关注相关文献可知，文献记载同期最严酷的"罚"仅仅为"流放"，一直没有出现杀戮。这和赏与罚脱骨于宽松的政治环境有关，因此，无论是德行感化还是赏罚，其目的还是教化民众：尧时期主张"德"，与他人交往采取"严以待己，宽以待人"，而且"德"的多寡也无法衡量，因此既没有依据，也没有制定相应的赏罚标准。而舜在每五年一次的巡视中"车服以庸"，这是历史上第一次见到的"赏"，"象以典刑，流宥五刑"出现了历史上第一次"罚"，并且流放了共工、欢兜、三苗、鲧，这几人大多曾经不被尧认同，但没有适用的惩罚措施，至舜，不但施以惩罚，还获得了"天下咸服"的效果。

### （四）教化的结果

在尧舜时期，社会生产力还不能完全满足人类的生活与生产需求，人本身就是宝贵的生产力资料，人类祖先在均衡生产力与生产关系的同时，往往以教化为第一目的，尽量不引发杀戮与流血，不破坏原有的生产关系，这样才能保证原有的生产力不被削减与损耗。

第一，最早的教化是舜时期设置司徒，"布五教于四方"，五教是指父义、母慈、兄友、弟恭、子孝。此事件的深刻意义在于揭示了最初的伦理规则之教化（李长吉，2020：115－116）。而舜也因为家庭和睦而被认为"有德"，由此不但匡正了舜的继位权，还促进社会上的其他成员巩固血缘关系，为后来的"家天下"奠定了观念意识，由此，"教化"推进了中华文明的进程，为私有制观念打下了基础。除此以外，尧设天文与祭祀，舜设礼乐与刑罚，这些渐渐成为治理社会的方式与手段，并作为国家雏形的初始制度延续下来。

第二，尧舜这一时期的文明观念从尧时期的"承接天命"，过渡到舜时期的"人为干预"。这体现了远古先民通过积极探索自然，坚强不息求生存，体现了中华民族刻在骨子里的乐观勇敢的美好品质，培养出中华儿女的不屈不挠的性格特征，为民族个性的形成注入了文明的基因。

第三，尧舜时期由此开启了人类对中华文明的"传承"。文明的传承是人类社会不断进步的特有机制（王赛凤、冷树清，2009：40—44）。文明传承不仅仅局限于物质文明和精神文明，还涉及政治文明。尧舜时期不但通过对社会群体的治理推进了物质文明和精神文明的传递，更重要的是，在一定程度上推动了政治文明的传递。为禹建立夏朝奠定了政治意识形态。

## 五、尧舜时期的教育价值

社会的发展离不开教育，远古时期因为生产力相对落后，且社会形态并不完备，因此，只能称其为社会发展中的教育因素或者"教化"，这里混杂着宗教、生产、天文等雏形。

### （一）教育因素的扩张

恩格斯在1888年英文版《共产党宣言》中，将教育因素分成政治教育和普通教育（中共中央马克思恩格斯列宁斯大林著作编译局，2009）。按其划分的标准，尧舜时期的宗教、天文可以称之为"政治教育因素"；而生产活动的经验则被纳入普通教育因素的行列中。从尧提出"明明扬侧陋"时，教化的对象就被打通了末端，地位低的贤德之人也可纳入考察范围之内；而到舜时期，舜也提出了"夙夜出纳朕命，惟允！"打通了上与下沟通的藩篱，有利于政治教育由上至下传达，也有利于生产生活经验由下至上提炼，从而巩固了社会政治体系。

至于生产活动的经验，《周易·系辞下》中记载"上古结绳而治，后世圣人易之以书契"。从"结绳记事"中可得知，"结绳"无法独立"记事"，只是把相应事件作为符号记录下来，在结绳记事的过程中，避免不了要经由"口述"的方式将"结绳"还原为"具体事件"，这就有了"教"

的意味，生产活动不但需要记录，还需要后世"传承"，同时也为生产力的发展提供了佐证。

### （二）中华民族命运共同体的"原初记忆"

尧舜自远古时期开启了中华民族历史的篇章，承载了中华民族的文化渊源，在当时的社会环境下，发展了农耕文明，迅速提高生产力，加强民族认同感与凝聚力，成为不可动摇的民族向心力。尧舜自身的美好德行与智慧，成为几千年来无法超越的圣贤榜样。历任具有统治职能的历史人物，都把尧舜作为最高的政治理想。中华民族对始祖文化的崇拜成为中华民族的原初记忆，由于年代久远，记载方式落后，给后人留下巨大的想象空间，经由再创造，生成神话，寄托了炎黄子孙对生活的美好向往，鼓舞着后人源源不断地丰富其精神内核，生成中华民族的整体精神信仰。

### （三）初级社会共同意识形态下的价值体系建设

共同价值是指适合于所有时代并且能够得到一切人认可的价值共识。随着权力的集中化，被固定下来的一些社会观念便构建了初级社会的朴素的意识形态，具备了初级社会共同意识，并且在生产力的蒙昧发展阶段，随着社会意识的发展而得到升华，被越来越多的人认可，从而为中华民族形成共同的心理素质提供条件。这种共同价值不但在横向上被同时期其他部落民众认可，通过"觐四岳群牧"以及"四方巡守"，这种共同价值随着空间地域的拓展获得一定意义上的传播；而同时也在经久岁月绵延如逝水的洗涤下，纵向发展成为中华民族传统道德文化，被现代精神价值核心体系所吸纳。对道德体系的丰富，成为"教化"的主要内容。最重要的是，随着权力的加强与后期阶级社会的构建，这一时期的"德"在今后成为权力的流转依据，民众往往对有德之人权力加身的接受度更高，同时，"无德"在后世也成为政权被推翻的主要理由。在后世虽然有无数思潮冲击从原始社会流传下来的朴素道德，但是自古流传下来的"德"无一不包括着顺天命的意境，而"无德"不仅仅表示个人的德行有缺，更隐藏着无德即是逆天之举的批判意味。但是，随着初级社会共同意识形态下价值体系建设日趋完善，"德"的意涵不断丰富与拓展。"德"不再仅仅是"神权"的天赋标识，而是渐渐拓展了新的社会意义，人的群体价值与社会价值被重新发现，"德"从个人品质的彰显拓展到对社会的奉献意义，并生成更加立体的人类群体共同意识，从而为国家与民族的发展壮大奠定了基础。


# 总　论


在远古社会，人类刚刚从生存红线之上挣扎着去建立社会最初的形态，即便出现了诸多生存环境下的艰难困苦，也免不了其朴素的社会观念被后世猜忌与责难，但我们无法忽略这些富含智慧的实践是由中华民族的先民首创，后来发展为中华文明。

禅让制的存在曾经一度饱受争议，但是由于其存在是如此坦荡与理所当然，还反射出人性与智慧的光泽，让今人无法忽略其存在的滚烫痕迹，越来越多的证据表明禅让制是真实存在的，且对社会的发展具有不世之功。今人对禅让制的认可，更倾向于对人类祖先的成就加以认同与肯定。再次关注禅让制下的社会形态，我们不但看到了尧舜时期的远古先民如何一点点探索出人类发展的方法，也体悟到文明脉络的源头如何建立与传承。有传承，有教化，有生生不息的文明，有包容万物的气度。这就是我们如今还能冷静地管窥禅让制古今价值的底气。

在禅让制的社会形态下，我们审视人类祖先如何构建人类社会的初级形态，如何搭建社会角色之间的关系纽带，如何磨炼坚韧的意志，如何鼓起勇气探索未知，最终点燃智慧之光，教化万民，凝聚成中华民族的精神内核，并以"文明"的形式流传至今。

**参考文献：**

《尚书·虞书·舜典》，2009，北京：中华书局。

《尚书·虞书·尧典》，2009，北京：中华书局。

卜宪群，2016，《中国通史1：从中华先祖到春秋战国》，北京：华夏出版社。

弗兰克·帕金，1987，《马克斯·韦伯》，李东、谢维和译，成都：四川人民出版社。

黄晓平，2012，《禅让制与传统中国政权危机化解——基于宪法视角的考察》，北京：中国政法大学出版社。

李零，2007，《郭店楚简校读记》（增订本），北京：中国人民大学出版社。

李长吉，2020，《教化的失落与寻找——〈中国乡村教化百年嬗变〉》，《当代教育与文化》第3期。

吕思勉，2016，《中国通史》，北京：群言出版社。

阮元，1980，《十三经注疏·上册》，北京：中华书局。

司马迁，1959，《史记》，北京：中华书局。

孙培青，2019，《中国教育史》，上海：华东师范大学出版社。

王赛凤、冷树青，2009，《文明传承的开放结构及其功能》，《南昌大学学报（人文社会科学版）》第5期。

吴兢，2018，《贞观政要·论封建》，南京：江苏凤凰科学技术出版社。

杨昌济，1983，《杨昌济文集》，长沙：湖南教育出版社。

张艳涛，2019，《揭露"普世价值论"的虚伪性》，《人民论坛》第1期。

中共中央马克思恩格斯列宁斯大林著作编译局，2009，《马克思恩格斯文集·第二卷》，北京：人民出版社。

**The Embryonic Shadow of Education under the "Abdication System"**

Zhang Beibei

**Abstract:** Abdication system was once a controversial topic in history, and its authenticity and rationality have always been controversial. It is undeniable that abdication system is a special historical product under the initial social form of mankind. It only existed in the period of Yao and Shun, but it has a deep-rooted starting role in the development of the whole Chinese civilization. With the gradual deepening of research, the system of abdication involves not only political system and culture, but also some embryonic forms of education, which play a role in the inheritance of civilization and promote the development of history.

**Keywords:** abdication system, Yao and Shun, education

# 后教育时代下的新人种演化

## ——农耕文明到海洋文明下的教育

毕世响①

**摘要：** 本文用教育人类学的方法，对福建沿海畲族农村和陕北黄土高原窑洞农村以及其他地方进行了考察，把中国农村社会和整个中国社会发展看成一体化的过程。农村社会发展意味着中国社会发展。当下，田野的意义再一次凸显了出来，而现代化下的田野，或者海洋文明下的田野，应该皈依智慧，这个智慧是由教育造就的。教育再一次成为改变社会的本质力量，因为教育不是农耕文明下所有人的生活方式，教育是工业文明或者海洋文明下所有人的生活方式。

**关键词：** 海洋文明　后教育时代　新人种　气质　村落

## 一、灵魂对田野的神入

2007 年 11 月中旬，我带领福建师范大学教育学专业的十几个硕士研究生，到福建省福州市罗源县松山镇八井畲族村（以下简称八井）和八井

---

① 毕世响，福建师范大学教育学部教授（shixiangbi@163.com）。

畲族村小学（以下简称八井小学），自费进行了社会调查与体验，这也是我担任的教育人类学课程的一个环节。

有一次，我说希望到一个村落做点田野调查，研究生黄碧珠说她的母亲陈瑞英老师过去在一个畲族小学（八井小学）教学，母亲常把她寄养在畲族村民家里。母亲退休了，大姐黄碧珍在八井小学教学，碧珠以前在罗源县乡村中学和县城的民族（畲族）中学教书。经过黄碧珍老师的奔波，八井小学林小钦校长和其他六位老师尤英、李丁梅、许礼升、陈晖、郑益平、谢秀銮，八井村支书雷桃弟、老村长雷德明和他的儿子——现任村长雷知文，仗义地帮助我们做研究。我们扛着被子住进八井小学，在村长家搭伙，知文的母亲雷大婶给我们做饭。进村以后，我们又结识了村子的几位主任：雷世荣、雷可仁、雷培忠、雷可寿。黄老师带领我们走访八井，在雷德明家进行了深入访谈；她又带领我们走访了另外一个畲族村横埭，翻过一个山头，再走访一个畲族村竹里，一个汉族村小获。黄碧珍老师17岁开始在竹里小学教书，当时她母亲陈老师在八井小学，后来退休于竹里小学。现在，竹里小学已合并到八井小学，横埭的孩子也在八井小学上学。当黄老师带领我们在山间翻老路穿行的时候，我们似乎回到了几十年前的时空，一个人的青春就像这样行走着。

12月份，陕北榆林学院的曹汉斌教授、科研处张雄处长、社科系傅选刚主任和他们的心理学和教育学老师，又促成了我去榆林学院讲学和考察陕北农村的机会。曹汉斌博士还请榆林学院的一位毕业生白雪老师，接纳我到她家横山县韩岔镇柳白塔村沙家塌自然村进行了短暂体验。我享受了一夜热炕的温暖，家的温情，感受到了陕北黄土高原和窑洞的风情。佛家谓"瞬间即永恒"，禅宗公案有"一宿觉"，我虽不敏，在黄土高原独自享受人类心灵的经历，对国家、社会乃至人类有了另外的体悟。

我从陕北回来，和研究生进行了讨论，这场持续讨论的参与者也包括因故没有去八井的几个研究生。2008年"五一"假期，在黄老师的安排下，我又带了几个研究生和我儿子毕研道去八井，雷可仁法师专门为我们做了一场"过关"仪式，那是他儿子的 16 岁成人仪式，罗源县博物馆馆长黄新强为我们准备了录像机，录像持续了 3 个小时。

我们先在罗源县城拜访了陈老师和她的丈夫黄锦奎老伯。陈老师给我们生动地叙说了她的从教历程，告诉我们一些在畲族村落不为人知的故事。譬如，过去，冬天 1—2℃，女学生都在手里捧一个小手炉，光着半条腿来上学，有些女孩子的膝盖以下用布缠裹起来御寒，男孩子倒是穿长裤子。陈老师把自己孩子的裤子拿来给学生穿，她的工资除了自己用以外，其余的都替学生缴学费、买书簿了，她家把一些村民当亲戚往来。黄老伯是一个普通农民，敬重斯文，当过几年大队书记。我们在一起聊天很融洽，他很健谈，有阅历，有见识，对我们这些后生晚辈很尊重，把我们当作国家的人才。他和我们谈论国家大事，社会发展，他的见解不比我这个教授低，比一般的研究生见解还要高，我从他身上看到我父亲毕彦飞的一些影子。和他们谈话，我体会到"学在民间"的意思。有这样的普通农民，中国会永远坚挺。

我们和罗源的朋友已经成为有来有往的亲戚。八井和黄土高原，已经变成我们魂牵梦萦的地方，一个学术范例，一个启迪学术智慧与德性的地方。研究生对八井的性情是亲历的，是生命对生命的体验，对黄土高原的性情是神入的，是灵魂对灵魂的神入。通过这样的经验，研究生进入了研究场景，更进入了境界。


## 二、生活方式变化是人类自身的教育


传统的中国社会形态早已定型，现代化中国在形成的过程中，远不是定型，当下的一切社会形态都只是一个倏忽过程形成的混沌状态——"倏"与"忽"的意思很复杂，简单说，倏为有，忽为无。《庄子·应帝王》曰："南海之帝为倏，北海之帝为忽，中央之帝为浑沌。倏与忽时相

23

与遇于浑沌之地，浑沌待之甚善。倏与忽谋报浑沌之德，曰：'人皆有七窍以视听食息。此独无有，尝试凿之。'日凿一窍，七日而浑沌死。"（张默生、张翰勋，1993：241）现代化是中国社会发展长期的主题，中国是一个多民族国家，少数民族的现代化过程和汉族的现代化过程是同步的，因为我们都是农耕文明底子。汉族和少数民族在时代上没有根本差别，我们所面临的是一个共同的跨越：现代化。我们应该考虑一个深刻的问题：汉族应该向少数民族学习什么？少数民族也是广义的农耕，他们不是都市文明或海洋文明，中国现代化的根本在于把农耕文明转化为人类的文明高峰。少数民族的文明如震撼灵魂的艺术、强悍的性格、奔放的气质、幽深的哲学连同食物结构一起渗透到汉族，最终改变中国几千年的生活方式、思维方式、伦理道德体系、文化和人种等。即少数民族在中国现代化上，具有某种关键性意义，这个意义主要是人种进化。

解放和改革开放使某些地区与民系一下子跨越了好几个文明时期，如西南、西北一些少数民族在解放初期还处于农奴制时期，新中国的成立使所有地区和人民都要进入同一个文明时期和政治体系。然而，绝大多数民系还是原来的生活方式，如草原民系、山林民系、水域民系、高原民系、土地民系、城市民系，基本上仍然还在原来的草原、山林、水域、高原、土地、城市生活。对某些民系来说，根本性的变化在于从原来的边缘地位进入到了国家的政治体系，大家有了一个政治身份：国家的人民。政治化是这些民系的现代化之第一步；改革开放后，某些民系从原来的生存环境如山林、水域、草原搬迁到了土地（平原）或城市。这个搬迁可能是连根拔式的，以后想再回到那个生存环境都不可能，因为那种生存环境已经不能支撑生活，如在山林里以游猎为生活方式的民系鄂伦春族、鄂温克族，已经整体地走出了千年生活方式，必须改换新的生活方式。生活方式变化就是这些民系现代化之第二步。这两个变化与每一个民系的生活方式相表里。

罗源县人口接近 30 万，其中有 2 万多畲族同胞，有 34 个畲族行政村。全国大概有 70 多万畲族同胞，福建畲族人口占全国畲族人口的一半。

畲族早期的生活方式是游耕和游猎相结合。畲族本来是"山居为农""耕山而食"的民系，有些地方把畲族称为"山客"或者"山哈"，他们自己也这样称呼自己。"山居""耕山"是畲族的根本生活特征，这种特征在福建很典型。"山居"是指住在山腰、山坡，并不是居住在深山老林里，"耕山"即耕种山坡上的土地，在山林砍柴，采集草药，猎取野兽，在溪流捉鱼。这是农耕生活方式，兼一点渔猎生活方式，最后形成单一的农耕生活方式，尽管还有一点渔猎与医药行为，那只是个别人的一种生活手段或者生活补贴罢了，不是民族整体的生活方式。

畲族大致经历了四种生活方式：

远古：游耕生活方式＋游猎生活方式（部落群居，生存依靠部落，山居，游动于一定的范围，刀耕火种，与汉族对立，不与汉族通婚）。

近古：定居的农耕生活方式＋一点渔猎生活方式（宗族聚居，生存依靠宗族，山居，与汉族有交道可打，如租种汉族地主土地，与汉族交易，不与汉族通婚）。

现代：定居的农业生活方式（解放后劳动人民时代，生存依靠集体，山居，与汉族同属人民公社社员，两者倾向于融合，与汉族通婚极少）。

当代：定居的农业生活方式＋游动的生活方式（改革开放后，生存依靠个人与家庭，山居与平地居住兼有，最终脱离山居，一部分人城市居住，与汉族通婚，与汉族倾向于一体化，这样的生活方式和汉族农民实际上已经没有两样了）。

畲族的变化历程，也是中国所有民族（包括汉族）的变化历程。

新中国成立使少数民族发生了实质性的变化。解放前畲族的生活多少在汉族阴影下，山坡田地一般比较贫瘠，租种汉族地主的田地，畲族的生活水准不高。他们处于国家政治体系的边缘，文化教育水平很低，不科举入仕。解放后畲族和汉族一样进入了国家政治体系，和汉族一样在公有制的政治制度下生活，逐渐成为和汉族没有根本差异的民系，成为国家的主人。同时，民族的独特性也减少，有自己的语言而没有自己的文字，教育水准低下，保留的只是某些风俗习惯。总之是一个汉化过程。

需要特别说明的是，近代以来，中国社会实际上走上了一个外力或者外因推动的过程。中国的现代化不是"内源型"的，而是"外源型"的，中国的现代化不是中国社会自身发展的逻辑，而是对西方现代化的追随，或者说，是西方社会现代化"逼迫"的过程。现代化已经成为整个人类的发展趋势，中国社会认同了这个趋势，那么，中国的现代化，就是从"后发型"的现代化成为"赶超型"的现代化的过程。中国是一个多民族国家，民族发展也是相互认同的过程。认同，已经成为社会和个人发展的唯一动力，不管愿意不愿意，民族与个人接受教育，是认同人类、国家与社会的发展，尽管个人的生活和教育之间不一定有对应关系，中国大多数人的生活和教育实际上没有直接关系。接受教育，就是认同自己是现代人，处于现代社会，教育是个人与民族政治化的过程。教育在这里的意思是社会进步，民族进步，个人进步，人类文明进步。这个过程并不轻松愉快，很艰难，但我们应该相信，在这个疼痛之后，一定会诞生出一个更加文明的生命，教育使人们成为现代社会的文明公民。

## 三、八井教育：逐渐成为一家一户的生活方式

八井村由八井自然村和牛洋自然村组成，600 口人，120 户人家，八井 100 户，牛洋 20 户，男女比例上，女孩子多。村子与汉族村庄了无差异，不是想象中的少数民族村寨的样子，只有老年妇女的凤凰髻和畲族语言才是平日能够见识到的民族身份标志。他们都会罗源方言，绝大部分人能够听懂普通话。老年人还有民族相貌特征，儿童则看不出来，清纯可爱得就像自己的孩子。孩子们会说普通话，活泼大方，待我们亲热得像一家人，要帮我们拎行李上楼，没有一般乡村孩子的羞涩扭捏。那几天，他们天天和我们搅在一起。实际上，他们的民族血统很纯正，因为是长期民族

内通婚，现在与汉族通婚还不多。以前，八井和横埭、竹里的村民常去罗源湾捕鱼、捉蟹、采贝，即所谓"讨小海"，他们的长相、皮肤与穿着打扮，具有鲜明的民族特征。

八井坐落在几座山形成的一个簸箕式盆地的最上端，簸箕口是罗源湾，真正是背山面水的自然和人文景观，离县城10公里。八井本来在半山腰，1979年开始村民陆续搬下了山，现在的村庄格局算是坡形走向，还带有畲族过去那种山村的味道。原来的一些老房子基本上还保留在原地，有些房子看起来风雨飘摇，也能够住人。还有几户没有搬下山，因为无力在山下盖新房子；有些老房子住着老年人，他们的儿子住在山下的新房子里。老村长说，这些年的变化主要是盖了一些新房子，其他没有什么。和八井一字排开的畲族村子横埭和竹里原来都在山坡上，充分显示出畲族村落结山而居的民族特征。这三个村落都搬到山下平坦的地方了，有几户人家留在老地方，能够嗅出一些当年的味道。这三个村子之间有相当的姻亲关系，如八井和横埭乃一祖所传，雷大婶的娘家就在横埭。黄老师过去翻山越岭，摸着石头过河，从竹里到八井见妈妈陈老师，现在，宽敞的公路连接了村落，河上有桥，还通乡际客车。这里乡村的水准比我老家江苏徐州农村高许多，八井有村内水泥路，有路灯，许多农民家有抽水马桶。

畲族远古时在山腰搭窝棚居住，近古以来模仿汉族建房居住。和当地汉族民居一样，是所谓的四扇房、六扇房、八扇房，解放前就是如此。现在的新楼房是水泥砖头钢筋结构的，保留着老房子的某些结构与功能，如祭祀、敬神、老年人住后房等。山腰上一座气派的几进院落是解放前建造的，里面曾有一间房子做私塾，教几个畲族孩子念"人之初，性本善"，现在弃置不用，修缮一下是可以居住的。其后人的华居我们也进去领教了一番，是搬下山盖的旧房子，也很讲究。他家是八井的望户，解放前出过财主乡绅，解放后出过县里的干部，乡村的干部。八井小学的建立就得益于他家的一位干部在县府方面的力量，但读书不是畲族传统的生活方式。

八井村民解放前和汉族一样依靠个人或者宗族田产、租赁他人田地生活，兼点手艺如土木、理发、制棺、做桶，一切都带有民族特征；解放后在公有制的劳动人民体系下生活，有些人也兼些手艺补贴生活；改革开放后和汉族一样，依靠个人生存技能生活。过去的农耕工具与技术都快失传了，建造老房子的木工手艺也快失传了。老年人多少还耕种点土地，青年人不会种地，依靠外出打工谋生。他们是农民，"农业生活方式"在这个时代的意义发生了很大的变化：建造楼房、养殖（养鱼虾、养蜜蜂、养牛羊）、打工、各类加工、小商业、在农村行医、主持宗教仪式等。依靠"种田"那种最基本的农业生活方式生活的人家，是最落魄的人，只能过最清贫的日子。土地农业过去是农村的主业，现在成为副业，副业成为主业。八井从新中国成立到改革开放完全是农耕生活，虽然畲民也间或去山间打几只猎物、采药，去海边捡螺，那只是补贴生活，是"靠山吃山、靠海吃海"的方便。人民公社时代，在国家农业以外的个人谋生方式基本上都是禁止的，农业以外的叫"副业"。农村的木匠、铁匠、篾匠、石匠、裁缝、医生、巫医、算卦人、风水师等都是农村职业之一。现在，外出打工成为农村的主要谋生方式和青少年的生活出路，这和上学不上学没有关系。

解放前畲族没有几个人上学，解放后上学就是生活的点缀。政府办了小学，老村长就是当年的学生，只上到四年级，当时女学生占 1/3，教育一直不是畲族的生活方式。学校一直延续至今，到现在八井只出过 2 个大学生。老八井小学在老村子边上的一个小山坡上，面积不大，现在是一个羊圈，陈老师任教时（1979—1981）是 3 位老师。黄老师带领我们寻访时，刚好一前一后 2 位头上留着凤凰髻的 80 来岁的畲族老奶奶，从家里走了出来。黄老师带我们上前和她们攀话，她们还记得当年的陈老师。现在，八井小学搬迁到山下小河边，在横埭村边，校园占地 5332.8 平方米，有 65 名学生，雷、兰（又写作"蓝"）二姓，皆畲族。学校有围墙、篮球场和一栋三层的教学楼。一到六年级中没有四年级，一二年级都是 6 名学生，8 位老师皆汉族。富裕人家把孩子送到县城读小学，成绩优异的孩子考民族中学。这一点和一般的汉族情形相仿。教育，也成为畲族的生活方式之一了。

## 四、一个家庭，两种文明系统

大多数民系只能部分地从原来的生存环境中搬迁出来，不是整体走出原来的生活方式，如草原民系，高原民系等。这里面还有更复杂的情形，如内蒙古草原以畜牧为生的汉族人也许不比蒙古族人少。老年父母一般不会离开草原，年轻父母指望孩子上学有出息，不再回草原，但他们以后能不能和走出草原的子女在一起生活，还存在变数。有些区域，如地跨山东、江苏两省的微山湖，渔民整体上岸定居，农民却在水域养鱼。他们都是两栖生活方式：渔民居住在岸上，仍然依靠水路生活，把打鱼改成了水上运输；农民仍然居住在岸上，养鱼是原来生活方式的延伸，或者是经济手段。这样一来，渔民和农民都在两个家庭体系生活：渔民在岸上有父母养老和子女成长的家，那是不动的家，在水上有夫妻谋生的家；农民在村庄有父母养老和子女成长的家，那是不动的家，在水上有夫妻谋生的家。

淡水渔民的生活方式在整体上发生了四次变化，第一次是新中国成立前，依靠个人捕鱼生活；第二次是新中国成立后，加入集体，也航运，也捕鱼，既有集体生活，也有个体生活；第三次是岸上定居，入了（大）队，集体生活，捕鱼，运输；第四次是改革开放后，主要以水上运输为生，也捕鱼，又回到了个人生活方式。有相当一部分渔民改行，不再在水上谋生。也有极少渔民一直单干，没有加入过任何集体形式。还有一种情形，有些农民、渔民、牧民，想方设法搬迁到城市生活，没有足够的条件，也在城市挣扎着生活。在城市"通行"的生活方法，是对子女的"教育算计"：把孩子送到城市（多是县城）读书——花很大一笔借读费，花钱租房子或买房子，设法在城市谋生，把老父母扔到农村家里。在父母和孩子两头，"理所当然"地牺牲父母，往往是夫妻二人在城市孩子身边和农村家庭之间奔波。

现在出现了生动而尴尬的生活方式，父母和子女对原来的生活环境感受不一样，年轻人希望到山外、水域外、草原外、高原外、农村外去生活，父母仍然生活在老家。黄土高原的一个自然村沙家塬现在只剩下了兄弟两户人家——白大叔和白大伯，其他人家都搬迁到镇上或县城去了。60岁的白大叔有5个儿女，一儿一女通过上大学走出黄土高原窑洞，一个女儿嫁到县城，一个女儿嫁到黄土高原，一个儿子在外跑车。儿子不再回到窑洞，要到都市生存。平时白大叔白大婶两人厮守，照料牲口：十头羊，一头猪，一头骡子，几只鸡，一条狗看门。上午10点多钟吃完第一顿饭，第二顿饭吃完下午五六点钟。农闲时白大叔去县城打工几个月，白大婶一个人在家里照料牲口。一般来说，岸上的人在水上会晕船，渔民在岸上会晕地，白大叔却在县城晕地——黄土高原上的人习惯走那高高低低、七拐八绕的羊肠小道，习惯于寂静地生活，习惯于荒僻的、看不到几个人的场景，习惯于一天吃两顿饭，习惯于没有声息的夜晚在炕上睡觉。白大叔和白大婶在女儿教学的镇上，晚上睡不着觉，因为有汽车声和人声，在县城女儿家住不下去，觉得吵闹，在市里觉得恐慌害怕。

黄土高原的青少年要把祖祖辈辈生存、生养自己的黄土高原"甩"出去。他们倾向于文明本位生存，教育正是青少年把自己和父祖辈的生活断绝的一个意义；父祖辈生是黄土高原的人，死是黄土高原的鬼，他们是人的本真生存，日常生活除了生病、孩子上学外，一天两顿饭，有衣服裹体，钱没有用，时间没有意义，思想多余。这是一种原型本位的生活方式，吃泥土里种出来的土豆、玉米、小米、黍子，菜也是它，饭也是它，宇宙与我何干？然而，生活却极其沉重：结婚得花五六万元钱，另外得给女方一两万元钱彩礼。生活礼数就这样作践着人，钱，在这样的地方太霸道了！所以，他们的生活不是世外桃源式的安逸，是沉重的闲适。

我在干燥的黄土高原的小道上穿行的时候，福建的青山绿水、四季花草在我脑海里跳跃。我的双脚就是黄土里的穿山甲，黄土连天、天连黄土，没有几棵树木，几乎看不到一丝绿意，一阵风刮起来，黄土就把我裹起来。黄土不脏，不粘，钻进眼睛就得和它缠绵一阵子。一个人走上一个小时，也不一定能够看到另一个人。可以把这种意境理解为"寂静的美""荒凉的美""享受心灵的宁静"，也可以理解为"叫人窒息""恐怖""死亡"。这是一个人与自然完全一体化的生存场景，这个一体化，既是自然的，又是不得不。在黄土崖打一个洞，就是房子，冬暖夏凉，不返潮。窑洞上面，左面，右面，前面，就是土地，种植粮食。一草一木，都不浪费，吃也是它，穿也是它，住也是它，行也是它，生老病死也是它，人死后又回到泥土之中。这样，人对自然的依靠成了对自然的彻底依赖，人地地道道地成为泥土的儿女，泥土是人的母亲；工业化是脱离泥土的生活方式，泥土的意义在于利用。

当代黄土高原父祖辈与儿孙辈，正在经历从一种文明向另一种文明的过渡，大概像卢梭描述的"自然人"向"文明人"的过渡。以后，黄土高原的窑洞就有着像蓝田人或半坡人当年的村落一样的意义了。黄土高原才是人类的文化遗产，在那样贫瘠的环境之中竟然生活着那么多的人，有那么令人心仪的文化，她还是中华文明的渊源之一，而中国共产党的政权居然又和她那么紧密地联系到了一起，她创造了人类的奇迹。遗憾的是，热衷于向联合国申请人类文化遗产的人群，不懂得这一点。

## 五、青少年希望依靠教育走进另外的文明系统

社会发展到了 21 世纪，并不等于所有人的生活方式、生活手段和生活观念也到了 21 世纪，可能生活还是几百年前的模式，甚至更早一些。整个农民阶层，依然依靠几千年以来的方式生活，那么，他们的生活观念就不可能发生根本性变化。对于生活在都市的人来说，许多民系的生活简直就在另外的文明冰河期。我乘飞机从东南大海边的福州市飞到西北的世界文化古都西安市，乘火车从西安市到榆林市，从榆林市乘汽车到沙家塌自然

31

村所属的韩岔镇，从韩岔镇步行到沙家墕，就像从一个文明穿越到另外一个文明。

黄土高原在人民公社时代，一个人一年的口粮只有一百来斤，饿得浮肿，大胆的人，如白大叔的一个弟弟就偷偷逃跑到延安谋生。政府不许老百姓跑出去，只能"就地勒紧裤腰带、饿着肚子干革命"。我到白家的时候，正好碰到延安大叔带领他的女婿来看望老哥哥，我有幸和白大伯、白大叔、延安大叔、延安女婿在白大叔家的热炕上喝酒攀谈，也和白大伯上初中的孙子聊天。我后来随延安翁婿一起离开，他们带领我从另一条路走出黄土高原，我领略了黄土高原另外的风姿，然后在一个镇上分手，我回榆林，他们回延安。我去白家的时候，白大叔本来是套毛驴车来韩岔接我的，由于我没有赶上班车，我们没有接上头。一位贾姓大哥给我带了2/3的路，他不能把我送到白家，因为天太晚了，他赶不回去，他极其仗义地给我指点了路，再三嘱咐我只能走大路，不能走小路。外地人天黑在黄土高原走路，就像唐僧一个人在取经的路上一样。这样，我有了一次独自享受黄土高原一个小时的心灵经历，那是一生难得的机缘。天快黑了，我才辗转和白大叔联系上。我在路边一户人家问了路，朦胧中，白大叔在一座寺庙上方等着我。我走到的时候，他老远就喊我，我觉得我就像唐僧取经见到了如来佛一样。我本以为到了白家，却不然，白大叔带着我在陡峭的羊肠小道上又转了十几个圈子，踩过几次小溪。我气喘吁吁，臭汗淋淋，不小心就会掉到沟里去；白大叔却健步如飞，面不改色心不跳。一二十分钟以后，我们才到了白家，这时天已经黑了。

这里的孩子上小学在村里，上初中在镇上，得住校，周末回家，我去的那天正好是周末。白大伯的孙子穿戴打扮是新新人类的样子，头发挑染，身上挂着明亮的链子，大概他的同龄人多是这样。这个小朋友不怎么喜欢上学，等着长大去打工，长大就是初中毕业。义务教育只有9年，儿童16岁左右就去打工。农村没有青少年保护与救助系统，一旦出事，几乎没有任何政府力量援助，孩子只是家庭的责任。农村网吧、游戏厅极不规矩，价钱没谱，甚至提供黄片，没有社会力量管这些事。叫孩子出去打工，要么学个手艺，要么花钱上个职业学校，也是花钱买一个地方长大。最后父母只有用一个古老智慧打发儿女：结婚。这样，父母才能把自己的责任卸掉一大半。

当代青少年除了家庭以外，没有任何可以依靠的力量，父母既是他们的依赖，又是他们的欺负对象，因为他们欺负不了其他任何人。他们既想独立，又想父母把自己的一切都包揽下来。他们的伦理观念不同于父辈和祖辈，总觉得自己和父母不是一条道儿上的人。父辈和祖辈都是农业生活方式，现在生活向工业生活方式过渡，上辈不能教育下辈怎么生活，下辈不能依靠农业生活方式生存，新的生活方式与生存环境又没有形成，新的伦理体系也没有形成，所以，两代人之间的代沟不仅仅是年龄问题，而且是两种文明之间的巨大尴尬。农业文明下的青少年是父母与家庭的孩子，他们的前途由家庭负责；工业文明下的青少年应该是国家与社会的孩子，他们的前途应该由国家与社会负责。

黄土高原完全靠天吃饭，干旱时庄稼种不上。现在一亩地正常产量300 斤，天旱则 100 斤。一户人家一般都有几十亩地，还种点向日葵。粮食一般都不卖，因为扛不出去，多余的粮食喂养牲口（牛、羊、猪、毛驴、骡子、鸡）。骡子与驴子都用来驮东西，尤其得驮水，一切东西都靠人的双脚、双肩。窑洞也得用石头砌门楣做支撑，才能结实持久，防止坍塌。靠人的肩膀抬石头，对一家一户来说，无异于修长城。条件好的人家能用牲口代力。吃水是根本性的大问题，水异常金贵，一般人晚上都不洗脚，既洗不起，也没有每天晚上洗脚的习惯。水从山缝里流出，汇聚成小溪，挑水上山是日常生活。条件好的人家可以用管子从山下把水引上来，改造成自来水，白大叔家就是这样。水上不来时就靠人和牲口驮。估计水中含有某些不好的元素，人们的牙齿颜色发黑。另外，这里没有多少污染，极其寂静，人们却容易罹患某些疾病，这恐怕是营养单调和水质的问题。

这里以土豆、玉米、小米、稷子为主粮，也能够栽苹果树。天旱，苹果和桃子差不多大，甚至比桃子小。没有蔬菜，现在可以去镇上买菜，去镇上一趟，步行来回得半天。过去路远的人赶集两头不见天：半夜起炕，到集镇上买卖一番，赶快回家，到家也是半夜。过去吃麻子油，现在也能去镇上买大豆油、菜籽油、花生油，能够买到其他粮食，如大米、小麦面粉等。社会毕竟进步了，政府修了公路，尽管是"夹心式"的路——土路上铺一层石块，石块上面仍然是土，石块夹在土中间。这样就可以开三轮车、骑摩托车了，羊肠小道不能跑机器。白家有无绳电话，我去白家，是通过白老师在别的地方用手机和家里遥控联系的，我从她家回到榆林学院的第二天，才在榆林市见到她。现代化的生活方式已经进入了黄土高原的窑洞。

考察黄土高原这样的地方，自然会想：他们的祖先为什么要到这样的地方过日子呢？我想，或者躲避战乱，或者逃荒，或者图清净，肯定还有其他因缘，来到了这荒僻的、与世无争的世外天地。曹汉斌教授说，他祖上是陕北别的地方的财主，灾荒年代，一部分族人觅食到了现在韩岔镇所属的黄土高原，发现很容易生存：在高原上打个窑洞就是房子，前后左右都能够种地。那都是无主荒地，人烟稀少，爱种多少地一凭力气，二靠老天，很容易过下去。地方偏僻，没有人来打扰，估计也没有收税的，既不好进来，也不好出去，过着数星星看月亮的散淡、太平、闭塞的日子，颇有几分天不收、地不管的意思，天高皇帝远，自己当土皇帝——土里的皇帝。榆林学院的一个学生小李也告诉我，他家从延安迁徙过来，当时胡宗南与共产党打仗，他的祖先躲避战乱，进了世外桃源一般的黄土高原。斗转星移，时代使黄土高原发生了根本性的变化。当年知识青年没有来亲近它，因为太偏僻、太贫穷了，上级没有派知识青年来，但不等于说这里没有革命风暴。延安倒是派了知识青年，学习延安精神最好的方略就是亲炙延安。

## 六、教育精神与生活精神的合一

我曾经三次在农村进行研究，每次都是几个月，先后成就了两本专著，其一是我的博士论文《乡村生活的道德文化智慧——生活道德教育》，其二是《教育史诗独白——国民社会教育体系诉说》。到八井和其他村子考察的时候，我觉得很熟悉，因为这和我以前研究的江苏徐州的村落，没有根本性区别，只是生活水准和风俗习惯上有差异罢了。我在进入八井以前，就有了某种设想和预感：中国现在的学校和村落，模式是一样的。中国社会在文化上走向了平面化，人在德性和智慧上也走向了平面化，绝不存在贵族，贵族是一种精神与文化，而不是其他，中国社会走向了庶民社会。中国社会希望进入的现代化，其消极意义也正在于此：文化向平面化发展，所有地区、所有民系都向一个生活模式、文化模式陷落。

厦门大学人类学者对八井有十分细致的调查研究，他们在八井驻扎一个来月，出版了《畲族：福建罗源县八井村调查》。八井，一般认为是从广东凤凰山迁徙而来，"比较合理的雷姓畲族牛洋支派的宗族变迁应该是：［明朝］成化年间，［雷］居安与［雷］安和开基牛洋，并在牛洋形成两房。到弘治年间或者后来，安和迁徙八井村，是为八井的开基祖，并在其派系中形成了八井的福、禄两房。清初的迁界，八井畲民迁居吕洞等处，康熙二十年复界，八井畲民回迁后，福、禄两房中均有人再迁徙横埭，并发展至今。所以，才会形成八井福、禄两房的雷姓与牛洋雷姓的疏远，与横埭雷姓比较亲近的现象。"（石奕龙、张实，2005：14）八井、牛洋和横埭都是同一个祖先的子孙繁衍而下，现在极少的几个外姓也都和他们有特殊关系。

解放前，人们依靠家族生存，族属血缘关系是最重要的生存依赖。现在，八井村民的族属血缘关系在生活中已经不是那么重要了，基本上是各人（户）过各人（户）的日子。这在他们的宗族势力上是一个微妙的反映，八井雷氏祠堂早已坍塌，几十年都没有祭祖，族谱散佚。福建一般汉族的宗族势力还有相当的作用，我们在离八井大约三公里的小获村（汉族），看到陈氏巍峨的祠堂、石碑、朝廷命官题的匾额，主人给我们介绍了他们祖上显赫的前辈，如清朝的举人，民国的县长等。陈氏一位长者（退休老师）给我们看了他所记录下来的家谱，原来完整的家谱被革命风暴毁坏了。许多宗族都有完整的谱牒，尤其是客家。长久以来，宗族势力是地方社会的支配性因素，祠堂和谱牒是宗族势力的物化神祇。这种物化神祇和风水观念是一体化的，如八井老村长雷德明认为我之所以是博士是教授，就是因为我家的风水好。庙宇、道观、祠堂和学校，是福建文化的四大山峰，也是地方社会生活精神和教育精神的合一。其实，我老家已经不怎么讲究风水，因为平原地区坟地很受限制，宅基地是村子安排，更讲究不得。家族势力虽然存在，却不是那么坚挺。家族多像一个打散的坷垃（土块），窝里斗得像乌眼鸡，巴不得看你家的笑话，谁还有德性与智慧把一个家族凝聚在一起？徐州六县一市，近千万人口，大概找不到几座祠堂，村庄没有土地祠。这几年村庄庙宇恢复得很热闹，基督教堂、天主教堂也恢复了。我们仍然有谱牒，过去孩子起名都是按照家谱辈分，非常严格，现在是"自由化"。我的名字是按照家谱排列的，我儿子的名字也是我给他按家谱排列的。

## 七、文化精神与生活精神的演进

现在一般村落的日常生活，基本上是几百年前传统模式的延续，不过有了一点新意罢了，绝对不是对固有生活方式的颠覆。而且，似乎社会越现代化，老百姓对传统生活精神越崇拜。如子女教育与风水的关系，青少年命运与神祇的关系，在老百姓的观念中都有非常生动的体现。城市大抵亦复如是。八井的生活精神体现在以下事务中，周围汉族也大率如此。

1. 神祇

村外必有一座土地祠，村子都有一座寺庙或道观，或佛，或山神、将军一类的地方神祇，保佑着一方生灵。人之上必有神灵，那是人的灵魂之皈依。

2. 祭祖与祠堂

家家户户供奉着祖宗牌位，每逢农历初一、十五都烧香供奉。祭祖和祠堂是一体化的家族大事，也是敦睦血亲的场所。只是八井的祠堂已经不再讲究而已，周围汉族很讲究祠堂。这和中国古代的乡校、古希腊的神庙应该说具有同样的意义。祠堂是人的根性之皈依。

3. 住房

从传统的砖头、石头、木头结构的四扇房（三间）、六扇房（五间）、八扇房（七间），过渡到了钢筋水泥的楼房，仍然保留着老房子的功能，特别是祭祖。住房是人存在之皈依。

4. 风水

信风水之至，讲究是"风水在祖坟上，不在房子上"。坟墓在人去世前就修建在山坡，须老人"住进去"才有风水，空坟没有风水。选坟墓要请风水先生，就像王侯将相为自己准备后事，极其讲究。坟墓是人皮囊之皈依。

5. "过关"

保佑孩子平安的法事。须备供品，烧香，放鞭炮，请道士身穿法服、头戴法冠、手摇法铃、口颂咒语地进行 2－3 小时，16 岁男孩的"过关"，实际上是"成年礼"仪式。汉族也同样举行。福建有些地方，儿童的成年仪式仍然存在，只是繁简不同罢了，都以祈求神祇的保佑为要，都要念经或者念咒。这是远古文化的孑遗，弥足珍贵。

6. 婚姻

畲族婚姻完全按畲族的老传统进行，有一套完整细致的程序，目前成为最能代表畲族文化的体系。汉族姑娘嫁入畲族，亦须遵守这个规矩。

7. 葬礼

葬礼亦完全按照畲族的老传统进行，有一套完整的程序。也成为代表畲族文化的一个体系。

8. 老年人

畲族过去也是长老社会，老年人是权威。现在，家庭谁有钱听谁的，"钱老爷"做主；村子里长辈的权威仍在，但如果长辈说话没有道理，晚辈也不理会。也有很多晚辈对长辈直呼其名，甚至不太清楚对方的辈分。老年人的边缘化是当代中国社会的一个缩影。

9. 村干部

村干部是乡村社会的权威，地方社会的"大拿"，地方社会的优势人物。上通官府，下连村民，抑或旁通不正当势力。村干部本身的资格和文化教育水准之间没有直接关系，和地方社会宗族人情的关系更密切。村干部是中国社会政治文化和家族血亲文化的混合产儿。要想改造中国社会，到底怎么对待最基层的村，需要大智慧。大学生去当村官，是不是和村民打成一片？当村官在根本上应该唤醒民众，启迪民智，而不仅仅是采取经济措施。

10. 儿童

福建重男轻女的思想更严重。有些父母把出生的女儿送给别人，顺便收取对方一万元钱。这个时代儿童和教育是捆绑在一起的，畲族过去没有深厚的教育传统，现在儿童教育已成为家庭大事。然而，畲族教育完全是汉族化的，能否通过教育有出息，那就看孩子的造化了。汉族也如此。

11. 女人

畲族过去似乎是"女外男内"的生活方式，女人下田地劳作，上山打柴，男人在家里做饭看孩子。女性的裤腿在膝盖以上，长年累月都是那样，不是有意把裤子挽起来。

然而，畲族的男性中老年人对我们说，过去，女人在家庭处于说话不算的地位，"因为女人不懂得什么道理，乱说话"。现在，女人的地位有了提高。依我们几次在村民家里的交往，觉得畲族家庭的男女关系，与汉族完全一样。女性不再穿"半截裤"，完全汉族化了。

12. 男人

畲族的男性中老年人对我们说，男人一直是家庭的顶梁柱。社会越变化，男人的脊梁越得负重。在这个靠个人经济为生的年代，家庭的天多要男人支撑。

13. 家庭

如果老父母只有一个儿子，一般不与儿子分家，多子则分家；分家的儿子一般都有自己的房子，父母住老房子。分家的老年人由几个儿子轮流供饭，儿子一般也只供老父母吃饭；如果老父母和儿子分家而住在一起，老父母和儿子各吃各的，形同两家人。其情形与汉族一样。

14. 家庭大事

除了婚丧嫁娶、生儿育女以外，家庭大事有二：建房子，孩子上学。在孩子和房子之间，以孩子上学为要。如果觉得孩子上学没出息，那就考虑建房子。房子一直是农民生活的第一事。福建许多地方，无论是不是在农村老家居住，都要竞赛一般地在农村老家建造很奢华的房子。一楼是厨房和杂物间，二楼住人，三楼住蚊子。有没有本事，就看你家的房子。

15. 对歌

对歌是畲族的一个标志性文化，是用假嗓子唱的，不是外人能够轻易掌握的本事，老村长给我们表演过。对歌在过去是他们的生活方式和交流方式。现在，对歌基本只飘荡在婚礼上，其他场合已经没有了，青少年不喜欢，要绝迹了。

16. 肃客

过去畲族家里来了客人，有敬茶、唱歌一类的礼仪，过年接待客人，还要放鞭炮等。现在这些风俗礼仪都简化了。然而，他们对待客人的热情仍然使人感动，和他们在一起大碗喝酒、大块吃肉的快乐，是我们这些书生稀有的人生享受。

17. 服饰

现在的民族服饰只集中在过年和婚礼的女性身上，男性没有了民族服饰。或者，只在某种表演与宣传的场合，才能看到他们穿戴民族服饰。

18. 凤凰髻

过去畲族女性最独特的标志是她们的发髻，未婚女子用红绒线把头发绕成一个圆圈；已婚女子则留凤凰髻，凤凰髻多用红色绒线盘起，十分醒目。现在，只有老奶奶才留凤凰髻，成为畲族文化的孑遗。

19. 畲医、畲药

畲医、畲药主要集中在治疗跌打损伤等，畲医对针灸、推拿也都很在行，这是他们的一门绝技。老村长父子、支书都是畲医。

20. 武术

武术是畲族的特色文化，很深奥，有点穴功夫。现在师傅不给一般徒弟传授点穴功夫，因为怕伤人致命。解穴道是和医术结合在一起的，还得及时。过去常在农历正月和八月练武术，多用来防身和健体。现在会武术的畲民已经很少，他们认为武术不是刀就是枪，容易出事，不如徒手武功实用。

21. 民族意识

畲族和周围的汉族能够相处和睦。我们和罗源的汉族朋友觉得他们还是有民族意识的，这是一个微妙的话题。

## 八、教育精神与生活精神的合一

福建的村落保留了许多文化原型，往往一个村落就是一个姓氏，那是一个祖先繁衍的后人，他们都是血亲关系，体现出某种氏族社会的特征。这一点，在福建、江西和广东的客家村落，是很普遍的。福建龙岩市各个县非常著名的客家土楼，都是当年一个家族的杰作。几年前，我带领我的儿子毕研道，随我的同事和永定县客家籍教育学研究生李恒庆，去闽西考察客家文化。先考察永定县湖坑土楼，乃林氏祖业，如振成楼等，当年曾被美国卫星误以为是中国的导弹发射基地。土楼或圆形，或方形，或半月形，可以住进一两百口人。抵御土匪时，把门一关，半年足不出户，里面有足够的粮食、蔬菜，还有家禽、牲口，而水井居然还分阴阳二井，真正令人叹为观止；接着考察福建客都长汀，长汀乃汀州府与长汀县之治，客家文化与红色文化融会的地方，流淌着汀州乡试地、苏维埃政府、瞿秋白牢狱三重文化味道的院落，使人觉得脚下的每一寸地，院落的一草一木，院落上空的每一重空气，都是悠远神圣的。穿行在街巷，不是客家传统的文化堡垒，就是革命文物，简直在文化中裸泳，接受文化的洗礼与涤荡；最后，考察培田古民居，那个民间故宫一下子把我的心灵拉到了乡间城堡。

浸淫了几百年乃至上千年人间味道的客家土楼，正是客家智慧和德性的沉淀与绽放。去年，李恒庆把他们李氏家族庞大的祈福活动录像光盘送给我，使我更加意识到宗族势力在地方社会的作用，非客家村落，亦复如是。福建籍研究生常常给我说起他们的村落，祠堂，谱牒，祖坟，成人仪式，风水讲究，等等。村民在祠堂与庙宇上很舍得出钱出力，华侨在修建祠堂与庙宇上也极其慷慨。在宗族势力背后，实际上是对教育的虔敬，每个宗族都希望出人才，人才一般都是通过教育途道培养。尤其是客家，本来是从中原迁徙到南方的士族，自身有非常高的文化，他们对教育和文化一直保持着崇敬的态度。尽管出人才的途径很多，教育才是正途，使人能够进入国家政治体系。

每个村落都有幽深的文化底蕴，小获陈氏祖屋门前溪水里还有鱼儿游弋，当下还能够领略到这样的境界，仿佛桃花源。小获村外的一座古老石桥勾走了我们的魂魄，河水、白鹭和其他水鸟、竹林、青山，使人恨不得与这些生命化为一体。又宽又长又厚的石板，不知道是怎么架起来的。后来在罗源县博物馆，我们知道那座桥叫福寿桥，乃北宋所建，这样的人文景观在畲族村落是不容易遇到的。小获和八井文化底蕴的鲜明对比，使人感到某种突兀，八井的宗族势力和文化底蕴，和汉族相比较，是另外一个境界。那么，就很容易理解，和汉族村落比邻而居的畲族村落，在新中国成立后与汉族村落组成一个人民公社的社员大家庭，自然会在文化境界上向汉族靠拢。

福建文化是从中原移植过来的，而且是异常完整生动的移植。如果要研究中原文化，福建也许是比河南一带更有意义的地方，因为它更说明了文化的适应性、持久性和创造性，说明文化是人化，更说明文化是活的，是生命。我想，当下的社会变化如此迅速，几个世纪以后，要想知道中国当下的文化是什么样子，恐怕很难了，因为没有了文化移植的泥土。现在的文化被商业和文化一体化糟蹋得不成样子，东西南北都吃一样的食物，穿一样的衣服，住一样的楼房——如有些地方的"社会主义新农村"模式，大家住的都一模一样，城市建设更是一模一样，乘一样的车子，说一样的话。更令人痛心的是，学校教育系统之中根本就没有生命文化内涵，都是抽象的文化饼干，早已经没有了文化的新鲜味道。中国地大人稠，民族众多，文化根基各异，居住条件复杂，生活习俗多样，应该走差等发展之路，不能一刀切。差别是文化产生的根本，文化的本质在于永恒与人种。落后地区保存了比较完整的文化原型，人的基本生存意义在落后地区很明显，即：人活在世界上，最需要什么？正如摩尔根的《古代社会》一样，我们可以从蛮荒部落看到整个人类的文明，整个人类的文明制度也只有在那里能够看出来。

中华民族的生活方式本来就是多种生活方式的融合。当代中国的现代化，应该是中华各个民族文化的再一次大融合，文化将成为中国发展乃至人类发展的根本力量。人与社会的再一次文化化，也就是形成现代文化的人与社会，这样的文化意义将是教育的核心内容。过去接受教育成为有文化的人，现在接受教育成为有精神的人。

## 九、教育意义：后教育时代与新人种

我们这个民族，没有经历过类似意大利文艺复兴、法国启蒙运动那样的文化教育洗礼。从清朝末年到改革开放以前，战争与政治运动一直缠绕着中国社会，虽然我们也曾经有过被西方人称为"中国的文艺复兴"的五四新文化运动，新中国成立前一直围绕着"教育救国"的思想进行的教育运动，到新中国成立后毛泽东用政治手段进行的一次又一次运动，都尚未造就出实践现代化的公民。造就能够实践现代化的中国公民，是当代中国教育之根本。在所有造就公民的运动之中，教育是最道德、最平和、最持久和最根本的运动。所以，教育应该成为当代中国社会发展的根本运动。教育在根本上应该是国民社会教育，这样的教育，可能还带有启蒙性质。

中国之所以在这一个多世纪没有产生出新公民，在于中国的农耕文明性质。教育不是农业文明的生活方式，教育是工业文明的生活方式。在农业文明下，教育是高于生活的，在工业文明下，教育就是生活。农业文明和工业文明是两个不同的伦理道德体系，进入工业文明就是进入另外一个伦理时代。当代青少年无疑是过渡时代的伦理人类，实际上，这个时代的所有人都是过渡意义。农业文明下接受教育，是为了人的文化修养，是为了人自身的完善，工业文明下接受教育，是为了生活。在这个从农业文明向工业文明过渡的时代，接受教育，教育的意思有几分异化。我们进入了后教育时代：教育既具有农业文明的意义，也具有工业文明的意义，同时，教育既不具有农业文明的意义，也不具有工业文明的意义。教育逐渐成为这个时代所有人的生活方式，却逐渐失去了它的精神。

现代化应该是多种文化方式和生活方式的融合，不是单一的文化方式和生活方式。这是我们曾经的文化方式和生活方式，并不是新的文化方式或者生活方式。譬如，福建畲族是游耕文化方式与农耕文化方式的结合，间或有渔猎文化方式，以农耕为主，从山腰逐渐移居到山下，那是向汉族靠拢的结果；陕北榆林是中原农耕文明与草原游牧文明的汇聚交融，现在还能感受到榆林的游牧文化方式和游牧生活方式。榆林是一个奇特的地方：自然环境恶劣，地上极其贫瘠——干旱、风沙、黄土高原，地下极其富裕——煤炭、天然气、石油、高岭土、岩盐，简直就是金盆，是著名的资源富集的贫困地区。每个地方的文化都是立体的，既有地上、地下的立体，又有过去、现在、将来的历史立体。以榆林为代表的中国北方社会，实际上都带有游牧文化方式和游牧生活方式，他们不是原来的中原文化，榆林和匈奴文化、党项（西夏）文化等北方少数民族甚有渊源，他们的过去是异常辉煌的。那么，如何对待中国的各个地方，如何用地方文化实现地方的现代化，如何把古代的辉煌现代化起来，将是现代化的根本智慧与德性。现代化是中国社会各个民族文化方式、生活方式、思维方式的再一次融合，必将产生新的文化人种。汉族要更多地向少数民族的文化方式与生活方式靠拢。人类的生物人种一定会杂交，只有文化人种才能持续，文化血统才是最终的血统。所以，现代化在最根本的意义上是人种融合意义、文化融合意义与生活方式融合意义，不是别的，那么，和现代化相表里的教育，就应该是新人种、新文化、新生活、新思维意义。

在具体的现代化进程中，一个巨大的智慧是如何对待农村。现在的思维是"城乡一体化"。"城乡一体化"模式可能是一个非常危险的文化模式，应该是"城乡两枝花"，因为我们追求的是多元文化和多元生活方式。在现代化的历程上，中国的农村和城镇是同步的，城镇现代化并不比农村现代化早。现代化还是一种思想方式，中国城镇思想水准并不比农村思想水准高。农村城镇化似乎有把城镇当作现代化的榜样的意思。这本身是有矛盾的，因为暗含着城镇已经现代化，农村并没有现代化。也就是说，似乎我们并不清楚到底什么样的生活场景是人类最理想的生活场景，什么样的生活场景才是有思想的生活场景。中国的现代化，在根本上是农村的现代化，因为中国是农耕文明。而现代化的根本是人的思想、精神、文化、伦理道德的现代化。现代化得先化人后化物，教育在这个过程中首先是造就现代化的公民，教育担负着改造或者转换国民政治身份的意义。我想，梁漱溟先生在山东进行的乡村建设运动，晏阳初先生在河北定县进行的平民教育，就是造就民国时代中国公民的运动；"城乡一体化"可能的危险在于文化的一体化，而文化在于差别，怎么继承和发展农村文化，怎么使传统的农村文化现代化，又不失去文化的精神，才是根本。再过一千年，还有农村，那时候的农村，就是从现在的农村，乃至两千年前的农村演化来的，就像今天的国家就是从摩尔根所描写的《古代社会》演化来的一样。尽管不再回到小农文明的田园生活，我们可能会在思想上寻找小农文明的田园生活的闲适与惬意，寻找生活精神，寻找理想的生活场景，寻找教育精神，寻找人，教育到底是为了什么？因为那是一种放松的生活方式。城市和乡村是人类所经历的两种生活场景，也许乡村这种场景更经济、更道德。

## 十、游牧文明・农耕文明・海洋文明・气质・气度

教育，归根结底的意义是改变气质。

人类的文明历史，就是自己教育自己的历史。

古老的中国，从三皇五帝以来的农耕文明走来，现在应该走向海洋文明了，在根本上意味着中华民族气质的改变，从农耕文明雍容华贵的气度走向海洋文明轻盈曼妙的气度。从凝重入世的尧舜人格，走向《庄子・逍遥游》中空灵出世的藐姑射神人："肌肤若冰雪，淖约若处子；不食五谷，吸风饮露；乘云气，御飞龙，而游乎四海之外；其神凝，使物不疵疠而年谷熟。"（张默生、张翰勋，1993：82－83）

榆林位于黄土高原和毛乌素沙漠的交界处，地处河套之南黄土高原与草原的接壤区，是农耕文明与游牧文明交接的地方；东南大海之滨的福

建，是农耕文明与海洋文明交接的地方，使固守土地的中国人漂洋过海走上了世界。榆林是古代匈奴活动的一个地方，其中有现在唯一能够见到的匈奴都城遗址统万城。我站在榆林的古城墙上，在心灵上体验着我曾经在内蒙古的生活感受，我的气质之中某种悠远的东西在内心澎湃着。

我无意间在心灵上经历了游牧文明、游耕文明、农耕文明和海洋文明，中国的现代化应该是中国曾经经历过的游牧文明、农耕文明和海洋文明的现代化，最终的意义集中在海洋文明上。文明的变化，是人类气质与气度的变化。游牧文明、农耕文明和海洋文明是人类曾经经历过的三种不同文明形态，三种不同的伦理和道德体系，也是三种不同的气质与气度。游牧文明是自由气质与气度，带有人类的原型意味，原始、粗犷、率真、质而不俚，少矫饰；农耕文明是德性气质与小农气度，人类脱离了原始，却失去了几分率真，文质彬彬，然后君子；海洋文明是智慧气质与大气度，人类有了解脱的感受，是诸种文明之集大成者；以后，人类也许会走上太空文明，也就是宇宙文明体系，那是农耕文明所理解的神的文明。人，最终要成为神的。

与古希腊文明比起来，中华文明的小农气质，温雅有余，雄放不足。古希腊文明实际上是游牧生活、海盗式掠夺生活、定居的农业生活和工商业以至海外贸易生活几种文明体系的综合，这样的文明体系铸就了西方文明精神。古希腊道德带有守成与掠夺二重性。那样的文明既有海洋的智慧，又有土地的德性与庄重。而在他们的头顶上，有诸神的威严。中国化的佛教里面有一些不激昂的情调，容易使人昏沉或消沉；基督教很激昂，使人热血沸腾。佛教至少在形式上远离社会，游离于社会，它针对的是人的思想，而不是社会结构，用静态来表达动态；基督教则要驾驭社会，控制社会，它既针对人的思想，又针对人的社会组织，用动态表达动态。

中华民族是勤劳、勇敢的民族，还应该是具有英雄气概的民族。一提起匈奴民族，我们就会想起"英雄气概"，匈奴民族建立草原游牧奴隶制帝国，和中原建立农耕封建制帝国是同时的，以后中国土地上的这两个文明体系经历了多少个世纪的缠绵。匈奴民族在中国的北方、中亚乃至欧洲各地的争战、迁居，实际上就是文化和人种的融合，作为民族的匈奴虽然在公元6世纪后基本消失了，他们的血统和人种文化已经同化到世界其他民族的基因之中。我们生活在信息时代，却希望享受游牧情调："敕勒川，阴山下，天似穹庐，笼盖四野。天苍苍，野茫茫，风吹草低见牛羊。"实际上，这种游牧境界和海洋境界互为表里，游牧文明和海洋文明在自由和生活情调上很一致，都带有极目远望，天野相接，无比壮阔的景象。辽阔的草原就是辽阔的海洋，所以，人类到了海洋文明，实际上是在心灵上回归到游牧文明，也就是回归到人类文明的一个起点。这也能够说明一代天骄成吉思汗为什么会有那么大的作为：匈奴民族具有海洋气质。

之所以说我国文化"博大精深"，正是因为中国是一个多民族的国家，每个民族都有自己深厚精到的文化，民族之间的交往在最终的意义上都是文化交往。这是理解中国文化的一个关键。在现代化的过程中，汉族应该向少数民族汲取什么，实际上是向历史汲取什么。少数民族到底怎么现代化，教育在这个过程中的意义，应该是一个战略性的意义。中华民族具有多元文化，在历史上，我们有过民族文化的融合，如所谓的"五胡乱华"，就是北方少数民族进入中原，把他们的民族文化带到中原的过程，那是形成中华民族的一段重要历史。从那以后，中国人种、文化、生活方式都发生了积极的变化——尽管不可避免地同时具有消极意义，使中原的农业生活方式之中融合了游牧民族的畜牧生活方式，也使少数民族的强悍气质、奇异哲学和艺术融合到了汉族气质之中，这是极其积极的民族人种进化意义。

然而，人类也许永远都脱离不了蒙昧与野蛮，譬如，科学技术在我们的手里似乎只是攫取自然资源的工具，教育似乎只是个人往上爬的梯子，被教育托起来的人多对教育没有多少虔敬之心。教育就在于使人类开化，文明，社会进步，脱离蒙昧。今天这个时代，似乎我们更加蒙昧了，可以把这个时代称为"后蒙昧时代"，或者"后野蛮时代"。

**参考文献：**

卢梭，2004，《爱弥儿——论教育》，李平沤译，北京：商务印书馆。

《畬族简史》编写组，2009，《畬族简史》（修订本），北京：民族出版社。

石奕龙、张实，2005，《畬族：福建罗源县八井村调查》，昆明：云南大学出版社。

杨伯峻，1960，《孟子译注》，北京：中华书局。

张默生、张翰勋，1993，《庄子新释》，济南：齐鲁书社。

## Neo-racial Evolution in the Post-education Era
### —Education from Agricultural Civilization to Marine Civilization

Bi Shixiang

**Abstract**：With the method of educational anthropology，this paper investigates the Fujian coastal countryside in which She Minority live and the cave dwelling countryside in Loess Plateau of Northern Shanxi where many farmers live，and some other places，regards the Chinese rural society and the whole Chinese social development as an integrated process．As a result，social development in the rural means the social development of China．At present，the significance of the field is highlighted again，and the field at the background of modernization，or the field at the background of marine civilization，should be converted to wisdom，which is created by education．Education is once again an essential force to change society，because education is not the only way of living for all people in agricultural civilization era．By contrast，education becomes the necessity as every citizen to survive in an industrial or marine civilization．

**Keywords**：marine civilization，Post-education Era，the new human species，temperament，village

# 儿童的"未来"与"现在"的学校空间生产

## ——基于社会空间生产理论视域的分析

欧阳小蝉①　齐学红②

**摘要**：学校空间承载着儿童的现在与未来。社会空间生产理论视域下，作为象征意义的儿童的未来在学校中表现为：物理空间构建的"未来"感知基础；精神空间布展的"未来"制度筹划；体验空间传达的"未来"具身实践。这一未来空间生态虚化、压抑与代理了儿童的"现在"，使得学校呈现儿童的未来空间膨胀、现在空间压缩的现代性表征，导致儿童身体行动上瘾，率性情感不在场，以及向内崩溃的空间体验。学校教育低效失真。现在与未来的关系失衡提示学校空间应由生存竞争之所走向关注儿童生命历程的成长之所。

**关键词**：时间空间化　学校空间　社会空间

儿童的现在和未来是根植于人的现实性与超越性的两个重要的教育面向。鲁洁提出，人的超越性存在是教育的人学依据，也是教育之所期待（鲁洁，2007：6—11）。教育要实现人的超越，必须从现实出发，使人从现实性中看到各种发展的可能性，在改造现实中将可能性转化为现实性，

---

①　欧阳小蝉，南京师范大学教育科学学院博士研究生（ouyangxc1993@163.com）。

②　齐学红，南京师范大学教育科学学院教授（qxuehong@126.com）。

从而获得自由（鲁洁，1996：3－6）。这意味着教育的超越是基于现实的超越，教育面向儿童的未来需立足于儿童的现在。

随着人们对效率和可见成果的日益青睐，学校教育出现未来导向侧倾现象，儿童的当下体验被忽视、被排斥。这在时间维度上表现为学校中的未来时间成为现在时间的指挥棒，现在时间则处于没有合法地位、被强行打断的状态，沦为一种无法维持的空洞瞬间（白倩、于伟，2021：50－60）。在这种时间饥荒文化中，学生深感紧张、不安与焦虑，真实而生气勃勃的当下生活渐渐隐退。这一系列体验的生成并非时间单维度作用的结果。事实上，正如戴维·哈维（David Harvey）所言：空间和时间体验共同作用于社会关系和社会行动的编码和再生产（戴维·哈维，2013：282）。福柯（Michel Foucault）更在《权力的地理学》中宣告我们这个时代已经进入空间的纪元，焦虑与空间有着比时间更甚的根本关系。未来侧倾在空间维度上已有显现：一方面表现为精神空间中的未来导向思想，尤其是成人在决定论模型的线性思维引导下，以其对儿童未来的想象为视角看待当下的儿童，"一味关注儿童成人之后将会变成什么，关注儿童成人后在社会秩序中的角色及其对社会的贡献"。结果导致儿童的非组织性活动被排斥，在地体验被淡化。另一方面表现为体验空间中的未来主义意象。自20世纪以来，工业社会将未来主义思潮对速度、力量、机械和征服的崇拜渗透进学校教育，通过营造"向上进取"的校园美学，表征一种旨在追求高速度、快节奏、革命化的激进教育哲学。那些由多元新型材料塑造，传达"腾飞与天空""劳动与力量"等主题的校园雕塑就是其中的剪影（熊和平、段俊吉，2019：65－74；贾涛飞、熊和平，2018：37－42）。在高速的、科技的、机械的学校教育中，学生成为持续高速的"进步"、不知疲倦的"劳动"的附属品，失却了平和感、意义感和求知心。未来空间在学校中越发占据重要地位。然而，无论是精神空间还是体验空间都是社会空间的维度之一，就学校这一社会空间的整体而言，儿童的未来究竟在其中如何存在，它又以何种方式使儿童的现在陷于逼仄，继而呈现未来侧倾现象？本研究依据时空一体性思想，将儿童的现在和未来具象于学校空间之中，以亨利·列斐伏尔（Henri Lefebvre）的社会空间生产理论为解释工具，探讨学校中儿童的未来与现在现实的空间样态，以期调和学校中未来与现在的关系，提示教育工作者从对未来图景的憧憬与奋发蹈厉于当下的学习效率中走出，关注儿童当下的意义。

## 一、社会空间生产理论：
## 审视学校中儿童现在与未来关系的新视角

人类的空间认识经历了物理空间、精神空间到社会空间的演变过程。长期以来，自然科学将空间视为独立存在、客观无限的三维实体，是存在于其中的物体的前提（Smith N. K.，2003：162），哲学领域将空间视为纯粹的精神空间，是内在于认知主体的，纯粹的先验直观形式（康德，2017：56—58）。空间与社会无甚关联。在早期社会学家那里，社会空间也只是隐晦、零散地被提及。如西美尔（Georg Simmel）提出空间是人的心灵活动的外在表现（盖奥尔格·西美尔，2002）；涂尔干（Émile Durkheim）认为空间是社会组织形式的影射（爱弥尔·涂尔干，1999：47）；马克思（Karl Heinrich Marx）则批判资本利用"时间消灭空间"以实现全球扩张（中共中央马克思恩格斯列宁斯大林著作编译局，2013：526—527）。整体上，相较于时间的动态变化，空间则是静态虚空、僵化被动的存在。20世纪60年代后，伴随着西方资本主义国家工业化、城市化的加速推进，城乡差距与贫富分区对立引发的争取居住权运动在各地爆发，居民矛盾日益激化。一系列社会问题越来越以空间的形式呈现出来。在此背景下，西方新马克思主义学者尝试以马克思方法论揭露现代社会的空间性问题，以期构建开放、多元、诗性的社会空间。其中，亨利·列斐伏尔通过观察日常生活，意识到资本主义生产方式与空间生产之间存在内在关联，需引入空间叙事逻辑加以剖析，从"空间中的生产"转向"空间本身的生产"。就此，社会科学领域的"空间转向"正式开启。作为西方空间政治批判理论的开拓者，列斐伏尔基于马克思唯物辩证法提出的社会空间生产理论，既为资本主义全球扩张提供批判工具，也为现代性裹挟下的日常生活异化提供新的分析视角，引领着戴维·哈维、爱德华·威廉·苏贾（Edward William Soja）、米歇尔·福柯等后现代主义者的社会空间探索。

亨利·列斐伏尔指出（社会）空间是社会生产的空间，这一同义反复的界定表明社会空间既非主体也非客体，而是社会生产的产品，生产实践活动过程，以及生产发生的场所。社会空间的生产是空间实践（Spatial practice）、空间表征（Representations of space）、表征空间（Representational spaces）三位一体、辩证联系的社会实践活动过程。其中，空间实践指的是空间主体生产和再生产空间的物质形式的活动过程及其产物，其中包括物质要素和各要素的排列组合（Henri Lefebvre，1991：33）。可见，空间实践指向空间的物质性，涵盖一切可以直接被人看到、听到、闻到、摸到、尝到，并在一定范围内可进行准确测量与描绘的事物。空间表征则是由科学家、建筑师、专家政要以语言、文字、符号、代码、图像等抽象形式描绘出来的概念化（conceptualized）空间。其以知识、权力、意识形态等精神性空间确立和维护生产关系以及这些关系所强加的"秩序"。表征空间，是人们直接生活出来（lived）的空间，因而也是"居民"和"使用者"亲身体验的空间。虽然这是被人们消极体验的空间，但想象力试图改变和占有它（Henri Lefebvre，1991：38—39）。人们在给定的空间中生活，随着身体在空间中移动，在人与人、人与物的互动过程中，带来空间的移动与交叠，生成不同的意义和体验，并据此赋予事物以鲜活的、艺术性的象征和文化意义。正如在家人的温馨互动中，住房被赋予"避风港"的意涵。正是在这个意义上，表征空间统合并超越了空间实践和空间表征。空间三元组并非指纯粹的三种社会空间类型，而是社会空间的三重维度。它们之间的辩证联系，又被双重规定着从而被双重地设计出来，生成整体性的社会空间。这意味着空间生产的每一要素均隐含其他两种要素，并以它们为前提，存在于生活中（Henri Lefebvre，1991：285、356）。虽然这是三个价值等同的环节，但是它们一会儿是这一项对其否定胜出，一会儿是另一项对其否定胜出（克里斯蒂安·施密特，2021：5－13），在交互相关中呈现主从之别。封建时期的王座便以其权力表征遮蔽了座椅这一物质性空间。

从社会空间生产理论出发，可将学校视为社会空间网络中的一个节点，引入社会空间生产分析学校中儿童的未来与现在的生产，可将学校空间划分为致力于儿童未来的空间以及关照儿童现在的空间。首先，社会空间的生产不仅是对空间要素的生产，也是对空间本身的生产。学校空间本身承载着物质环境、精神文明、实践活动等要素，各要素间交互作用、动态联系促进了学校空间的生产与再生产。其次，社会空间生产的"三位一体"关系拓展了对教育活动和教育现象的分析范式，促进对具体教育问题的阐释和解决（田晓伟，2014：11－18）。学校教育面向儿童的未来还是现在反映教育的价值倾向，是学校空间的三个维度：物理空间、精神空间、体验空间交互作用下的整体性呈现。最后，学校的教育面向是基于历史传统、国家政治、经济发展、地方文化等积淀而成的教育理念与目的的言说，生成于时空构序的人类实践中，既体现宏观层面的国家意志和社会期望，又落实于中观层面的学校教育实践，进而通过学校空间载体连接微观个体，实现理念的渗透与内化。学校教育面向蕴含宏观、中观、微观三个逻辑层面，社会空间生产理论揭示的空间政治实践同样遵循这样的逻辑层次。亨利·列斐伏尔对空间生产的"三位一体"结构分析，适用于对学校空间进行多维思考和系统建构，有利于梳理学校教育面向、学校空间与学生的现在与未来的关系，进而多层次、系统性地协调学生的当下生活与未来期待，促进学生的成长与发展。

## 二、概念界定：学校中儿童的未来空间与现在空间

剖析儿童的现在和未来在学校空间中的样态及其关系，探讨现代学校在空间上对儿童的现在和未来的权衡取舍，需先对学校空间进行归类，即明确哪些空间属于儿童的现在，哪些空间属于儿童的未来。这既是对现在和未来进行更加物质主义的概念表述，也是对"时间"的再概念化。

过去、现在、未来本是逻辑上的时间序列，学校空间得以划分为未来空间和现在空间的前提在于时间能够与空间建立联结，将自身具象于空间中。事实上，无论是自然科学将时间、空间视为物质运动之外的客观存在形式，还是哲学和社会科学提出的时间是人类发展的空间的相关表述（中共中央马克思恩格斯列宁斯大林著作编译局，1979：532），均认同时、空的紧密联系，正如"宇宙""时空"概念所呈现的那样。只不过对于自发发展的自然界，无机体或生物体的运动或生产只有重复和循环，因此它们只有空间的扩张，而无时间的历史，时、空关系表现为时间从属于空间。对于人类社会，时间和空间则是直接统一的。社会时-空的统一性指的是在社会时-空结构中，时间与空间之间普遍存在着的，较为稳定的相互关联、相互转化、不可分离的关系特性。随着生产力水平和科学技术的发展，人类对时、空的利用和改造不同，时-空统一性也呈现出不同的表现形式。

在农业社会，由于生产力水平和科学技术水平普遍低下，人的活动主要是获取维持生存所必需的物质资料的活动，人们日出而作日落而息，严格按照自然规律活动。日月星辰、四时景物是人们借以判断昼夜更替、季节轮回等时间变化的主要依据。随着科学化的时、空测算仪器，如日晷、滴漏、尺规、针器等的发明，人们的时空观念得以强化，但在数千年的农业社会里，保守的时空意识仍占据着主导地位（于飞，2015：11－14）。这一时期，社会时间与空间只是消极地束缚在一起。

在工业社会，由于生产力水平和科学技术的进步，人类的生产生活极大突破自然时空限制，为使事物最大程度按照人自身需要发展，人们不断加强时间与空间的相互转化，开启了人工时空环境主导的社会生活。一方面是时间的空间化，包括时间的量化和时间的晶化。时间的晶化指剩余劳动时间经生产劳动凝结为静态的社会空间形式（刘奔，1991：3—10），如物质产品、精神产品以及社会关系。商品和劳动力因此可以按照劳动时间计算价值，进行买卖。对于时间的量化，卢卡奇（György Lukács）指出："时间凝固成一个精确划定界限的、在量上可测定的、由在量上可测定的一些'物'充满的连续统一体，即'凝固成一个空间'。"（卢卡奇，2017：157）。钟表刻画的时间便是典型。人们据此得以严格安排各项事务。另一方面是空间的时间化。由于资本主义追求扩张与增值，为了创造剩余价值，"任何界限都表现为必须克服的限制"（中共中央马克思恩格斯列宁斯大林著作编译局，1995：388）。突破地方、地域、国界等空间限制是缩短资本积累时间的重要方式。方式之一是"用时间消灭空间"，即通过改革运输方式，消除商品流入市场的空间阻滞，加快物流速度，缩短占领市场的时间。方式之二是"用空间夺取时间"。随着信息时代的互联网、智能技术普及，资本主义再次打破既有时-空结构的限制，利用虚拟空间占据和赢取劳动者、消费者更多的时间。社会时空的转化推动了时、空测算的科学化和精确化，促进经济社会发展，确保日常生活的井然有序，但也使得整个社会陷入加速之中，带来时间紧迫、空间逼仄的时空体验。正如戴维·哈维的"时空压缩"所述：由于生活节奏加快，而同时又克服了空间上的各种障碍，以至世界有时显得是内在地朝着我们崩溃了（戴维·哈维，2013：240）。当时间、空间的客观品质被革命化了，留给人们的是"去距离化""去过程化""同质化"的时空感受。未来时间与事件的快速逼近带来人的精神世界与生命体验的封闭与空虚，最终自我的时空恐慌在文化上发展成为"未来冲击"（吴国璋，2002：71），伴随资本主义扩张弥散至世界各个领域。

尽管现代社会的时-空相互转化表明时间越来越多地具象在空间中，然而，空间代表的是一种共时性秩序，时间则是顺序性的表征，因此，不是所有时间观中过去、未来都能与现在竞争同一空间，将学校空间截然划分为过去空间、现在空间和未来空间。天文学、物理学等持有的自然时间观将过去、现在、未来视为均质的，单向不可逆的线性时间轴。在这里，现在是此时此刻，未来则是现在之后的时间或时刻，二者前后相继，无法并存于同一空间。麦科塔格特（Mc Taggart）指出在自然时间外，还有经验时间。经验时间遵循过去决定现在、未来的顺向次序，也遵循未来决定现在、过去的逆向次序。在哲学和社会学领域，经验时间分别被视为意识内的时间和社会时间。对于意识内时间，胡塞尔指出主体的感知构造现在，这一感知在意识中滞留便成过去，将其前摄出去则为未来（James R. Mensch，1999：41—64）。过去、现在、未来以被回忆的过往，被体验的客观实在，被想象的尚未存在这样的形态存在着，未来无法与现在"照面"，更谈不上竞争。真正能与现在并存且竞争空间的未来不是意识内构想的未来，而是借助意识构想的尚未到来的生活，或希望或恐惧地介入所处世界的实际行动（Schütz、Alfred、Luckmann Thomas，2003：48），想象的未来经由社会实践转化为当下的事实结果。如爱里亚斯（Norbert Elias）表明：（未来）以动词形式（timing）在人们生活的交织中，于人类活动过程里实践出来（诺伯特·爱里亚斯，2014：111－112）。可以说，只要当下的事件、行为、言语被锁定在创造特定的未来上，那么未来就是真实存在的（Cynthia Selin，2008：1878－1895）。这些向着未来的行动使得未来不再是隐性的、无形的未知世界，而是成为一种社会事实，与现在一样具有现实性，也只有这样的未来才具有排他性，能与现在竞争空间，借以判断学校空间对儿童的现在和未来的取舍。同样地，伴随社会时-空统一性的变迁，现在时空和未来时空的关系也发生演变（如图1所示）。可见，经验世界中的行动终究是在无数稍纵即逝的现在中发生的，而只有当人们以想象的未来介入现实行动，那些原本发生在持续不断的现在中的事件才被赋予"未来"的意义，成为"未来"空间，与属于"现在"的空间相区别。因此，本文所探讨的儿童的未来空间和现在空间都是象征意义的。

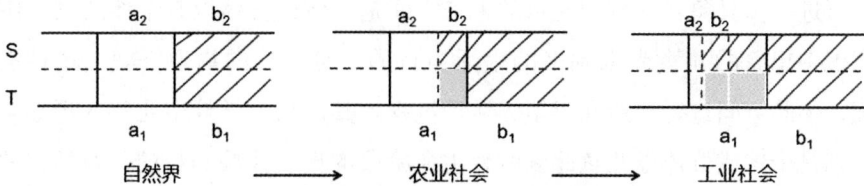

**图 1　历史变迁中的未来时空与现在时间**

注：S：社会空间；T：社会时间；$a_1$/$a_2$：现在时间/现在空间；$b_1$/$b_2$：未来时间/未来空间

在学校中，象征意义的儿童的未来空间和现在空间是通过对空间化了的时间施予"未来"和"现在"的意义从而获得的。学校时间虽然以自然时间为基础，但强调人为组织和设计，偏重社会时间。马克思提出"劳动时间是作为主体存在着，以活动的形式存在着"（中共中央马克思恩格斯列宁斯大林著作编译局，2009b：65）。但是活动是易逝的，在劳动过程中"以动的形式表现出来的东西，现在在产品方面作为静的属性，以存在的形式表现出来"（中共中央马克思恩格斯列宁斯大林著作编译局，1972：205），于是社会时间一方面空间化为动态的空间——人的活动，一方面空间化为固定的空间形式，即静态的空间——产品。简言之，空间化了的时间表现为活动及其产品。然而，本研究所指的儿童的未来空间和现在空间在此基础上还附加了"未来"和"现在"的象征性内涵。象征作为感性化工具，将直观形式与超越性的理念联系在一起，使理念具有现象世界的现实性，也反映活动主体内在意图和价值追求。以儿童的现在还是未来为意图或目的开展活动，是区分"未来"空间与"现在"空间的依据。据此，儿童的"未来"是人们想象中的儿童尚未到来的生活。相应地，"现在"则是儿童此时此刻所处生命阶段的现实体验。因此，未来空间指以想象中儿童尚未到来的生活为目的展开的活动及其产品，现在空间指以儿童此刻所处生命阶段的体验为目的展开的活动及其产品。人的实践除了目的性

57

外，还具有对象性。这里的活动对象是作为社会空间的学校，是物理空间、精神空间、体验空间的三位一体。学校中的儿童的未来空间和现在空间可进一步具象：学校中儿童的未来空间是个体或群体以某个体或某组织意识中想象的儿童尚未到来的生活为目的，对学校的物理空间、精神空间、体验空间进行建造和形塑的活动过程及其产品；学校中儿童的现在空间则是个体或群体以儿童此刻所处生命阶段的现实体验为目的，对学校的物理空间、精神空间、体验空间进行建造和形塑的活动过程及其产品。

## 三、学校中儿童的"未来空间"膨胀

学校空间作为社会空间的子空间，具备社会空间的根本属性，也遵循社会空间生产的辩证关系。未来作为学校教育的终极面向，在学校空间设计中占据重要地位，依据列斐伏尔空间生产理论以及空间三元辩证法，未来空间包含物理空间言说的意象未来，空间秩序布展的计划未来，生活空间承载的实践未来。

### （一）物理空间："未来"的感知基础

意象是主体的情感、意识与客观物象相统一的心理结构形式。意象必须借助"象"将"意"传达给感知者，感知者通过物象感知和想象"象外之意"（李心峰，1985：1-7）。在学校中，儿童的意象未来以"向上""前进"等隐喻附着于物象之中，是物质层面的空间实践在对作为上层建筑和意识形态的空间再现、再现空间的否定中胜出，从而生产出来的，最终以实体化的物理空间言说"在场"。

在以经济发展为主流意识形态的现代工业社会，学校中儿童的意象未来呈现为"远视"的社会阶层向上流动，"近视"的学业成绩上升以及学业排名的前进，依仗学校固定、半固定的物理空间及其布局传达憧憬。当一个空间被决定用于建造一所学校起，设计蓝图浇注进建筑体的就不只是钢筋混凝土，还有在任何社会占主导地位的教育家、艺术家、建筑家、政要等构想的概念化的空间（亨利·列斐伏尔，2022：75）。其中，构想儿童未来的教育目的被要求转译成空间的语言，决定着学校的物质文化。在现代社会的大多数情况下，教育目的都通常由那些自己不实施教育行动，但却对教育制度负有政治责任，或对教育制度产生着足够影响的人来规定（沃尔夫冈·布列钦卡，2001：112）。政治性的教育目的重在弘扬革命精神，培养受教育者服务国家的品质。在以经济社会发展为导向的现代社会，政治目的也有意向经济目的转让部分空间（王长乐，2007：5－13）。由于教育目的名义周全但内容空洞，在教育实践中缺乏真实的基础，为经济地位拼搏，为学业奋斗成为在学校塑造革命精神的一种寄托。这一占据支配地位的思想砖石通过学校建筑设计传达着他们构想的儿童未来。沿着儿童入学的行动路径，校门隔绝出内外两个身份世界，大门对外是谓"门面"，通过宏伟气派的设计和装饰标识其权威形象和优越教育品质，预示有资格进入校门的学生有希望通过校内的学业成就，实现社会阶层向上流动。它是获得职业、地位、财产和"闲职"的开端，挡在门外也就挡住向上升流的机会。校园雕塑通过多元新型材料塑造不同主题，如"腾飞与天空""劳动与力量"等隐喻向上拼搏的精神和不知疲倦的奋斗意识（熊和平、段俊吉，2019：65－74）。庄严肃穆的教学楼承载着文化资本积累活动，外墙上常镶着"学习成就未来""少年强则国强"等醒目校训，强调勤勉进取，追求远大理想抱负。固定空间之外，可移动的物理空间以随时更换的次序隐喻向上流动的憧憬与革命拼杀精神。成绩册与光荣榜上的姓名、分数、排名不再是白纸上的黑字，这一横向对应、纵向比较的空间关系象征着具体个人的成败、荣辱，示意学生不断追求成绩排名表上的次序前进。学校物理空间以"向上"和"前进"的观感勾连学生奋发进取的意识。

学校物理空间布局则以推动学业进步为核心关切，高效集聚儿童的意象未来。空间布局是在地理空间上已经形成的排列组合关系及其配置状态。自从吉迪翁（Giedion，S.）的《空间、时间、建筑》成为轰动一时的追求效率、理性、经济的美学运动圣经之后，直线代替曲线的建筑美学推动学校空间发展为学业生产的"高效机器"。校园道路避开装饰和个性化设计，笔直地连接校门和教学楼。教学楼内，走廊、楼梯直线连接各个教室、办公室、卫生间。道路上突然出现的颜色鲜亮的公告栏、宣传栏等偶尔吸引行人驻足，但内容呈现的规章制度、奖惩褒贬旨在对学生未来的学习行为和日常表现形成指示作用。紧挨走廊的班级外墙、廊柱、窗台并非空无一物，学校通常以图文并茂的方式在这些空间张贴师生作品、名言警句、榜样人物或学生守则，向学生展示教育理念，对学生言行形成潜移默化的影响。教室内，横平竖直的秧田形座位布局，由相对狭窄的过道连接，不仅实现对空间的高效利用，更方便学生迅速入座，避免过多互动。这样的布局将学生包裹在单一、密集的未来意象中，学生如同建筑体那样接受支配者为其构想的未来。

虽然学校物理空间及其布局传达着空间支配者对想象中的儿童未来经济生活的向往。但学校毕竟是教师、学生、校长生活的场所，"居住者"也可"借彼物理，抒我心胸"，展现自身能动性。也就是说学校中儿童的未来意象是空间"设计者"与"居住者"斗争、博弈、较量的结果。且物象意欲传达的原初意存在为感知主体创造性理解的可能，物象的客观性也制约支配者"意"的表达，作为意象的未来空间时刻处于动态辩证之中。但毫无疑问，功利化的未来意象已经渗透到学校物质层面空间实践的各个方面，并业已将这种认知转化为必然性。

（二）精神空间："未来"的制度筹划

意象的未来借助物理空间的自然熏染，难以确保实现，筹划儿童的未来成为学校未来空间设计的重要部分。计划未来是工业化社会将社会时间量化的结果。这一结构范畴的社会时间通过抹平时间的质的区别，承认线性时间观，将未来凝固成一个个均质的空间点，并相信将终极目标分解前移至每个当下，在每一个现在规划具体活动和事件就可以控制未来。安东尼·吉登斯（Anthony Giddens）指出，这样的时间规则如同线性时间在钟表上表现的"循环"那样，它所支配下的日常生活中的活动和事件是重复的（桑志坚，2012：16－19）。学校中，这些例行化的活动事件通常由空间秩序经强制、内化、自制布展开来，朝向计划的儿童未来。学校空间秩序的生产正是在作为惯行的空间实践对空间再现的服膺中实现的。

学校作为专门开展教育活动的社会机构，通过空间秩序布展计划的儿童未来，学生在空间秩序牵引下接受社会化规约，投入学业生产活动，并日复一日地进行着，展现工业社会"控制"的内在逻辑。在社会学家看来，学校是在社会中、由社会所设置，为社会而设置的"社会机构"（陈桂生，2010：152）。不同于原始初民以不断流动的采集、狩猎和游牧为混合生活方式，自身的流动方式定义了属于"自己的"时间和空间，这种自然时间与空间在学校必须组织起来，以结构性的社会时空形式安排教育活动。学校中的社会时间成为外在于个体，并对学校中的人具有普遍支配力的"群体时间"。相应地，计划的儿童未来在学校中成为学生群体的未来，借助空间秩序布展至每一个同质的当下。学校中，空间秩序通过空间规则，如学校纪律、课程安排、学生行为规范等架构了每个角色的位置，以及物与物、人与物、人与人之间的各种类型和层次的社会关系（高鹏、和新学，2018：38－42），使之趋于标准和稳定状态。空间秩序首先体现为儿童身体的学生化。布莱恩·劳森（Bryan Lawson）指出建筑为我们组织和建造了空间，其内部空间和围合空间的物体能够以它们使用这种空间语言的方式来激发和禁止我们的行为（布莱恩·劳森，2003：8、10）。自进入学校，"学生"角色以自身的永恒典型性取代了儿童其他社会角色应有的典型性（白倩、于伟，2022：48－56）。儿童需要以学校制度要求的形象、腔调、姿态透视其受教育者的身份，为未来社会成员做准备。"学生头"成为一个时代学生形象的范本。其次是学习空间的工具化，通过空间布局、空间流动、空间剥夺发挥"劝学"功能。座位作为学生在校停留最久的专属空间，桌椅排布规范着学生身体一致朝前，面向黑板，这种理性规划为着实现高效的学业生产而服务。"秧田型"的座位布局将学生简化为均质的点,在场、缺席一目了然,课堂上的违规行动也可迅速锁定。座位排布通常是固定的,学生则可以流动,学生座位的流动成为一种空间竞争警示。学习成就突出、品行优良的学生有资格在教学空间中心或靠前的位置入座,"差生"则处于边缘位置。学业不良、品行不端的学生甚至被教师驱逐出教室,体现空间剥夺的劝诫价值(付强、辛晓玲,2019:31-36)。最后是行动路径的往复循环,这种重复将规范内化为合标准的个人惯习,使学业生产转化为隐蔽的"先验"行为,便于培养经济社会所需劳动力。吉登斯发现在极具程序化的学校中,活动类型甚至可以被描绘成嵌入可逆时间的时空剖面图(德雷克·格利高里、约翰·厄里,2011:282)。与循环时间相对应的学校空间则是一种典型的对称性环状空间(亨利·列斐伏尔,2022:257)。在教学计划、课程安排推动下,学生每周、每月、每学年以几乎不变的行动路线往返于校园各站点,接受各站点不同的空间规则,而课程安排最大程度将学生滞留在学习空间,作为学生在校的主要"栖息地",学习空间内的学生需要持续从事学业生产,遵守规则获得"栖息"的安宁祥和。学生不断重复进行的,以"学业生产"为核心的活动与姿态,进一步推动学校空间秩序精确复制或再生产。

学校计划的儿童未来通过制度性、标准化的空间秩序逐步落实。工业社会未来的不确定性程度越高,为塑造想象中的未来社会成员所设置的空间秩序越精密。整体上,由精细的空间秩序控制的空间转换是脱离学生主观意志的机械运动。学生生活在可预见的学校空间中,与重要他人一起在重复活动中将学校塑造成如同军营、监狱、工厂那样规律性的奇观(爱德华·汤普森,2002:411)。

### (三)体验空间:"未来"的具身实践

物理实体和意识层面的儿童未来空间的设计,为学校中人提供了"面向儿童未来"的物质文化和制度文化环境,作为存在的未来还需要在主体的具身实践中获得现实性。身体是一个负责保证以直觉方式实现意识的意向的动作表意器官（莫里斯·梅洛-庞蒂，2001：516—517），实践的未来将自身空间化为学校中人以想象中的儿童的未来生活为持续推动力展开的生命实践活动。主体的未来意象外显于人的身体，伴随人体活动，转化为实存的生活。这一由身心带出的空间即体验空间，是再现空间超越和统合了空间实践与空间再现的结果，它承载着实践未来的生命活动。

学校中，学生作为空间体验主体，与教师一起在体验空间中编织未来之网。体验空间是生活在学校中的人在未来意象与未来计划中以具身形式亲历出来的现实空间。学校通过标语、榜样等文化符号宣扬取得尽可能高的分数和靠前的名次便意味着美好未来的优先权，强化了学生的竞争意识。学生则寻求"静坐学习"的应对策略，加剧非学习空间朝着学习空间压缩，陷入逼仄的空间体验。对儿童而言，校门是实现物理和心理边界的双重跨越的"起点"，进入校门意味着投入紧张的学习生活，接受学校规训。具有相对开放性的校园道路作为环状空间的"过程"，为学生提供了自发活动的空间。然而，对于占据学校活动主体地位，讲求速度和效率的学习活动而言，学生的愿望在于快速抵达教室，校园道路是需要被抛至身后的空间，越接近上课时间，被抛弃的速度越快，即便在放学时间，校园道路也是朝着校外被抛弃。教室内的空间体验则更为紧张。为赢得"革命"胜利，学生不间断地胁迫身体的活动过程，建立有生命的身体与无生命的课桌之间固定的相互关系，自愿将体验空间单一化以适应竞争形势。这种竞争不会因排名或成绩超过"某人""某等级"而停止，当一个名次被预期或超预期实现，下一个竞争的对象会迅速确立。即便获得第一的名次，也是在不被他人夺取位置的警醒中继续投入战斗。正如马克思对工人生活境况的分析：当工人工资得到提高，工人不是追求自由，而是为多挣几个钱，延长劳动时间，追加生产，最终导致过度劳动（中共中央马克思恩格斯列宁斯大林著作编译局，2002：227）。学生也是如此。

事实上，学校空间实践并不与课程表上呈现的事务安排完全一致。相对于学生的局促，教师因为掌握了部分使用空间的权力，可直接调控学生所处的空间生态，稍显神闲。然而，教师决定和支配学生的空间流动的自主性发挥往往以课程进度而非学生意愿为准绳（Ben-Peretz、Bromme，1990：54）。学校的课程安排表划分了不同教师对教室的主导权，教师只在相应时间对学生的空间流动具有掌控力，当课程进度未达预期，教师只能通过挤压学生的非学习空间，将其尽可能限制在狭小的座位上，追赶原定的教学目标。另外，在邻近特殊节点，如期末考，升学考时，主科教师也与副科教师竞争学生空间的控制权，进一步限制学生空间流转的自主性。于是，学生计划层面的机械运动拥有了另一种"灵活度"，即基于学校课程安排表，由教师课程进度调控，朝着教室和座位压缩。对学生而言，这比学校层面安排的制度化空间更为紧张。可见，承载未来实践的体验空间充满了真实与想象，中心与边缘，驯服与反抗，蕴藏生产多元异质空间的力量。

统而言之，学校设置的未来空间凭借实体化的物理空间言说"为革命拼杀"的未来意象，依托结构化的空间秩序布展未来计划，通过具身化的体验空间承载学生为了未来向内崩溃的生命实践。其中，学生所体验的未来空间生态是以持续追赶教学进度和学业目标为指挥棒的社会空间，是以学习为导向的学校硬性制度，以教学为中心的教师灵活的空间实践，向着学业生产驯化的学生身心共同营造的。这些因素的冲突与交融生产出学生空间生态的紧迫感、竞争感和焦虑感，进而推动着教室、座位等正式学习空间的延展，非正式学习空间的收缩。


## 四、学校中儿童的"现在空间"压缩


教育在本质上是属于未来，面向未来的。然而，学校中儿童的未来空间的生产与扩张并未寻求现在与未来的融贯，也非基于学校空间的扩建，而是在原已有限的空间界域内，通过压缩现在空间实现的。当学校空间成为致力于投资未来的场所，"现在"面临着被"被虚化""被压抑""被代理"的命运，黯然"离场"。

## （一）效率主义下，被虚化的"现在"

学校通过高效铺陈未来意象，强调"向上"和"拼杀"的力量，带来学生身体行动的上瘾，静态的、阴柔的、思想的、情感的"现在"则被摧毁，被虚化。义务教育因其具有消费上的竞争性和效用的可分割性，追求效率是其内生的发展倾向（张侃，2020：25－38）。工业社会裹挟下，现代学校一切行为以服从高效的学业生产为标准，充分利用学校空间每个角落是表现之一。如前所述，沿着学生行动路线，学校几乎将所有空间都精心设计成一个个未来空间。辉煌的校门，醒目的校训，劝勉的荣誉榜，面朝黑板的座位等，为儿童构造了一个充斥未来隐喻的意义世界，暗示学生去竞争，去战斗。这也被现代学校建筑实践奉为圭臬。随着未来隐喻具体化，以至无法区分隐喻、隐喻名称和隐喻附身之物，儿童的"现在"被未来的意象空间夺走了"存在感"。如列斐伏尔所言，空间再现的支配地位已经把体验的空间简化为一种象征性的形象，将凝视（gaze）在"视觉逻辑"中提升到了首要的位置（亨利·列斐伏尔，2022：62－63）。相较于绿树白墙，色彩艳丽的荣誉榜更能抓住学生的眼球，其余景观则沦为虚化背景。

学校并不满足于形成和唤醒儿童头脑中的未来想象，更重要的是以未来意识作为生存条件驱动儿童的生命活动。即儿童此刻的行动取决于未来意识而非率性而为。上述提到的儿童身体在校园道路上的匆匆来去便是一个直观例子。在未来的导引下，学生无心观赏风景，不与周围人互动，也不在"过程"中过多停留，而是面朝教室快速移动。路途中的快节奏与教室的长时间滞留形成强烈对比，教室内的奋笔疾书无疑最具有合法性。向着未来的生命活动排斥着儿童生命活动的自然展开。高效的学业生产也促进了由间隔序列划分的空间中位置的更迭，无论是成绩单还是座位，"现在"都是短暂的，时刻等待被替换。当学生的全部注意都转向更远的地方，他们很难再真正关心生存的场地（王乐，2021：107－118）。未来空间通过夺走实在的现在空间勾连学生的未来想象，学生在高效"拼杀"的身体行动中，剥离了平和的、情感的现在。

### （二）物化思想裹挟，被驱逐的"现在"

在物化思想渗透之下，学校的计划未来通过强化人的直观意识，驱逐具有质的区别的"现在"，维持自身永恒性。物化经历了对象化到异化的演变，即本该劳动者沉浸在劳动对象之中形成精神产品和物质产品的过程，成了劳动者与劳动产品对立的过程（卢卡奇，2017：6）。这个过程中，主体走向客体化，由无差别之物来衡量，成为物的"仆人"，"量"的存在。以"量取代质"作为现代社会物化结构的主要作用方式，从经济领域延伸至整个社会生活领域。学校中儿童的计划未来正是由于取消了时间质的区别，依据合理化原则将其按照可计算性、可预测性进行组织的一种物化现象。从教育经济的角度来说，计划未来中没有情感和差异性的合理化制度能够实现学校组织高效地、不停歇地运转，从而提高效率。然而，它也意味着对学生价值、尊严和个性的驱逐，而这些都是在学生自由自觉的活动过程，即具象化的儿童的"现在"中实现出来的。具象化的"现在"是指作为主体的儿童在当前的生命阶段率性展开的生命活动，具有行为的自发性、自主性。计划未来对自主现在的驱逐机制主要在于形塑学校中人重在把握浅表事物，无法深究真实现实的直观意识（胡栋材、张路易，2023：8—15）。

一方面，计划未来抽掉时间流动过程中一切不可测算的质的因素，将各阶段之间的关系简化为纯粹的量的因果关系，树立客观规律的绝对权威。面对这样一种有其运转规律，不受人的活动影响的机械系统，学校中人均在"例行公事"的行动中逐渐失去想象和创造的欲望，只能把握眼前可见的"数"与"量"。儿童原本流变的成长过程被视作是静止的和完成的。例如分数和排名达标说明某方面素质的完善，而前一阶段的完善必然延续或创造下一阶段的成功。追求每个时间节点的完善实现为一个个学生自觉进行的不断重复的自我客体化，将量的形式转化为自身的存在方式。

"在数字中、为了数字、成为数字"是现代学生典型的存在方式。另一方面，儿童成长过程中的变化、个性化差异在直观意识看来是外来的、是意外、是灾难，需要剔除出去。例如上课铃响起，学生必须端坐在相应座位，左顾右盼，交头接耳等无助于学业的行为均被严格禁止；作为交通之用的校园道路、走廊、座位过道也不允许任何奔跑和喧闹。那些证明人差异性本质的创造性活动被重复机械的学业生产活动所排斥，学生之间的同辈互动、情感表达被智性化学校生活压制，而沉浸于知识本身的自发学习，其发生具有时空的不可控特征，同样被截断。随着合理化制度对直观意识的强化，学校中人失去对儿童成长生成性的感知，取消了批判意识和现实作为，旁观和维护了计划未来的永恒性。

### （三）成人话语霸权，被代理的"现在"

"现在"的处境与言说空间的话语主体密切相关，在学校空间中，成人由于占据空间生产的话语霸权地位，全权代理了儿童的未来空间和现在空间的设计。如前所述，儿童的未来是立基于想象而存在于学校空间中的，这样的未来并非真实的儿童的未来，而是作为空间主导者的成人构想的未来。成人社会对于儿童未来生活的想象是忠诚于国家的人民，从事生产劳动的人力资本，承担社会责任与义务的社会成员。这样的期望渗透于学校空间设计的每一个角落。学习空间、名人画像、升旗仪式均承载着国家和社会的意志。未来构想同时以计划未来的形式落实，它将目标倒置为起点，通过逆推过程，决定儿童的当下。虚假的未来要在学校空间获得合法性必须寻找相应的"现在"作为基础，体现对"生活在当下，想象着未来"的人之超越性的观照。在知识权力的作用下，学校以发展心理学家认识的"实验室儿童"的发展规律，这一管窥的"现在"取代了儿童真实的现在，并作为一切儿童的"现在"加以遵循，表达对儿童天性的尊重，并据此分班定级，评估考核以确认儿童处在未来计划的哪个阶段。儿童可能的未来经成人代理，形成单一、封闭的发展路径，导致"现在"的唯一性和排他性，也抹杀了超越当下人类认知极限的未来空间。

代理"现在"并非学校有意选择，长期统治的成人-儿童二元认识框架封闭了儿童的声音。儿童天马行空的未来想象被视为是非理性的，无意义的，儿童的失声导致现在被简化为"向智"的基本生理活动。学校建筑材料的使用考量学生的生命安全与生理健康，窗户的朝向需兼顾光照适宜与眼睛舒适，以便儿童集中精力于学习。儿童的身体仅作为成人挖掘儿童潜力的生物基础，一种"革命的本钱"被收容和照料。儿童时期饱满的情感、专注兴趣的意志、渴望自由活动的身体（康·德·乌申斯基，2007：11—13）被无视，供儿童自发活动的操场、兴趣教室被边缘化。总之，在学校空间中，儿童的现在是向着未来的过渡，是成人对未来社会投资的对象，由于其缺乏对成人社会的现实价值，需要由成人代理，挖掘潜力，实现价值。

## 五、学校空间展望：走向关注生命历程的成长之所

空间为人的安家和栖居带来自由（das Freie）和敞开（das Offene）之境（马丁·海德格尔，1996：484），是一切生产和一切人类活动的要素（中共中央马克思恩格斯列宁斯大林著作编译局，2009a：875）。就教育而言，空间是学生生存的直接环境，也是构成教育的结构性范畴。学校通过压缩现在空间，扩张未来空间，催促学生投身于学业拼杀之战，学校空间俨然成为追求效率和经济发展的生存竞争之所，随之而来的是学生身体困倦、情感匮乏、价值缺失。据此，学校亟须为儿童真实的"现在"拓展空间，走向关注儿童生命历程的成长之所。

关注儿童的成长首先需要转变现代学校对于儿童"现在"的观念，承认其对于儿童未来的重要意义。从学校空间视角来看，儿童的"现在"由于缺乏对于社会生产和国家发展直接的现实价值而被否定，成为理应被压缩和侵占的场所。学校依照成人想象的儿童未来，以单一的计划未来形塑

儿童的身心，建构向学习空间压缩的智性生活，如卢梭所言，只会造就年纪轻轻的博士和老态龙钟的儿童。儿童的"现在"不仅提供了生命活动的物质基础，其对于世界的热情、冲动、惊奇也是探索求知的动力，是儿童理智得以发展的重要因素。承认儿童率性活动的价值意味着承认儿童的情感尊严与个性差异的正当性，允许儿童真实的"现在"自然涌现以修正成人构想的儿童发展客观规律。由此，教师应尊重儿童自发活动的自由而非赋予其不道德的标签，学校空间建设需要在儿童的缓慢成长与教学效率中寻找平衡，将完满未来的憧憬建立在美好现在之上。

其次，建筑师、设计师以及教育者应思考空间话语权的分配，尊重儿童的声音，借此审视学校"现在空间"建设的不足。为避免虚假的未来驱逐真实的"现在"，导致学校教育失真，儿童的现在应该尊重儿童的声音。一方面，儿童心理学赋予儿童的生物客观性表明成人无法越过儿童透析其生活；另一方面，新童年社会学提出儿童作为有能力的社会行动者，具有表达自身需求和愿望的能力和权利。成人社会须尊重儿童对未来的想象，对学校空间的愿景。儿童的未来想象或许天马行空，未必与成人预想一致，但其内在蕴含着变革现实的力量，应允许其张扬个性，避免学校空间沦为流水线式的工厂和致力于改造的监狱。

最后，尊重儿童在学校空间上的话语权，不是任其散乱、粗率和不规则的本能释放，而是在成人聆听的基础上加以引导，由成人与儿童协商共建儿童适宜的学校空间。儿童的现在，除了智力活动之外，具体表现为本能的冲动、对世界万物的惊奇、天马行空的想象，以及非功利性但缺乏持久和理智的兴趣。在空间建设的具体实践中，第一，需加入有助于激发想象力和好奇心的空间装饰，以缓和学业竞争带来的紧张感和压迫感。第二，为避免空间分化带来的儿童行为的特定化，行动的呆板，需改革学校课程安排表使之适应于儿童自发学习的需求。此外，通过灵活的空间布局实现空间功能的多样化。如教室与外廊连接的一面可设计活动墙，以便教室空间与走廊连通，为儿童提供更宽阔的课间活动以及社会互动的场所。

第三，如果一切对于儿童"现在"的尊重仅限于满足其本能需要，而不加以引导，那想象中的未来的实现也只是偶然事件。所以学校空间还需要引导其本能朝有意义的方向发展。如设计活动空间让儿童参与力所能及的劳动或创作，感受身体的能动性，在克服困难当中培养坚韧不拔的意志，将偶然性的兴趣转变为持久的、理智的兴趣。当儿童真实的"现在"获得生存空间，现在与未来的绵延便应运而生。

**参考文献：**

爱德华·汤普森，2002，《共有的习惯》，沈汉、王加丰译，上海：上海人民出版社。

爱弥尔·涂尔干，1999，《宗教生活的基本形式》，渠东、汲喆译，上海：上海人民出版。

白倩、于伟，2021，《看不见"现在"的学校——重审时间的教育意义》，《教育学报》第3期。

白倩、于伟，2022，《"学生化儿童"的形成及其批判性反思》，《教育研究》第12期。

布莱恩·劳森，2003，《空间的语言》，杨青娟等译，北京：中国建筑工业出版社。

陈桂生，2010，《学校实话》，上海：华东师范大学出版社。

戴维·哈维，2013，《后现代的状况——对文化变迁之缘起的探究》，阎嘉译，北京：商务印书馆。

德雷克·格利高里、约翰·厄里，2011，《社会关系与空间结构》，谢礼圣、吕增奎等译，北京：北京师范大学出版社。

付强、辛晓玲，2019，《学校空间秩序的审视与重构》，《华南师范大学学报（社会科学版）》第1期。

盖奥尔格·西美尔，2002，《社会学——关于社会化形式的研究》，林荣远译，北京：华夏出版社。

高鹏、和新学，2018，《空间新认知与学校改进》，《上海教育科研》第1期。

胡栋材、张路易，2023，《时间的空间化——再论青年卢卡奇的物化意识理论及其现代性价值》，《理论界》第3期。

贾涛飞、熊和平，2018，《中小学未来主义校园雕塑及其教育检视》，《宁波大学学报（教育科学版）》第3期。

康·德·乌申斯基，2007，《人是教育的对象——教育人类学初探（上卷）》，郑文樾译，北京：人民教育出版社。

康德，2017，《纯粹理性批判》，蓝公武译，北京：商务印书馆。

克里斯蒂安·施密特，2021，《迈向三维辩证法——列斐伏尔的空间生产理论》，杨舢译，《国际城市规划》第3期。

李心峰，1985，《"意象"探微》，《广西师范大学学报（哲学社会科学版）》第2期。

亨利·列斐伏尔，2022，《空间的生产》，刘怀玉译，北京：商务印书馆。

亨利·列斐伏尔，2015，《空间与政治》，李春译，上海：上海人民出版社。

刘奔，1991，《时间是社会发展的空间——社会时-空特性初探》，《哲学研究》第10期。

卢卡奇，2017，《历史与阶级意识》，杜章智、任立、燕宏远译，北京：商务印书馆。

鲁洁，1996，《论教育之适应与超越》，《教育研究》第2期。

鲁洁，2007，《超越性的存在——兼析病态适应的教育》，《华东师范大学学报（教育科学版）》第4期。

马丁·海德格尔，1996，《海德格尔集（上）》，孙周兴译，上海：上海三联书店。

莫里斯·梅洛-庞蒂，2001，《知觉现象学》，姜志辉译，北京：商务印书馆。

诺伯特·爱里亚斯，2014，《论时间》，李中文译，台北：群学出版社。

桑志坚，2012，《社会时间——重审学校教育时间的新视角》，《现代教育管理》第 3 期。

田晓伟，2014，《论教育研究中的空间转向》，《教育研究》第 5 期。

王乐，2021，《为什么上大学——乡村学生"离土"选择的教育发生考察》，《教育研究》第 11 期。

王长乐，2007，《对传统教育目的的反思》，《大学教育科学》第 5 期。

沃尔夫冈·布列钦卡，2001，《教育科学的基本概念：分析、批判和建议》，胡劲松译，上海：华东师范大学出版社。

吴国璋，2002，《社会时间与社会发展》，《自然辩证法研究》第 2 期。

熊和平、段俊吉，2019，《校园雕塑的未来主义及教育学反思》，《全球教育展望》第 5 期。

于飞，2015，《社会时间的结构分析》，《学习与探索》第 8 期。

张侃，2020，《效率与公平的博弈——我国义务教育政策变迁 70 年》，《教育与教学研究》第 6 期。

中共中央马克思恩格斯列宁斯大林著作编译局，2002，《马克思恩格斯全集·第三卷》，北京：人民出版社。

中共中央马克思恩格斯列宁斯大林著作编译局，1972，《马克思恩格斯全集·第二十三卷》，北京：人民出版社。

中共中央马克思恩格斯列宁斯大林著作编译局，1995，《马克思恩格斯全集·第三十卷》，北京：人民出版社。

中共中央马克思恩格斯列宁斯大林著作编译局，2013，《马克思恩格斯全集·第三十卷》，北京：人民出版社。

中共中央马克思恩格斯列宁斯大林著作编译局，1979，《马克思恩格斯全集·第四十七卷》，北京：人民出版社。

中共中央马克思恩格斯列宁斯大林著作编译局，2009a，《马克思恩格斯文集·第七卷》，北京：人民出版社。

中共中央马克思恩格斯列宁斯大林著作编译局，2009b，《马克思恩格斯文集·第八卷》，北京：人民出版社。

Ben-Peretz M., Bromme R., 1990, *The Nature of Time in Schools: Theoretical Concepts, Practitioner, Perceptions*, New York: Teachers College Press.

Cynthia Selin, 2008, "The Sociology of the Future: Tracing Stories of Technology and Time", *Sociology Compass*, Nov.

Henri Lefebvre, 1991, *The Production of Space*, translated by Donald Nicholson-Smith, Oxford: Blackwell.

James R., Mensch, 1999, "Husserl's concept of the future", *Husserl Studies*, Jan.

Schütz, Alfred, Luckmann Thomas, 2003, *Structuren der Lebenswelt*, Konstons: UVK.

Smith, N. K., 2003, *A Commentary to Kant's "Critique of Pure Reason"*, New York: Palgrave Macmillan.

## The Production of Space of Children's "Present" and "Future"
### —Research Based on the Theory of Space Production

Ouyang Xiaochan, Qi Xuehong

**Abstract:** The school space carries the children's present and future. From the perspective of the social space production theory, the future is spatialised of time into future imaginary expressed in physical space, the planned future laid out in spatial order and practical future carried in experiential space. This future spatial ecology deflates, represses and proxies children's "present", leaving modern schools in a deformed state where children's future space is inflated and present space is compressed, leading to addiction to physical action, emotional absence and an inwardly collapsing spatial experience. Schooling is inefficient and distorted. The imbalance between the present and the future suggests that school space should move from being a place of competition for survival to a place of growth focused on the life course of the children.

**Keywords:** spatialization of time, school space, social space

# "十七年"时期身体学习的图像学考察

王利平[①]

**摘要**：身体教育转向身体学习，有利于打开身体为中心议题的学生学习改革。运用图像学研究方法，呈现并解释"十七年"图像志中的《人民画报》和中小学课本配图中的身体学习状况，能够帮助我们建构身体学习的核心范畴和大致框架。图像学研究表明，政权具有促进学生身体学习的自觉性，确认了理想的身体范式作为学生的学习目标。学生在公共空间和政治环境中，通过观察、模仿和替代体验，实现对学习对象从形态、行为、身体观念、身体制度的学习。身体的符号化、非生活化、非个人化、权力化使身体学习进入到象征主义的身体学习新阶段，但恰恰又是远离具象身体的异化阶段。开启身体学习研究，或许能够拓展教育学科的新增长点。

**关键词**："十七年"　图像志　身体学习　身体范式　象征化　时代场域

身体处在复杂的"意义纽结"（闫旭蕾，2014）和时代场域之中，受

① 王利平，南京师范大学教育科学学院博士研究生，南京交通职业技术学院副教授（yihe200296@163.com）。

教育者参与社会实践的身体形态，本身就表征着教育的时代诉求、意图及背后不同教育力量的角逐、不同教育价值的取舍。教育领域的身体学研究需要一场更高层次、更具深度的超越，应从身体现象学描述、身体的政治制度与社会文化批判、身体价值反思进入到身体的本体意义和实践理性探寻上，从身体的外在关系走向身体的内在关系，从解构性批判走向建构性实践，即从"身体教育"走向"身体学习"。身体学习是在时代场域关系中由身体促进人类知识增长、建构身体意识的系列过程。打开身体为中心议题的学习改革，让身体成为人类新的知识生产、教育变革的本体性力量，也许可以衍生出一个教育学及其学习学的新学科增长点。

1949 年至 1966 年的"十七年"教育，是新中国教育的原型（杨东平，2003），深刻地影响了国民的身体观念和身体学习。"十七年"的身体学习未必是一个标准样板，也导致了"文革"时期"忠字舞"这种大规模群体性身体行为规训，但因其在身体学习方面的典型性和影响的深远，可以作为我们分析身体学习的历史个案，引导我们进一步探讨更具普遍意义的身体学习。本文回到身体的"学习现场"，以"十七年"时期《人民画报》①、中小学《语文》课本②配图中的典型身体图像作为图像学研究的分析和解释对象，以此为剖面较为全面地呈现"十七年"时期学生的身体学习状况，洞悉并反思身体学习的知识类型、学习目标、学习方式、学习过程、学习机制、学习环境和时代场域，在批判解构的基础上以建构主义的立场初步呈现"身体学习"的大致构架。

---

① 其前身是 1946 年创刊的《人民画报》，由晋冀鲁豫军区政治部人民画报社编辑出版；1948 年 5 月，《人民画报》与《晋察冀画报》合并为《华北画报》；1950 年作为新的形象创刊，继续沿用《人民画报》刊名。

② 本文所提及的教材全部为 1949－1966 年人民教育出版社出版的全国通用教材。

# 一、身体学习的图像学解释

身体社会学的研究表明，身体学习存在"反基础主义—建构主义—结构模式"和"基础主义—自然主义—行动模式"两种研究路径（李彩虹、朱志勇，2020）。梅洛-庞蒂（Maurice Merleau-Ponty）、戈夫曼（Erving Goffman）、弗兰克（Frank，A.）为代表的自然主义认为，身体独立于表征它的话语形式，是建构社会制度的本体。

## （一）关于身体学习

### 1. 身体知识作为一种本体性知识

人类最初的学习就是以牙齿撕咬、口唇吮吸、手指抓取等方式开始的，身体是人类原初知识的主要来源。身体在人类知识学习中扮演的并非主客观世界的桥梁，而是知识学习本体。一是身体生理知识。人类身体学习的第一个学习对象就是自己的身体，如自身的骨骼、肌肉、血液、各个器官、人体构造、生理功能及其有限性等。二是身体感觉知识。人类通过获得视觉、听觉、嗅觉、味觉、触觉等外在感觉，以及快感、疼痛等内在感觉，发展自己的感觉知识和具有一定理性色彩的感觉分析。三是身体技能知识。在反复刺激、训练中，感觉系统、肌肉与骨骼系统对工具或某种运动形成条件反射性记忆，身体器官的机能达到较高水平，从而形成一种准确完成某项任务的机能性、执行性的身体知识。四是身体文化知识。日常生活规范和持久的社会文化熏陶，使人能够了解并迎合不同文化情境、社会场合下身体应有的穿着、礼仪、位置、行为等基本文化要求。当然，各类身体知识又是一种紧密联系、相互融合的统合知识，表现出感性与理性、感觉与行为的统合，身体世界与思维世界并不能断然分开。

### 2. 身体学习的身心共育特征

现代认知科学证实："人以'体认'的方式认识世界，心智离不开身体经验……我们的范畴、概念、推理和心智并不是外部现实客观的、镜像的反映，而是由我们的身体经验所形成的。"（费多益，2007）作为理智知识入口，只有身体愿意接受的知识、具有充分的感性特征的知识才可能更好地进入认知视野；作为理智知识通道，学习者依靠身体感觉、体验进入到更富有逻辑意义、理性色彩的理智知识的学习。

我们由此可以得出一个基本认识：身体知识是人类知识的重要组成部分，身体学习集合了自我身体对自然环境、社会环境、自身生理环境的感知，是以自我身体促进人类知识增长、建构自身身体观念的系列行程，具有整合身心、实现身心共同发育的意蕴。身体学习是学生身心共同参与的自我学习、自我建构过程，其主体性、差异性、学习者中心、身心一体、主客融合的特点使其区别于理智知识学习。既然如此，家长、教师等重要他人的知识传授、技能训练在学生身体学习中的能效是有限的。

3. 身体学习的独特价值

身体学习在学生发展中具有重要价值：（1）培养学生管理身体的能力，包括促进身体理解、唤醒身体感觉、管理并解放身体、评估身体所处的历史文化环境。（2）形成学生的身体知识，包括身体生理知识、身体感觉知识、身体技能知识、身体文化知识。（3）促进学生的理智知识学习。吉登斯（Anthony Giddens）认为，身体是一种实践模式，也是一个行动系统（吉登斯，1998：111），不参与实践的身体难以发挥其学习作用。基于身体的理智知识学习就是回到实际的身体经验，将客体经验为"我"的身体的统一相关物（杨大春，2005：213）。（4）身体表达。身体作为一种形象存在本身就是一种表达："我的身体就是表达现象的场所，或毋宁说就是表达现象的现实性本身"（杨大春，2005：307）。身体表达是在对世界的真切介入中生动展现生存实践取向和生命体验欲求，在这一状态和过程中，人的整体精神修养和承载及参与的规训得以发生，人的生命活力和生命意义得以展现（郭祥超，2012：49）。引导学生通过衣着服饰、动作姿态、面部表情来恰当表达思想观念、身份象征和内在修养。

### 4. 身体学习的时代场域

布迪厄（Pierre Bourdieu）认为，人们深陷其中的实践信念并非一种心灵状态，而是一种身体状态，是被各种社会秩序加以系统利用的体现在身体上的性情倾向（杨善华，1999：280－281）。他没有停留在身体学习的身心融合、主客共育的阶段上，而是把身体学习放到了"场域"中去考察影响身体学习的外在要素。他认为，身体习得的性情倾向与产生这种性情倾向的那个世界的客观结构是对应的，比如工人、妇女、少数民族和研究生们等被支配者的屈服就"深深地寄居于社会化了的身体的内部"（郭祥超，2012：26）。"社会支配关系的身体化"说明，身体学习也是权力支配者借助身体将权力关系、社会位置之间的秩序关系，嵌入被支配者头脑中的权力运作过程，又是被支配者学习既定的权力关系，同社会要求达成契合，在身体行为中履行这种秩序关系的过程。所以，"身体学习"不是一个和谐过程，而是一个充满了权力争斗、力量对比的"场域"规训过程。

### （二）"十七年"身体学习的图像学视角

### 1. 图像学研究的三个层次

图像志的文化分析不仅在于对艺术作品或历史图像的内容描述，更在于解释和揭示图像的历史意义、社会价值和时代精神。如要研究某种历史条件下的身体学习图景，深入"历史现场"进行图像学研究也许是一种可行的方法选择。彼得·伯克（Peter Burke）甚至断言：只有通过系统的图像分析，"才有可能解读特定时代思想的结构及其表象"（彼得·伯克，2008：5）。E. 潘诺夫斯基（Erwin Panofsky）在《视觉艺术的含义》里，把艺术图像分析分成了前肖像学描述、肖像学分析和圣像学解释三个层次。他也指出，"这三个层次分明的范畴，实际上表示的是同一现象（即，整个艺术品）的几个侧面。因此，在实际工作中，几种处理方法就要彼此融合为一种有机的、不可分割的过程"（E. 潘诺夫斯基，1987：39－48）。学生的身体图像是"十七年"教育史中的一种特殊记载、见证资料。本研究既借助线条、色彩、体积的前图像志的形式分析，也注重对政治母题、重大事件的图像志分析，还试图阐述其文化征兆、精神标记和符号化的过程，整体上是一种基于社会历史文化分析的融合式图像学研究。

2. "十七年"身体学习的图像志分析基础

图像学研究方法被较多地应用于美术史、社会学、传播学研究，21世纪以来也开始应用于身体学研究（见附录）。西方学者菲力浦·阿利埃斯（Philippe Ariès）的《儿童的世纪：旧制度下的儿童和家庭生活》、斯科丝克（Anita Schorsch）的《儿童的形象——图像史中的社会史》、尤里·布朗芬布伦纳（Urie Bronfenbrenner）的《童年期的两个世界：美国和苏联》偏重从社会学、史学、政治学角度探讨社会的儿童观。我国学者闫旭蕾在论文《教育中的"肉"与"灵"——身体社会学视角》中考察了建国初期的教材后认为，新中国从家庭中接管了身体，身体被纳入到国家理性的轨道内，形成了国家-工具身体。陈映芳的著作《图像中的孩子——社会学的分析》探讨了摄影作品、广告和宣传招贴画中的儿童角色模型，以及儿童在政治动员、权力合法性、社会批判、消费宣传中的作用。李悦在论文《1949—1966年中国宣传画的图像学研究》中，按照主题对宣传画进行了类型分析，认为领袖与儿童在一起的图像寓意着领袖对国家未来的指引和领导，其中的文化教育图像传达了初等教育的普及、教育权利的平等、尊师重教的教育意蕴。姚瑶《打造接班人：新中国少年儿童形象的建构及传播——考察1950年至1955年〈人民画报〉的摄影》从摄影视觉文化的理论视野，解读儿童图像的视觉修辞手法、画报编排的视觉流程，阐述儿童形象的塑造机制及其与国家意识形态的关系。综合来看，上述成果的主题主要围绕政治批判、社会反思展开，少量的成果围绕身体教育学展开，基本没有触及"十七年"身体学习的论题。

## 二、"十七年"图像志中的身体范式及其表现性特征

"学什么",即学习目标,是学习的首要问题。"十七年"图像志显示,新兴政权有着关于学生身体的想象性界定,通过媒体宣传、政治仪式、教育政策塑造了理想的身体形态,为学生确立了多方面的身体学习范式或学习目标。学校教育凭借教学方法、教学组织形式以及无处不在的场域化学习环境,塑造制度化身体,确定身体学习的目标和方向,将规范的服饰装扮、身体行为、语言方式等泛化于学生身体的时空存在,推动学生的身体学习。

### (一)身体范式:身体学习的目标指向

#### 1. 勤奋认真的"知识身体"

图1  第一课                图2  全神贯注

作为这一时期儿童身体形态的主流,在中小学生教材封面、插图中有着清晰体现。"第一课"(1958年小学《语文》第一册,图1)、"全神贯注"(《人民画报》,1960年第2期,图2)呈现了传统讲授法的课堂上,学生坐姿挺拔统一,头脸朝向老师,两只胳膊统一放在课桌上,学习状态认真严

肃。在配图中，国家、教师的权威主导性突出，学生身体图像比较简洁，表现出服从、稚嫩、乖巧、渴望、认真的精神特征，学生身体图像呈现出没有知识、没有规定意识形态的待启蒙的"学习者"特征。另外，课文《好学生》插图（1953 年小学《语文》第一册，第 7 页）展示了学生伏在课桌上专心学习的场景和学生的绘画作品。"在毕业典礼上"（《人民画报》，1961 年第 6 期）呈现了两个眼带光芒、微笑的女生形象。

2. 投身祖国建设的"劳动身体"

图 3　1965 年北京小学《语文》
第八册封面

图 4　参加农业劳动的中学生

1957 年 2 月，毛泽东在最高国务会议上提出了使受教育者"成为有社会主义觉悟的有文化的劳动者"（毛泽东，1977：385）的新教育方针。1958 年，《中共中央、国务院关于教育工作的指示》进一步提出了"教育与生产劳动相结合"的教育工作方针，为学生提出了"劳动者"的根本性角色定位。1958 年小学《语文》第一册插图（第 55 页）中的农村儿童戴着棉帽、穿着棉衣，抱着大白菜，显示出身体有力而茁壮的状态。小学课本《记账常识》（1964 年第 1 版）封面中，戴着红领巾的男生正跟着陕西打扮的生产队员学习记账。"收麦"（1955 年小学《语文》第二册，第 54—55 页）、1965 年北京小学《语文》第八册封面（图 3）、"参加农业劳动的中学生"(《人民画报》，1964年第8期，图4）中，学生走进了田地里。工具主义的劳动身体在"十七年"教育图景中大量出现，体现了新政权发动未来新生劳动力，发展社会生产，提高国家竞争力的迫切愿望。

3. 身负现代化期待的"科技身体"

我国传统教育中儿童主要接触的学习场域是私塾，主要接触的物品是四书五经、笔墨纸砚。而新中国将青少年置于实验室、书房、科学研究场所中（《人民画报》，1966年第6期，图5；《人民画报》，1951年第6期，图6），开始接触显微镜、样本、矿石、火车、轮船、机械等现代科技产品。学生被赋予了重大的科技使命，大量学生走出教室的狭隘学习情境，走向科技场景。"华北农业研究所研究员"（《人民画报》，1956年第3期）、"科学工作者李执芬"（《人民画报》，1960年第5期）的身体形象透着专注的气质、坚韧不拔的意志和勇于探索实验、刻苦钻研的科学精神。《还是人有办法》（1955年小学《语文》第二册，第14－15页）透出人定胜天的思想。"在阳光里起航"（《人民画报》，1960年第11期）配文回顾了20世纪五六十年代学校和社会对科学技术教学的重视。学生被赋予了运用科学技术提高生产效率的现实责任，以期提高农业生产速度、产量，研发国家急需能源、材料、技术，解决国家在军事、工业生产中的难题。身体学习同国家的现代化话语融合不分。

图5　装配玩具

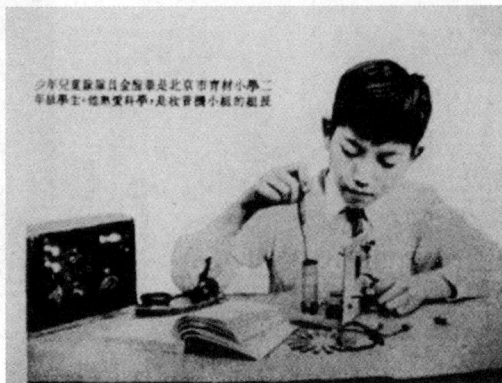

图6　少先队员金醒

4. 忠诚崇高的"政治身体"

"教育"不可能游离于、超脱于"政治"所设定的种种框架之外（吴康宁，1998：91）。"十七年"教育图像志中，儿童在国家的政治运动中习得了政治化的身体。课文"毛主席惦记着我们"配图（1955年小学《语文》第三册，第70—71页）中，一家五口人席地坐在桌前，身体统一面向墙上的毛主席挂像，母亲右手放在女孩的肩膀上，左手指向挂像，将儿童的身体学习与家庭生活、政治生活结合起来。"少先队员"群体成为身体学习政治化的重点教育对象。1952年第6期《人民画报》封面"杭州市少先队员"（图7）配文说"这群6月在西湖边活动的少先队员，不知不觉间，已经和这个国家的命运完成了初步的融合"。学生政治身体的形成，同这一时期的"领袖崇拜"紧密结合起来。"读《毛主席语录》"（《人民画报》，1966年第8期，图8）中，孩子们围坐在正在领读"语录"的佩戴勋章的战斗英雄身边，他们脸带微笑，下巴上扬，充满了敬佩、向往。照片配文："阅读这些著作已经成为一种庄严的政治仪式。"

图7　杭州市少先队员　　　　图8　读《毛主席语录》

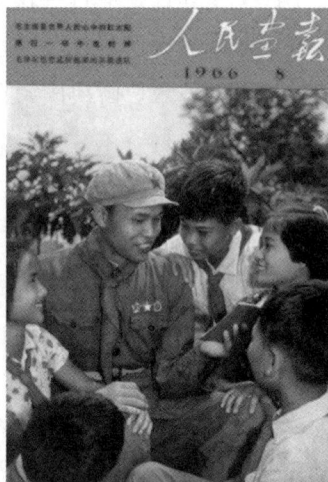

5. 富于童趣的"生活身体"

回望"十七年"的身体图像，工具性身体之外，也呈现了尊重儿童天性和童心的生活中的身体形态。在 1958 年小学《语文》第一册学习拼音（第 9—11 页）中，配图出现了妈妈给女儿扎辫子、女生照镜子扎头发、儿童劈柴、踢毽子的生活场景，"期望"（《人民画报》，1957 年第 11 期）、"幸福的童年"（《人民画报》，1960 年第 7 期，图 9）出现了女孩喜欢的布娃娃，1950 年版《小学唱游教材》第二辑的封面配图"舞蹈·劳作"（图 10）较好地呈现了"伙伴生活"。

图 9　幸福的童年

图 10　舞蹈·劳作

## （二）"十七年"图像志中身体范式的整体状况分析

### 1. 身体类型的比例关系

从"十七年"的教育图像看，学生的身体学习受到了新兴政权的高度关注。以 1950—1966 年的《人民画报》封面为例（图 11，详见附录 1），涉及儿童、学生身体图像的封面摄影占 21.52%，其中政治身体达到 8.97%，其后依次为生活身体 4.93%、知识身体 4.48%、科技身体 1.79%、劳动身体 1.35%。

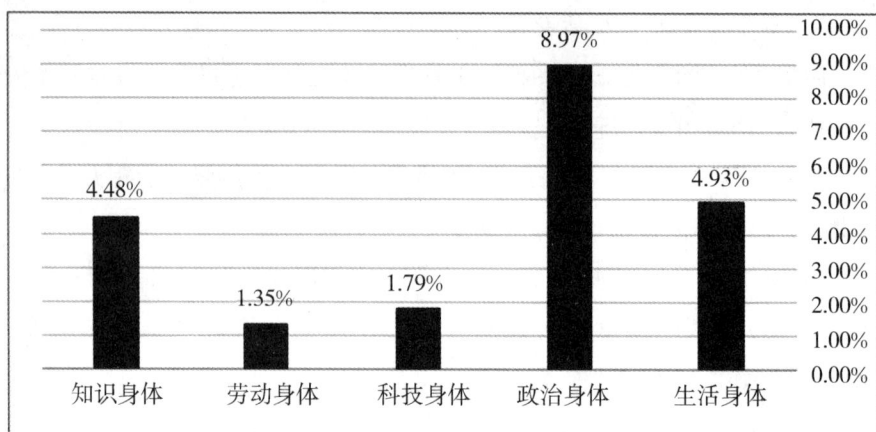

图11　1950—1966 年《人民画报》封面中学生身体类型的总期数占比

### 2. 身体类型的变动性

从呈现趋势看，不同身体形态的波谷与波峰同"十七年"时期国家重大发展诉求相关，一般先于历史事件发生（图12）。例如政治身体的几个峰值同肃反运动（1955）、庐山会议（1959）、"文化大革命"爆发（1966）等重大政治事件关联，且处于上升过程中。

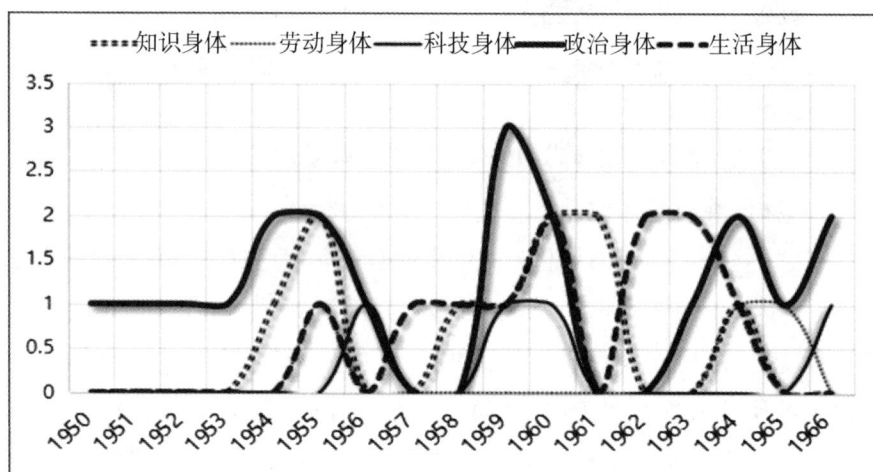

图12　不同身体类型在不同年份的变化趋势

劳动身体的峰值同农业学大寨（1964）关联。科技身体的峰值则与我国第一颗原子弹爆炸成功（1964）关联。知识身体的高峰出现在第一个"五年计划"和三年困难时期期间。生活身体则看不出明显规律。在这些身体类型中，政治身体始终贯穿并大量出现于《人民画报》封面，显然是国家努力打造的身体学习目标，而劳动身体更多体现于中小学课本之中。

上述分析表明，国家教育和学校教育已经开始重视学生的身体学习，试图通过身体范式的确立把国家政治意识、教育制度要求内化到学生的思想体系中。国家和学校在确立学生身体学习目标时，通过将身体形态的"风格化"、社会位置的"固定化"实施教育行为，共同推动了强势有力的"身体学习"。这种身体学习目标把学生看作没有自主能力的被教育者，缺乏学生身体的主体观和本体观，表现出明显的权力意识、权威心态。相对而言，学生的身体则处于弱势地位，使得身体学习的理想形态成为外在于学生的客观对象，必然使学生的身体学习走向异化。

## 三、"十七年"学生身体学习三维"透视"

图像是视觉的"透视"成像，是基于客观事实的，又是超越实体的，对于透视和解释学生身体学习的实然状态具有作为"志"的记载、描述、感性价值。

### （一）向谁学习——身体的学习对象与学习资源

#### 1. 生活实践

低年级的小学课本配图仍然呈现了学生活泼生动的生活学习场景。1955年小学《语文》第二册中的"小司机""打麦"配图表现儿童单纯而无忧的在身体方面的互动。1958年小学《语文》第一册拼音汉字学习中再现了儿童踢毽子、拍球、洗衣服、钓鱼、玩铁环、植树、跳绳、唱歌、早操、玩滑梯、玩跷跷板等身体学习情境和跳、跑、抬、抱等身体活动，以手的姿势解释了数字的含义。但到了高年级，尤其是中学阶段，身体的生活学习情境就基本消失了，如 1963 年十年制学校高中课本《语文》第一册。

2. 成年人身体

从学生的"身体学习"的角度，我们需要引入"儿童身体"对应的"成人身体"和"成人身体"政治化的"崇高身体"的概念。在"十七年"教育图景中，父母、老师、邻居以及其他社会公众都作为重要的"相关他人"，其身体存在方式、身体形态深深地影响着儿童的学习。1964 年小学《语文》第三册封面上，两名儿童跟远处的成人学习，置身田野收红萝卜。1955 年小学《语文》第二册"收麦"配图再现了儿童跟随互助组组员收麦的情景。

3. "类成人"身体榜样

1958 年小学《语文》第一册的《值日生》《你们做得好》两篇课文的配图（第 80—81 页）描绘了躬身检查同学手的卫生情况和面向老师恭敬站立的"黄大成"的形象（图 13）。黄大成在画面中突出、高大，挺拔的身

图 13　黄大成

影充满了力量和正义，是一种"类成年人"的教育制度教化下的身体，被标志为学生身体学习的典范。学生在这种"身边"的标准性身体范式中习得身体规范。

4. 男性身体

学校中的女教师、女生在身体的服装、表情、肤色、动作和身体所使用的用具、所处的场所等方面，明显表现出向男性身体学习的心理倾向。1955 年第 8 期《人民画报》刊载了南京农学院农机系学生陈丽聪的照片（图 14），她的短发凌乱，身着和男性工人一样的蓝灰工装，皮肤黝黑，胳膊和手指粗壮有力。其"仿男性"的身体形态，有着明显的去除女性特征、向男性靠拢看齐甚至挑战男性的性别觉醒意识。

图 14　南京农学院农机系学生陈丽聪

图 15　1955 年小学《语文》
第二册插图

5. 英雄或领袖身体

前文图 8 中，孩子们围拢着正在领读《毛主席语录》的佩戴勋章的战斗英雄。1955 年小学《语文》第二册目录后以彩色照片再现了 2 名少先队员左右伴随在毛主席身边、扶着毛主席胳膊的情景（图 15）。1967 年第 11 期《人民画报》封面是国画《我们心中最红最红的红太阳毛主席和我们在一起》，画中少年儿童热血沸腾地围拢在毛主席周围，以领袖身体的高大和少年儿童身体的聚拢显示出身体学习的成功。

上述图片中的身体图像构图简洁，人物突出。榜样身体的远眺、下巴上扬、望向远方的昂扬姿态，彰显出获得国家认可的崇高性、引领性、规范性和时代性，为学生身体学习带来了强有力的指向和暗示。学习对象的身份定位、时空要求、行为规范构成了学生身体学习的主要内容，使学生的身体学习带有鲜明的时代场域特性。

### （二）如何学习——身体学习的实践方式

怎么学，即学习方法，同样是"十七年"学生身体学习的关键问题。我们同样可以在图像学分析中找到答案。

#### 1. 模仿学习

德国教育人类学家克里斯托夫·武尔夫（Christoph Wulf）认为："模仿是人的条件，它使教育成为可能，并推动了教育的发展。尤其对于青少年来说，很多获得知识的重要过程都具有模仿性。"（克里斯托夫·武尔夫，2009：66）动物实验学和人类实验心理学的研究揭示了身体模仿的教育价值及其学习机制。尼科尔和波普（Nicol & Pope）等人的小鸡实验、日本鹌鹑实验、老鼠实验，都证明动物能够通过观察种内其他成员的行为而获得相当复杂的学习。美国著名的心理学家班杜拉（A. Bandura）则强调观察榜样的间接学习的价值，提出了"观察学习理论"，认为有效能的学习活动必须经历注意过程、保持过程、动作再现过程和动机过程四个连续的环节。班杜拉做的三组儿童观看电影实验，同样证明学习者通过观察榜样而产生了"替代强化"和"替代惩罚"的替代经验，会鼓励他们重现或规避榜样的行为。（B. R. 赫根汉、马修·H. 奥尔森，2011：278－280）从上文可以看出，"十七年"时期学生身体学习的主要学习方式是在观察基础上的"模仿"，通过对成人身体形态、规范的学校身体形态树立的

"身体榜样"的观察、复制、仿拟来学习身体知识，实现身体意义上的社会化。"如果榜样被认为是可尊重的、有能力的、有很高社会地位的或权力的，那么就会非常有效"（吴康宁，1998：297）。所以，"十七年"时期学生身体模仿的对象主要包含领袖、教师、教育认同的优秀学生等知识、权力位势高的身体形象。

2. 从身体行为学习走向身体观念学习

学生的身体学习并非停留在肤浅的外在模仿上，而是通过社会化的"身体实践"从身体行为学习走向身体观念学习。行为学习既有行少先队礼、系红领巾、坐立姿势、学校礼仪、课堂行为和特定项目训练的手脑实践等的身体技能学习，也包含语言、语气、语调等语义表达学习和眼神、表情、外貌等身体技能学习。观念学习则是指关于身体被赋予的社会文化要求的学习（图 16）。不同于课堂上的记忆、分析、综合等理智知识学习

图 16　开学（1953 年小学《语文》第一册）

活动，学生的身体学习通过参与生产劳动、处理社会关系、参加社会活动实现，从而形成一种身体"惯习"："随着个人不断接触某些社会状况（这种接触的结果也因此日积月累），个人也就逐渐被灌输进一整套性情倾向，……将现存社会环境的必然性予以内化，并在有机体内部打上经过调整定型的惯性及外在现实的约束的烙印。"（皮埃尔·布迪厄、华康德，1998：13—17）。在此过程中，学生身体的行为学习和观念学习从来不曾分离，身体通过实践内化构建了身体观念，身体观念又强化指导着学生的身体行为，是班杜拉所讲的动作再现过程和动机过程的紧密融合。

### 3. 身体制度的学习

学校中的身体学习是超越书本知识的，在学校教育教学制度中，学生的身体受到教育制度的"规训与惩罚"，学生通过身体学会了如何适应制度化的生存。1955 年 1 月，教育部颁布的《小学生守则》[①] 以政策文件的形式规定了学生身体的日常行为、课堂礼仪、交往方式、时间安排、生活方式等的身体时空要求。显然，学生的身体学习就是遵循这种外界客观的"身体制度"，在身体行动中执行统一普遍的身体要求，并逐步内化为自己的身体观念。尽管对这类"身体制度"的接受可能是被动的，内化的程度也不同，但学生确实受到了身体规范的强大影响，而且从"十七年"图像志中身体形态的规范性看，这种学习效能是高质量的。

### （三）在何处学习——身体学习的环境与空间

环境与空间抑或只是图像成型的背景和轮廓，但却成为学生身体学习不可逃遁的时代场域，构成了图像志解释及其历史意义分析不可忽视的宏大变量。身体在不同的环境中发生着不同的活动，过着不同的"身体生活"。这是人类身体顺应环境要求作出的动态调整，在人类同外界环境互动中理性分析身体应有规范，不断修正、重复身体行为的身体学习的结

---

① 第一部《小学生守则》发布于 1955 年，之后分别于 1963 年、1979 年、1981 年、2004 年、2015 年进行了 5 次修订。

果。新一代认知科学认为，"认知是情境的，因为具身心智嵌入在自然和社会环境的约束中。认知不是心智对环境的单向投射（projection），而是必须相应于环境的状况和变化"（李恒威、黄华新，2006）。以具身认知为核心的第二代认知科学认为，认知发生于广泛的物理、社会、历史、文化情境中，认知来源于个体在同环境的实践交流中产生的身体经验（叶浩生，2010）。"十七年"时期学生的身体学习环境不是与学习主体彼此互动的"应答性环境"（加藤幸次，1997：13—17），也不是静态的沉默环境，而是一种单向环境。它单向地施加于学生身体，而不接受学生身体对环境的选择、改造，带有霸权色彩。

1. 身处"滤镜"公共空间的身体学习

"十七年"的图像志显示，学生的身体学习主要在学校、农场、大型节日、政治会议、科研院所等公共场所发生，如"国庆日"（1952 年小学《语文》第一册，图 17）、"天安门"（1955 年小学《语文》第二册）等，具有显著的公共性特征。身体的社会属性被无限放大，其存在的空间是公共空间，其功能发挥、价值实现的方式是"在"社会之中。

图 17　国庆日

图 18　给毛主席献花的少先队员

图 19　祖国的花朵

　　公共空间的身体学习使身体形态高度脸谱化、风格化和具有表演性，是"只有类的身体，没有个体的充满个性细节化的身体"（闫旭蕾，2006：62）。"给毛主席献花的少先队员"（《人民画报》，1954年第6期，图18）、"祖国的花朵"（《人民画报》，1955年第6期，图19）等的女生形象趋同化非常明显，她们普遍地变身为"胖娃娃"式的方圆国字脸型，脸部线条圆润，腮部微鼓，下巴短而圆，稍稍向上扬，体形微胖，显示出生活丰足、生命力旺盛、未来美好的话语。学生的笑容也表现出高度的统

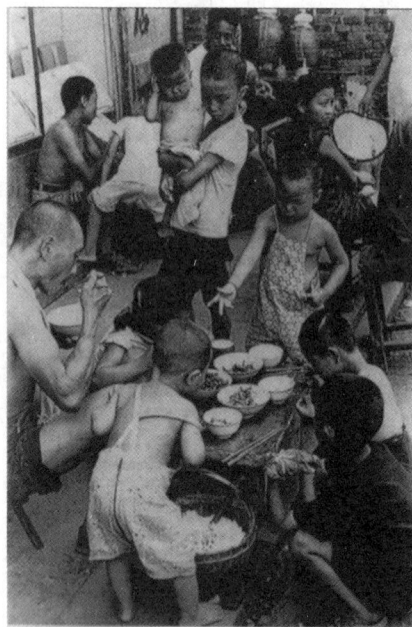

图 20　1960年代中国的一家人

一性，一般上排牙齿露出，嘴角、眼角上扬，在大笑和微笑之间，表现出面对未来的坚毅、信心和人民"站起来"的欢乐。这些"清净的政治卫生的无菌照片"（李恒威、黄华新，2006：144），同法国著名摄影师希勒松（H. Cartier Bresson）拍摄的"1960 年代中国的一家人"（图 20）形成了鲜明对照，这种学习空间是滤除了真实生活情境后的象征性、建构性的环境。

2. 身处"梦工厂"政治理想环境的身体学习

"十七年"时期，学生的身体学习也面对着特殊的政治文化环境。成人身体的着装、发型、姿态、脸型、笑容构成统一的身体模式，会同公共社会的集体无意识的巨大洪流，为学生的身体学习提供了现实范本，对学生的身体学习构成了重大的身体导向。此时的学习环境是人为营造的理想化的"梦工厂"（顾铮，2012：23），即一种政治理想环境。

学生身体学习面临的学习情境极其强势而庞大，对于心智尚不成熟的学生来说构成了极大的心理压力。表演性身体显示出个体在强大权威面前的无力。在这种强大的"客观存在"面前，学生在公共交往中对主流身体形态看似自觉的学习其实包含了被动、迎合的心理因素。这种迎合是主动放弃自我思考、自我坚持之后表露给外界的有一定"虚假性"的身体学习状态。学生因此学会了主动隐藏"真实的身体"，并发现"虚假身体"的重要价值，压抑发现、构筑"真实身体"的能动性，影响了学生主体意识的自我探索。同时，公共主义的学习环境压抑了学生自我身体的体验、需要、感官感觉及其敏感性和自主自在的身体存在状态，消解了身体的私有私密状态，钝化了敏锐的主观感受能力。身体学习本来是学习者中心、身心共同参与的学习行为，但这种学习空间却对身体、心灵都构成了危害，造就更多身心分裂的"社会身体"。

## 四、走向象征：身体学习的新阶段及反思

如何看待"十七年"学生身体学习中的"符号化"？我们可能会产生两种立场。第一种是解构主义立场，在批判"十七年"社会正统原则中宣扬身体学习的非秩序、不确定。第二种是建构主义立场，就是把身体学习的抽象化、符号化过程看作身体学习发展中的深化阶段、必经过程，承认其合理性和必然性。坚持建构主义立场，也许更能够帮助我们厘清身体学习的脉络和链条，建立起关于身体学习的发展系统。当然，为了探寻科学的身体学习，我们需要在反思历史经验中探寻更好的道路。

### （一）身体学习的符号化

身体学习难以逃脱时代的印迹，身体可以说是时代的造化、场域的留影。当然，时代场域的参与不是强力的身体限制。在"十七年"政治化的时代场域中，国家借助党报党刊媒体和大量的思想学习、行为训练、仪式化的运动展开了大规模、铺天盖地的红色文化宣传，形成了浓厚的红色文化氛围和一定强度的文化心理压力，通过高度一致的群体性身体行为实现了对学生身体学习的"柔性领导"。它还借助学校、家庭，塑造规范的"成人身体"，自上而下地宣扬、贯彻"红色的"身体范式。我们似乎可以得出这样的结论：学生身体的模仿性学习其实是一种"场域模仿"或"场域学习"，即在模仿一种意识形态化了的场域身体。

如此，学生的身体越来越远离具象的存在，其血肉鲜明的具体性、快速知觉的敏锐性、自由灵动的鲜活性、独特不羁的个体性变得模糊。相反，身体越来越被抽象化，抽象为特定时代场域中文化理念的一种象征，成为一种历史化了的"身体符号"，身体学习因而就成为一种"符号学习"的过程。身体脱离了生理属性和生活属性的"此在"状态，逐渐将身体"意象化"为一种抽象的"文化身体"，身体学习越来越成为一种"文化学

习"。究其原因在于此时中国家庭的亲子关系变成了国家和孩子的教育关系（杨善华，1999：104），"国家孩子"的定位使学生的身体形象脱离生活实相而抽象为一种象征符号。

但是，我们也要看到，被时代场域符号化的身体同学生的生活场景、心理结构、知识逻辑之间是异构的，对学生构成了陌生的疏离和紧张的压抑，成为背离学生主体性的"异化身体"，不利于学生的身心发展。德国学者克里斯托夫·武尔夫一再强调："模仿不是对现实的一种复制……模仿是再创造和变形的统一，其目的在于一种润色和'发展'，是一个'建构化的模仿'。"（吴康宁，1998：69）"十七年"学生的身体模仿停留在了复制层面，以至于打开教材和《人民画报》就会发现毫无活力和个性的高度统一的身体样态，抑制了富有主体精神和创造力的人才的产生。

### （二）身体学习的非生活化

杜威（John Dewey）提出了"教育即生活"的重要论断，他认为生活是个体的和种族的全部经验（杜威，2001：21）。生活在教育中到底有何种价值？怀特海（Alfred North Whitehead）说："至于说到人的培养，人们所受到的最重要的培养是他们12岁以前从母亲那里接受的教养。"（怀特海，2002：1—2）哈贝马斯（Jürgen Habermas）认为，"生活世界"是人类生存的根基（刘少杰，2006：392—397），看到了"生活世界"被制度、金钱、权力所吞噬或殖民的后现代状况。

回望"十七年"的教育图像，在1958年小学《语文》第一册配图中妈妈给女儿扎辫子、女生照镜子扎头发、儿童劈柴、踢毽子的生活场景，《人民画报》封面在1957年、1960年出现了女孩喜欢的布娃娃，1950年版《小学唱游教材》呈现的"伙伴生活"，是值得肯定的。但这种生活化的身体学习整体上较少。随着学生年龄的增长，身体学习就逐渐远离了生理性身体、生活性身体的学习，而越来越靠近劳动身体、政治身体、文化身体、社会身体的学习，使身体从家庭走向更广阔的社会，成长为一种"社会身体"。

但我们也要看到，抽离生活的身体学习容易导致学生身体意识、伦理道德、情感体验发育的空虚化，遭遇社会环境、政治制度等外在要素以及它们造就的"制度身体"这一内在要素的"双重异化"。

约翰·奥尼尔（John O'Neill）认为，"交往身体"是我们的世界、历史、文化和政治经济的总的媒介。（约翰·奥尼尔，1999：3）儿童的身体学习作为一种"互动性实践"，是个体与周围环境交互中"构筑世界""构筑伙伴""构筑自身"的实践过程（范铭，2020），家庭生活、伙伴生活、游戏生活可以称作学生身体学习的"原发性生活"，它的缺席对学生身心发展的深度、广度产生了深刻影响。（1）学生的身体意识因缺少细节而显得空虚。生活细节是儿童身体感知、生命建构的主要材料。个体只属于私域空间。"十七年"时期学生身体处在宏大的时代叙事、政治叙事中，而学生的个人叙事、生活叙事不能很好地发展，使得学生的身心世界因缺乏生活细节的滋养而变得空虚空洞，并不能建立起科学的身体观。（2）学生伦理道德的"空心化"。对国家的崇尚、对领袖的皈依，是"十七年"时期学生的最高伦理，社会伦理、政治伦理等外在伦理超越了血缘、亲情为基础的内在伦理。当把儿童猛然置于宏大伦理要求中，实际上抽离了人格养成的人伦基础、血缘基础，这种道德伦理往往是空虚的。（3）学生情感发育的不完整。儿童的身体是敏感的感受器，儿童在父母的拥抱、爱抚、亲吻中获得抵挡困难、风雨的信心和力量，情感往往处于温和、自在、满足、平实、愉悦的状态。家庭的亲子关系能够建立起儿童关于爱的情感和以"爱的情感"为基础的身体意识。儿童所生活的卧室、居所给他的身体以保护，其私密性赋予儿童安全感，赋予儿童的身体隐私和生活隐私以尊重，能够给儿童温暖、安然的情绪体验，有利于儿童健康身体意识的发展。

### （三）身体学习的非个体化

19世纪末以来，个体成了社会学的重点研究对象，涂尔干（Émile Durkheim）甚至将个体主义比作一种宗教，看作是"当今社会基本的道德教理"（马尔图切利、桑格利，2020：12—13）。1966 年第 4 期《人民画报》中"铁人王进喜"怀抱的小女孩，其身体的自主性完全消失，只是成为一个继承铁人精神、烘托铁人柔情的"文化符号"，是一个集体性的概念，而非小女孩个体性的概念。1963 年小学《语文》第三册中"集体力量大"配图以说理的方式引导个体的集体社会化。"十七年"时期，仰头、眼光、坐姿、发型（同性别）、胳膊的摆放、笑脸、着装等等学生身体的功能、行为、形态高度雷同表明，身体成了一种社会的、文化的"象征"，而不是具象的个人身体。学生的身体失去了实在的"此在"，逐渐被政治权力"意象化"，成为一种抽象的"政治身体"。引导身体走出异化，提升主体性，使身体成为学生发展的载体而不是牢笼，或许应当是身体教育的使命。

个体化是一个"独立性、独特性、主体性日益充分地得到显示和表达的过程。在一定意义上可以说，人的个体化过程是以人的主体性发展到一定水平为标志的"（郑杭生，2014：98）。"十七年"的时代场域、教育制度、父母权威对学生的身体学习进行规制和领导，此种身体知识对学生来说是异化的客体知识。以政治说教、官方号召、全面渲染、强力灌输为特征的外部环境同样变成了身体学习的异己力量——因为它外在于个体的内部环境，与个体赖以存在的生活环境迥然不同，并以强大的政治优势、社会优势压迫着个体，统治着个体在社会中的作为。这种环境塑造出来的"制度身体"也变成了身体学习的异己力量——在全面铺开的意识形态语境中，它看起来比"个体身体"更显得合理自然、顺应人心，但由于它并非是从个体生活中自然而然生长出来，可能已经成了制度驯化出来的"客观自我"或"客观身体"，就已经走到了个体及其主体性的对立面，成为阻碍个体自我意识觉醒、主体性发挥的压迫势力。如此看来，因为身体的文化发育少了个体化历程，成了纯然的社会化历程，"十七年"图像志中的身体学习其实是片面的，不利于学生身体意识的全面发展。概括地说，学生的身体学习遭遇了时代场域等外在要素以及它们造就的"制度身体"

这一内在要素的"双重异化"。

### （四）身体学习的权力化

"十七年"时期，女性将男性身体作为身体学习的对象和方向。"十七年"图像志中出现了大量"铁姑娘"形象，如 1955 年第 8 期《人民画报》刊载的南京农学院农机系女学生陈丽聪，再比如课本中大量出现的女教师的身体形象都是剪短发、着军装，身体形象充满了革命年代的阳刚。女性此时的"身体学习"，其实就是向男性模仿、学习的过程，各种男性的服装、姿势、神态、工具都成为女性"身体学习"的资源。女性的身体学习环境也实现了革命性突破，出现在了更多原来由男性把控的工作场景中，她们开始走进体育场所、生产场所、科技场所、医疗场所、教育场所、能源领域。显然，女性的身体学习演绎着两种平等话语：一是女生和男生都获得了同等的教育权，实现了教育平等；二是女生和男生在性别上没有歧视，实现了性别平等。

男性权力与政治权力借由教育平等话语，在女性解放和身体塑造上达成了高度协同，进而出现了女性压倒男性的趋势。单独报道女生时，女生会以近镜头正面呈现，充满整个画面，使得女生的身体形象十分鲜明，比如"在阳光里起航"（《人民画报》，1960 年第 11 期）的女生形象、"在毕业典礼上"（《人民画报》，1961 年第 6 期）、"知识青年邢燕子"（《人民画报》，1960 年第 20 期）。当男女共同存在于画面时，女生往往更靠近读者，男生在后面，如"给毛主席献花的少先队员"（图 18）中的王光如（女生）。女学生、女教师在身体学习中进一步更承担了启蒙、教育男性的角色，比如课文《公园里的花》（1964 年小学《语文》第三册）配图中小红阻止弟弟摘花；"工人上大学"（《人民画报》，1954 年第 8 期）中女大学生赵喜文手拿着一本厚厚的新书，而旁边的崔树林只是配角。相应地，男生多处于被教育、被引导的地位，显示出跟随、学习的状态，这在历史上发生了第一次性别势位的大转换。

女生的身体学习表明面上看是身体形态上的模仿，实则有政治解放与女性解放的精神上追求。她们的身体学习历程，是女性解放、女性权力获得胜利的历程，实际上又是放弃"本我身体"的"身体异化"过程，因为男性化的身体已经构成对女性的压迫力量，导致女性无法寻找到"本我身体"的定位，更无法找回身体的主体性，女性陷入了身体上的"无权"。"对身体的控制从本质上是对女性身体的控制。"（布莱恩·特纳，2001：1）"十七年"的女性身体学习演变成了教育平等的注脚，一方面用来说明时代场域对于女性历史地位的革命性改变，另一方面说明了男性权力借助时代场域施加给女性身体的文化负重，蕴涵着政治权力、男性权力的双重演绎。

总之，进入身体学习的象征阶段之后，身体学习面临着难解的悖论：身体越走向社会化，就越远离具象、真实的身体。身体学习的此刻发展，似乎只有回到感觉、个体甚至生理的身体才会获得更加丰富的身体知识。

# 结　语

约翰·奥尼尔在《身体形态——现代社会的五种身体》的序言中援引弗洛伊德的话："人类似乎已经变成了某种佩戴着假肢的上帝，……这些器官并未真正生长在他身体上。"学生是政治人、经济人、文化人，也是"身体人"，他们的学习绝不仅仅指人类经典知识的学习，更应包含身体学习，其主客融合、理实一体的学习方式规避了传统理智知识学习中的异化，应当是人类学习变革的重要切入口。"十七年"图像志作为身体学习的一个研究剖面或历史个案，彰显了身体学习的普遍议题和共性问题。由此，我们似乎可以结合当前的学习状况，对身体学习归纳出一些基本认识。即，面对学习中的身体离场、感觉钝化、体验匮乏，身体学习作为学习的一种类型，极少地借助于智性学习的逻辑、理性、思维等脑力活动，也不同于将身体视作工具的"通过或靠近身体"的具身性学习，而是把身体看作学习的本源和本体，是以身体知识、经验知识、感觉知识、行为知识为学习内容和学习成果的学习；它是学习者在环境中模仿、评估、反思他人与自身身体行为之后的行为学习，是在道德、情感、体验和轻度理性的参与下实行的非控制、非竞争的自我学习，从而无声地、不困难地进达学习者的行为体系和思想体系。身体学习显然更彻底地抵达了身体，告别了身心二元的学习困境。

教育的根本要义在于培养身心全面发展的人。因此，我们需要再次审视身体的本体价值和"主体性身体"的发育问题，促进身体学习及身体知识的增长，推动身体学习理论发展。如此，"身体学习"有可能成为教育学科的新增长点，乃至于存在诞生"身体学习学"的可能。

附录1

### 不同身体类型在《人民画报》（1955—1966）封面中的分布

| 出版年 | 期数 | 知识身体 | 劳动身体 | 科技身体 | 政治身体 | 生活身体 |
|---|---|---|---|---|---|---|
| 1950 | 6 | | | | 第 10 期 | |
| 1951 | 12 | | | | 第 6 期 | |
| 1952 | 12 | | | | 第 6 期 | |
| 1953 | 12 | | | | 第 5 期 | |
| 1954 | 12 | 第 8 期 | | | 第 6、9 期 | |
| 1955 | 12 | 第 7、9 期 | 第 8 期 | | 第 1、6 期 | 第 2 期 |
| 1956 | 12 | | | 第 3 期 | 第 10 期 | |
| 1957 | 12 | | | | | 第 11 期 |
| 1958 | 12 | 第 7 期 | | | | 第 6 期 |
| 1959 | 24 | 第 8 期 | | 第 1 期 | 第 10、15、19 期 | 第 5 期 |
| 1960 | 24 | 第 2、12 期 | | 第 5 期 | 第 11、18 期 | 第 4、7 期 |
| 1961 | 12 | 第 2、6 期 | | | | |

| 出版年 | 期数 | 知识身体 | 劳动身体 | 科技身体 | 政治身体 | 生活身体 |
|---|---|---|---|---|---|---|
| 1962 | 12 | | | | | 第5、6期 |
| 1963 | 12 | | | | 第2期 | 第6、9期 |
| 1964 | 13（1期特刊） | 第6期 | 第8期 | | 第2、10期 | 第3期 |
| 1965 | 12 | | 第10期 | | 第11期 | |
| 1966 | 12 | | | 第6期 | 第4、8期 | |
| 共计 | 223 | 10 | 3 | 4 | 20 | 11 |
| 总期数占比 | | 4.48% | 1.35% | 1.79% | 8.97% | 4.93% |

**附录 2**

### 身体学习图像学研究的相关成果

| 序号 | 成果名称 | 作者 | 类型 | 来源、时间 |
|---|---|---|---|---|
| 1 | 儿童的世纪：旧制度下的儿童和家庭生活 | ［法］菲力浦·阿利埃斯 | 著作 | 北京大学出版社，2013 |
| 2 | 图像中的孩子——社会学的分析 | 陈映芳 | 著作 | 山东画报出版社，2003 |
| 3 | 教育中的"肉"与"灵"——身体社会学的视角 | 闫旭蕾 | 学位论文 | 南京师范大学，2006 |
| 4 | 身体的教育意蕴及其实现 | 刘铁芳，周俊凡 | 学术论文 | 教育学报，2020（5） |
| 5 | 身体与学习：具身认知及其对传统教育观的挑战 | 叶浩生 | 学术论文 | 教育研究，2015（4） |
| 6 | 论儿童教育中"身体"的缺位及其复归 | 陈乐乐 | 学术论文 | 中国教育学刊，2016（8） |
| 7 | 1949—1966年中国宣传画的图像学研究 | 李悦 | 学位论文 | 北京印刷学院，2019 |

| 序号 | 成果名称 | 作者 | 类型 | 来源、时间 |
|------|----------|------|------|-----------|
| 8 | 光影中的身体叙事与意识形态——《人民画报》（1950—1977）中的女性图谱 | 林颖 | 学位论文 | 福建师范大学，2013 |
| 9 | 打造接班人：新中国少年儿童形象的建构及传播——考察1950年至1955年《人民画报》的摄影 | 姚瑶 | 学位论文 | 复旦大学，2013 |

**参考文献：**

B. R. 赫根汉、马修·H. 奥尔森，2011，《学习理论导论》（第七版），郭本禹等译，上海：上海教育出版社。

E. 潘诺夫斯基，1987，《视觉艺术的含义》，傅志强译，沈阳：辽宁人民出版社。

安东尼·吉登斯，1998，《现代性与自我认同》，赵旭东、方文译，北京：生活·读书·新知三联书店。

彼得·伯克，2008，《图像证史》，杨豫译，北京：北京大学出版社。

布莱恩·特纳，2000，《身体与社会》，马海良、赵国新译，沈阳：春风文艺出版社。

达尼罗·马尔图切利、弗朗索瓦·德·桑格利，2020，《个体社会学》，吴真译，北京：商务印书馆。

杜威，2001，《民主主义与教育》，王承绪译，北京：人民教育出版社。

范铭，2020，《由游戏引发的对儿童"学习观"的深度反思》，《上海教育科研》第8期。

费多益，2007，《认知研究的现象学趋向》，《哲学动态》第6期。

顾铮，2012，《顾铮摄影文论集》，上海：上海文化出版社。

郭祥超，2012，《教师专业发展：身体哲学的视角》，北京：教育科学出版社。

怀特海，2002，《教育的目的》，徐汝舟译，北京：生活·读书·新知三联书店。

加藤幸次等，1997，《学习环境的创造》，东京：教育开发研究所。

克里斯托夫·武尔夫，2009，《教育人类学》，张志坤译，北京：教育科学出版社。

李彩虹、朱志勇，2020，《学校时间中的身体博弈》，《教育科学研究》第5期。

李恒威、黄华新，2006，《"第二代认知科学"的认知观》，《哲学研究》第6期。

刘少杰，2006，《国外社会学理论》，北京：高等教育出版社。

毛泽东，1977，《毛泽东选集·第五卷》，北京：人民出版社。

皮埃尔·布迪厄、华康德，1998，《实践与反思：反思社会学导引》，李猛、李康译，北京：中央编译出版社。

吴康宁，1998，《教育社会学》，北京：人民教育出版社。

闫旭蕾，2006，《教育中的"肉"与"灵"——身体社会学视角》，南京师范大学博士论文。

闫旭蕾，2014，《"身体-主体教育"之探》，《教育研究与实验》第2期。

杨大春，2005，《感性的诗学：梅洛-庞蒂与法国哲学主流》，北京：人民出版社。

杨东平，2003，《新中国"十七年教育"的基本特征》，《清华大学教育研究》第1期。

杨善华，1999，《当代西方社会学理论》，北京：北京大学出版社。

叶浩生，2010，《认知心理学：困境与转向》，《华东师范大学学报（教育科学版）》第1期。

约翰·奥尼尔，1999，《身体形态——现代社会的五种身体》，张旭春译，沈阳：春风文艺出版社。

郑杭生，2014,《品味社会学》，南京：江苏人民出版社。

# A Iconography Study of Body Learning in the "Seventeen Years" Period

## Wang Liping

**Abstract**：The shift from body education to body learning is conducive to the reform of student learning, which is centered on the body. Using iconographic research methods, presenting and interpreting the situation of body learning in the People's Pictorial and textbook illustrations in the "Seventeen Years" iconography can help us to construct the core scope and general framework of body learning. Research in iconography suggests that the regime had the self-consciousness to promote students' body learning, confirming the ideal bodily paradigm as a learning goal for students. Students achieve learning about the object of learning from form, behavior, body concepts, and body regimes through observation, imitation, and alternative experiences in public spaces and political environments. The symbolization, de-living, depersonalization, and powering of the body bring body learning to a new stage of symbolism in body learning, but precisely the stage of alienation away from the embodied body. Opening up the study of body learning may be able to expand new growth points in the discipline of education.

**Keywords**： "Seventeen Years", iconography, body learning, body paradigm, symbolization, time field

田野研究

# 后疫情时代教育生态环境协同育人路径

## ——基于某高校本科生线上学习状况的追踪调查①

张可煜②　樊秀丽③

**摘要：** 2020 年新冠病毒疫情改变了我国教育生态环境，疫情期间，我国高校本科生开启线上学习模式。教育物理环境、社会环境和技术环境的改变，影响着学生的学习生活。本文采用微信民族志的方法，探究教育生态环境转变对本科生学习的影响。研究发现，学生线上学习的学习效率和学习体验普遍存在问题，并给学生的身心健康带来了困扰。本文以学校和社会协同育人为路径，对后疫情时代重新建构我国教育生态环境进行思考。

**关键词：** 后疫情时代　教育生态环境　本科生线上学习　协同育人　微信民族志

---

① 本文为国家社科基金项目"农民工随迁子女文化融合教育的人类学研究"（15BSH062）的后续研究。

② 张可煜，华东师范大学社会发展学院研究生（zhangkeyuu@foxmail.com）。

③ 樊秀丽，首都师范大学教育学院教授（cnufxl@yeah.net）。

# 一、问题提出

新型冠状病毒疫情是全球性公共卫生领域的严重突发事件，对经济社会的发展和人民的生命安全造成了重大影响，对教育领域造成了严重的冲击。

2020 年伊始，新冠病毒疫情暴发，我国相关部门出台了一系列的防疫措施。2020 年 1 月 27 日，教育部下发 2020 年春季延期开学的通知，明令推迟全国高校开学时间，严格控制高校学生返校情况（中华人民共和国教育部，2020）。2 月 5 日，教育部对疫情防控期间高校的在线教学组织与管理提出"采取政府主导、高校主体、社会参与的方式，共同实施并保障高校在疫情防控期间的在线教学"的总体要求（中华人民共和国教育部，2020）。2 月 12 日，教育部明确要求各地延迟开学（中华人民共和国教育部，2020）。此后，全国各地高校纷纷线上开学、网络授课。2020 年春季学期，全国多数高校采取线上教学的模式。国务院新闻办发布的《抗击新冠肺炎疫情的中国行动》白皮书中表述道，2020 年 4 月 29 日以后，全国疫情防控进入常态化阶段。放眼世界，联合国 8 月发布的《新型冠状病毒肺炎疫情期间及后疫情时代的教育政策简报》中指出：疫情大流行给教育系统造成了史无前例的剧烈破坏，全球超过 191 个国家和地区选择关闭学校和教育机构，全世界 94％的学生受到停课的影响（United Nations，2020）。2020 年秋季学期，我国高校正常开学，恢复线下教学。2021 年春季，全国高校错峰开学，部分地区高校如期开课、延期返校（中华人民共和国教育部，2021）。2021 年秋季，疫情反复，各地高校依据实际情况调整校园开放程度和授课方式。11 月，教育部发文指出要"全面提升冬春季教育系统常态化疫情防控和应急处置能力"，提出学校应当"及时做好线上线下教学切换"（中华人民共和国教育部，2021）。2022 年春季，部分地区再次暴发疫情。4月，国家卫生健康委办公厅、教育部办公厅发文，推出第五版各级学校疫情防控技术方案，提出各高校要按照"一校一策"原则进行防控（中华人民共和国教育部，2022）。即使在同一城市，有的高校线下开学，有的高校整个春季学期都采取居家线上授课的模式。疫情波动期间，多地在2021年秋季短暂开放面授课程后，又转为线上授课模式。"学校"这一教育活动组织机构的作用在"线上学习"模式下效力锐减，"去学校化社会"思想再掀热潮。在移动信息技术的普及化和疫情背景下，身处不同地域、不同环境的大学生个体是如何应对的？又有怎样的思考呢？本文从教育生态学的视角出发，采用微信民族志的方法，利用微信平台，对150名大学本科生进行了追踪调查，描摹其线上学习的状况，探究问题，提出协同育人路径下的解决办法。

## 二、先行研究、调查对象与调查方法

### （一）先行研究

生态环境影响人的实践活动。教育的生态环境同样对教育产生影响。教育生态系统理论脱胎于尤里·布朗芬布伦纳（Urie Bronfenbrenner）的生态学模型。布朗芬布伦纳认为，个体的发展并非是一个孤立的过程，而是在于和周遭各层次环境的相互依赖、依存和作用（Bronfenbrenner，1981：23）。吴鼎福、诸文蔚指出："教育的生态环境是以教育为中心，对教育的产生、存在和发展起着制约和调控作用的多维空间和多元的环境系统。"（吴鼎福、诸文蔚，1990：12）

在我国对教育生态学的研究领域中，郭丽君等人将"教育生态环境"这一概念引申到高等教育系统中，提出高等教育生态环境就是"以高等教育为中心，对其发生、发展和存在产生制约和控制作用的多维空间和多元环境"。其中包括自然生态环境、社会生态环境和规范生态环境（精神环境或价值环境）。高等教育生态学关注的是由高等教育生态主体和高等教育生态环境组成的高等教育生态系统。高等教育生态系统又分为宏观层面的高等教育生态系统、中观层面的高等学校生态系统和微观层面的高等学校课堂生态系统（郭丽君等，2018：93）。

疫情期间的线上学习，对学生学习影响最直接的就是微观层面上的高等学校课堂生态系统。

关于课堂生态系统的构成，黄远振、陈维振指出，课堂生态系统是生命系统与环境系统在课堂中的组合体，由教师、学生和课堂环境构成。其中教师与学生是课堂生态主体，课堂主体与课堂环境是课堂生态的两大基本要素，它们之间存在多维复杂的关系（黄远振、陈维振，2008：48－50）。尹达、田建荣将课堂生态系统的构成分为三大要素：教师与学生两大活力要素，教师的教与学生的学构成的组织结构要素，教师、学生与环境相互作用的恢复力要素（尹达、田建荣，2014：10－12）。郭丽君等人将课堂生态环境分为物理、社会和技术环境三类：课堂物理环境是自然、设施和空间布局要素的综合产物，课堂社会环境是课堂中的各个生态主体之间形成的互动关系，课堂技术环境是服务于课堂学习的教学支持服务工具的总和（郭丽君等，2018：139）。

综上所述，教师与学生在教育物理、社会和技术环境中活动。这些因子彼此作用，在疫情线上教学的推动下，教育技术环境发生了彻底的转变，对教育物理和社会环境产生影响，也影响着学生的学习行为和体验。

### （二）调查对象

2020 年 5 月至 2022 年 6 月期间，本研究采用微信民族志的方法，在微信平台上对 150 名本科生进行了追踪访谈。其中海外学生 2 人，国内学生 148 人；在北京的学生 78 人，京外学生 72 人；大一年级学生 35 人，大二年级学生 50 人，大三年级学生 39 人，大四年级学生 26 人。[①] 研究旨在呈现其线上学习的状况，从而发现问题并提出解决路径。

### （三）调查方法

微信民族志是指基于移动互联网的网络现实空间或微信社群的田野工作的文本及参与观察记录，是围绕微信应用程序而进行的文化研究（赵旭东、刘谦，2017：40，67）。本调查采用微信民族志的方法，因为微信平台及企业微信平台是某高校本科生线上学习期间的虚拟生活空间和学习平台，平台上有大量一手资料。本调查选择了数个一般化类型的微信社群，并对 150 名本科生进行了在线追踪访谈，分析和比较文本内容。

## 三、疫情期间线上学习对本科生学习的影响

波动的疫情对身处不同地域、不同环境的大学本科生的学习带来的影响主要体现在以下三个方面。

### （一）从"线下"到"线上"：技术环境转变影响学生学习效率

线上与线下课堂教学模式有很大不同，师生间的交流互动完全依赖互联网媒介。这无疑提高了对学生线上学习"硬件设施"的要求。访谈中，多位学生担忧线上课堂教学效率问题。

1. 设备和网络质量影响教学体验和效率

> 硬件设备有问题，在网课期间电脑常出现问题。（大一学生，北京）

> 本地的网络障碍对我的影响也较大，因为我处在湖北省恩施土家族苗族自治州巴东县的一个小村里。尤其是下雨过后的网很差，会卡

---

① 此处学生的年级指 2020 年疫情暴发时的年级：大一学生为 2019 级学生（于 2023 年毕业），大二学生为 2018 级学生（于 2022 年毕业），大三学生为 2017 级学生（于 2021 年毕业），大四学生为 2016 级学生（于 2020 年毕业）。

顿延迟。（大二学生，湖北）

我个人认为网课的条件挺好的，完全不耽误正常学习，有些软件（比如腾讯会议）还有聊天区功能，能一边听课一边发"弹幕"，甚至比面授课还多了一个交流维度。（大三学生，北京）

许多同学对线上学习中的设备和网络不稳定叫苦不迭，一方面，或许是教师对网络设备的陌生使得线上教学效率远低于线下教学；另一方面，是师生双方的网络条件有时会不稳定，中断教学过程，打乱课程进度。这些干扰因素常常是难以预料的，影响了学生上课的沉浸程度。另有同学肯定了线上教学中授课软件的多功能应用，相较于线下教学拓宽了师生交流渠道和学习方式。

2. 线上教学平台杂乱

微信群的使用加强了，但不是所有老师都把文档发在教学网上，必须时刻记得保存文件和检查通知，同学的刷屏更增加了这种困难。（大二学生，北京）

直播、交作业、签到、随堂互动分别在各个不同平台，任课老师也许在上课前一天才会在某一个平台中发上课提醒，导致很乱。（大二学生，北京）

网课涉及的软件多。下了这个课就要切换到另一个，有的课在同一节里用到了两个软件。（大二学生，北京）

不统一的教学平台给学生上课带来了困扰，影响学生的时间安排和学习体验。

3. 学习资源缺乏

我因为疫情缘故无法到图书馆查资料。很多想要查阅的资料都在图书馆里，找不到电子版，要么硬着头皮买书，要么就只能绕开它找别的。（大二学生，北京）

在家里需要买新的书本，明明这些学校里都有。（大三学生，湖北）

校园封闭减少了学生们获取教学资源的途径，尤其影响到学生的教材使用。在疫情形势严峻阶段，纸质教材很难购买，影响了部分同学的学习习惯和学习进度。

**（二）"教室之外"：物理环境转变影响学生学习状态**

1. 学生没有适合长期线上学习的空间

教育系统常态化疫情防控政策下，应对不同程度的疫情变化，高校采取"延期到校，按时开课"或"校园内线上授课"的措施。经历过居家线上学习和在校线上学习的受访者，多数表示缺乏适合长期线上学习的空间。

（1）居家线上学习带来的影响

全天候的课程要求与居家听课环境存在不衔接，尤其是像我家这样的大家庭，很难保证同步和谐的安静环境。（大二学生，京外）

因为家庭原因，我自己的房间没有书桌，只能在客厅学习，很容易被干扰到。（大二学生，湖北）

在家学习的话，因为家里有小孩，需要照顾他学习，所以学习的环境不是很纯粹，有些焦虑。（大三学生，山东）

在家的氛围比较慵懒。早晨起不来，赖床。尤其刚开始有早课的时候，不能适应。我在学校的时候起床比较早，属于早睡早起的那批人。但是放假回家之后，就完全是两个状态。我好像只有在学校才能做到早睡早起，在家里就做不到了。但我比较享受家里的学习环境，安静，不会受别人打扰。（大三学生，湖北）

因为疫情的原因困在家里，摄影课之类的任务就很难去完成，毕竟家里材料是有限的，又不能去外面自由地拍摄。（大二学生，美国）

（2）在校线上学习带来的影响

同一个班级的近五十名受访者表示，学校没有合适的地方供他们听课。防疫措施使得他们的活动范围限制在宿舍，宿舍环境给他们正常参与课堂带来了困扰。

线上上课大家总是会一边开着课程，一边干自己的事情。可能也

是因为宿舍本来是一个放松的、休息的私人空间，休息和学习的界限模糊了，总感觉提不起精神。（大一学生，北京）

因为之前的线上课是在家里上，这学期的线上课在学校里上，老师也爱提问，就涉及一个场地问题，图书馆和教室都不方便随时开麦。而且线上上课电脑耗电快，学校教室图书馆充电不方便，只能在宿舍上课。在宿舍开麦回音有的时候比较大。如果需要小组讨论，大家在宿舍上课就容易受干扰，这是比较麻烦的事情。宿舍没有足够的空间，我们只能在各自床上上课，帘子一拉，谁也看不见谁，容易走神、看手机，听不进老师的讲课。上完课收获不大。环境挺影响上课的。（大三学生，北京）

在我们的访谈过程中，多位同学提到环境不适合自己进行线上学习。主要的状况可以归纳为四点：①家庭成员作息不同步和生活习惯差异导致安静的学习环境需求无法得到满足；②没有独立和充足的学习空间；③缺乏必要的学习用具；④教室之外宽松的氛围影响学习效率。然而，也有部分同学提到，居家学习的时间安排比在学校学习更为自由、灵活。由此我们认为，对于拥有更独立和自由的学习空间的同学来说，线上学习所受干扰较少，使人乐在其中。但对于多数学生来说，正式学习场所之外的环境中不可控因素更多，学习环境相对复杂，"教室之外"的环境造成重重困难。

### 2. 海外线上学习学生有时差困扰

在受访学生中，有一位身处罗马尼亚的学生，罗马尼亚与中国的时差有5—6小时，而这位学生正处于大二年级课程最多的阶段，时差因素对她的学习方式和学习体验产生了很大影响。

疫情带来的最大的影响就是我被滞留在国外，因为时差的原因，中国早上至中午时间的课我没有办法上，只能看回放或者自学。在期末考试的时候，有一些科目我需要凌晨四五点起床考试，但是这样我很难有精神去做题，因为太困了。小组合作做作业的时候也会有些影

响，因为时差，只能找一个大家都方便的时间进行交流，可能会耽误一些小组的进度。（大二学生，罗马尼亚）

时差因素带来的最大问题就是身处海外的学生线上学习时间无法与国内的同学同步，时间的错位使得滞留在海外的学生需要通过自主学习跟上整体课程进度，课程学习中与教师和同学的互动受到时间的限制。尤其线上期末考试这种需要多方协调的活动，很难顾及到身在海外的学生的特殊情况。这样有特殊情况的群体虽然是少数，但这些少数学生的诉求同样值得重视，他们的权益需要更多人性化的保障。

### （三）从"面对面"到"面对电脑"的社会环境转变影响学生学习体验

#### 1. 师生互动受限

互动性减弱，为了弥补这点只能硬性点名，缺少自由交流空间。（大二学生，北京）

视频课有些内容我会不理解，但是又无法及时向老师反馈。（大二学生，湖北）

在面授课上，学生可以直接在课上讨论并且老师也可以随时加入进去给予指导，但在上网课的时候老师就无法直接参与学生的讨论。（大二学生，北京）

相比这几年的线上学习，上课的时候，能感受老师们的技术操作更熟练了，也会出现课堂上大家一起交流、讨论的形式。但是，问题在于，我们无法看到老师的面部表情，也就无法从老师的语气中感受到她的真实情绪。比如说我们这学期的某门课，老师和学生之间就出现了一些误解。这个问题我觉得真的没什么解决办法，只有面对面上课的时候，大家才能更真实地交流。（大三学生，北京）

线上开学之后，在网上和学校负责行政事务的老师沟通的效率也变低了。我在准备留学申请，需要学校提供一份材料，在网上联系对应的老师之后，过了两个月这个材料才返给我。我快崩溃了，差点赶不上国外学校的截止日期。如果在学校的话，我直接去行政办公室找

老师，估计会沟通得更及时。（大四学生，北京）

在毕业论文沟通中，一位同学坦言："这学期主要是要处理毕业论文，在和老师的沟通上，可能还是面对面的会更好一些。"另有学生无奈地讲述，自己的毕业论文指导老师因为在家里无法及时给他的毕业论文做出反馈，严重影响到他的毕业论文进度，让他十分焦虑。

### 2. 学生之间互动受阻

遇到最大的困难就是与同学的联结感不是很强吧，因为这个课是筛选制的，班上的很多同学来自不同的校区，都不认识，又不能见面，所以觉得有点疏远。（大四学生，北京）

线下小组交流讨论比较方便，效果很好，但是换到线上，文字聊不方便，语音聊也不方便，没有面对面交流畅快，大家给予的反馈也不及时。线下已经体验过大家交流得非常好的课了，换成线上交流，差别还是很明显的，能感受到影响了上课的效果。（大三学生，北京）

毕业季需要填写很多的材料，消息纷繁复杂，在学校的话和同学们一聊就知道什么时候要交什么东西了，在家自己弄的话，需要时刻查看手机里的通知信息，总是担心自己错过什么重要的事情。不知道别人在干什么事情，不知道自己有没有跟上大家的进度，有点不安也有点孤独。（大四学生，浙江）

师生互动和学生之间互动在居家学习时期都受到了一定的影响。一方面，网络空间影响教师对学生的感知，削弱了课程互动性，而教师觉察到这一点之后又会采取多种方法来强调课堂互动。许多学生不适应对着电脑屏幕发言这种模式，课堂缺少了"温度"。另一方面，视频录播课的形式使得课程完全是单方面的知识输出，师生互动无法发生在"当下"，影响了师生交流的时效性。在线学习削弱了学生之间的"连接感"和"整体性"，影响了学生对自己和他人的感知，使人产生孤独感。

### 3. 线上学习带来的身心健康问题

疫情之下，外出的不便使得许多学生运动条件受限，同时上网课、写作业等学习活动大多需要使用电子产品，学生盯着屏幕的时间骤增。一些学生对自己的身心健康状况表示担忧。

用电子设备的时间过长。除了周六，每天都有至少 8 个小时的线上网课时间，这还不包括写作业用的时间。使用电子设备的时间太长了，眼睛经常疲劳干涩，头也会晕晕的。（大二学生，京外）

有一门微课作业，做的时候常常一坐下就是一天，盯着电脑，全身酸痛。这段时间在家，我的眼镜度数也增长了接近 100 度。（大三学生，山东）

线上学习给学生带来健康困扰的原因主要有五点：①长时间盯着电子设备使得用眼过度；②长时间伏案学习，活动空间受限，身体疲劳；③更自由的学习环境难以约束学生进行规律作息；④运动空间、器材的减少使得个人运动量缩减；⑤缺少同伴交往。

对于应届毕业的本科生而言，线上学习也是格外特殊的记忆，本应奔波于求职、求学路上的应届毕业生，不得不暂停脚步。本应在校园中和同窗珍重道别，却因为疫情的缘故，徒留一个遗憾的句点。提及疫情对自己的影响，多位毕业生讲述了自己的缺憾：

毕业时连学校都进不去算遗憾吗？算上这个吧，而且都没穿过学士服，我给我的玩偶都买好学士服了，我自己却没穿成。（大四学生，北京）

毕业时没有毕业合影，没有毕业典礼，看不到同学，没有毕业旅行。（大四学生，北京）

毕业时节不能和同学、老师、校园……进行正式的道别，不完整的别离近乎一种成长中的创伤，使人懂得"且行且珍惜"。

### （四）"线下"到"线上"的频繁切换带来适应不良问题

2021 年秋季学期正常线下开学，因为北京的疫情波动，从 10 月到 11 月，受访者所在的学校做出紧急切换授课模式的对策，一个月时间内，学生经历了由在校线上课转为在校线下课，再次转为在校线上课的过程。多位学生表示难以在线上线下切换的过程中调整好自己的学习状态。

> 上课的心态也会不一样，线上上课毕竟还是轻松一点，可以不用跑教室，可以放松。线上课上多了，习惯偷懒了，一旦要勤奋起来，有了落差，对上课的期待多少会有一点影响，就挺矛盾的。既希望线下，又不希望线下。特别是这两种来回切换，上课的习惯和节奏总被打乱，不太容易适应。纯线下或线上，就会形成一种适合自己的听讲方式。（大三学生，北京）

> 线上线下课来回切换，我一开始非常不适应，每天都盼着回学校，处于一种很焦灼的状态。现在我已经逐渐学会接受这种状态了，像大四要写毕业论文，无论能不能回到学校，我总归是要写毕业论文的。（大四学生，北京）

疫情具有不确定性，教育系统常态化疫情防控的过程中，线上线下及时切换不仅要融合教学模式，也要更新学生的学习习惯，转变学生的学习态度，培养学生的融合学习素养。

## 四、后疫情时代教育生态环境协同育人路径

在后疫情时代的背景下，教育的技术环境、物理环境和社会环境均发生改变，学校和社会应当积极应对，探索协同育人路径。笔者针对学校和社会两个主体，对建设后疫情时代教育生态环境的协同育人路径，提出如下建议。

### （一）省思线上线下教学的差异，开发混合式教育模式

1. 教学研究部门调整本科生培养方案，教学运行部门调整排课和考试方案

根据访谈资料，多数学生的家庭环境不适合长期线上学习，其中，课业负担最重的大学二年级学生受到的影响最大。在全面线上学习阶段，学

习环境的不稳定直接影响到学生的学习体验和效率。大量的课业活动与其家庭活动易发冲突，以往的线下学习课程安排不适用于线上学习。故而，负责本科生培养方案设计的教学研究部门和负责排课工作的教学运行部门应当快速反应、积极行动，将课程分类为理论课程和实践课程。根据课程的不同要求，调整课程安排，将适合线上教学的课程安排在线上教学模块中；适合面授的课程移动到线下教学阶段，以适应学生在不同教学模式中的不同需求。针对后疫情时代信息化的教学新常态，学校应当革新本科生人才培养方案，融入信息技术和媒介素养内容。同时重视交叉学科的纳入和建设，培育强适应性的复合型人才。

体验过线上学习和传统的学校课堂学习模式后，一些学生对课程安排的合理性产生了新的反思：

> 就个人而言，有的课我不是很希望线下上，因为有的课就像讲座一样。考虑到学校的环境在有些方面不如家里理想，我非常希望这些课能放到线上进行。（大三学生，北京）

在大学中，课程的形式更为多样灵活，传统讲座模式的课堂对于互动性的要求更弱，常常是大规模的班级教学，内容多为理论基础或者通识必修。设置为在线授课模式更利于学生个性化学习。而实验学习、实践活动、小型研讨课等受时间和空间的限制，更适合在线下开设。高等教育研究专家乌尔里希·泰希勒（Ulrich Teichler）将多样化的混合教学模式分为六个组成部分：传统讲座、传统风格的研讨会、传统风格的实验或实习、名师慕课＋各校教师指导、在线研讨会和新式实验。多样化的混合教学模式可以与传统模式和在线模式相得益彰，革新高等教育教学模式（潘秋静、胡永红、阙明坤，2020：10－16）。学校应当学习国际先进经验和理论知识，在教育现代化的道路上进行教育模式创新实验。

国际化发展的我国高校，面对海外学生的特殊情况时，教学运行部门应当灵活调整考试的时间和方式。例如，将有时差困扰的学生集中到同一时间段，用同样难度但是题目不同的材料考试，等等，在更加人性化的同时保障公平。

**2. 教学信息化部门革新教学系统，技术人员培训教师使用在线教学工具**

针对"教学平台杂乱"问题，教学信息化部门应当积极建设本校统一的网络教育教学平台，便于学生学习活动的进行。一位受访学生说："建议使用一个教学网张贴全部内容，信息发布控制在上课时间，不希望课外时间有通知并短时间要求同学回应。微信群聊比较适合答疑。"另外，针对"线上课堂师生/学生之间互动困难"的问题，可通过培训提高教师对教学工具的运用能力来解决。比如一些在线授课软件有"分组讨论"功能，当教师需要同学们分组讨论时，就可以使用软件的功能将同学分成小组，同时，教师有权限出入各个"分组讨论"聊天室，以便了解不同小组的进度，及时答疑解惑，不仅解决了线上教学时师生/学生之间互动困难的问题，还可规避面授课中各小组讨论时互相干扰的情况，从而提升学生的课堂学习效率。

**3. 师生共同发挥主体性，主动转变思维方式**

教师与学生作为教育活动当中的双主体，应当转变思维方式，发展双边互动的线上线下融合的教育方式。在追踪访谈中，一位学生对比了 2020 年 5 月到 2021 年 12 月线上学习和在校线下学习的经历，总结了自己的上课体验。

> 很多老师的授课方式，并不是很适合进行线上学习。有的老师喜欢抛出一些非常简单的问题，这个时候我会很纠结要不要打开麦克风去回答这些问题，让老师好继续他/她的"流程"。就好像，一旦你的发言需要经过点开那个按钮（开麦），你就要考虑这件事是否值得一样。（大三学生，北京）

多位同学提到线上授课时，教师会依靠不停提问来确认学生的学习状态。频繁而流于表面的问题"保量不保质"，不仅不符合本科生的学习期望，而且影响课堂进度，给学生增加了心理压力。一方面，教师需要突破技术障碍或者技术依赖，自发探索在线教学的特性，不是将线下课程"搬运"到网络空间中，而是进行常态化的线上课程设计和自觉的反思，时刻把握"以人为本"的教育核心；另一方面，学生也需要改变自己的学习习惯与方法，利用互联网技术探索没有边界的知识，增强自己的能动性。教师和学生的理念与行动共同转变，在线上线下融合教育的模式中共同促进，发挥主体性。

### （二）设置需求导向的多样化学习空间

疫情常态化防控要求线上线下学习模式灵活切换，原本以教室为学习单位的学校空间无法满足行动轨迹受限的学生对于良好学习环境的需求。学校的公共学习空间数量有余而其分类的精细度不足。例如，缺少对于学习空间能否研讨的分类，仅以统一的"入室则静"为标准，无法满足在校线上学习的学生及时发言、在线讨论的需求；一般的教室中仅有少量电源插座，难以支持学生电子设备需长时间使用的需求。故而，疫情常态化灵活教学转变的同时，学校应当了解学生的需求，重新评估公共空间的功能，细化空间分类，优化空间设施。例如，开放研讨室，区分有声自习室和无声自习室，增加教室内充电接口等。并在各个空间入口处设置打卡器，以统计学生在校内的流动轨迹，便于疫情防控。

### （三）学校图书馆拓展线上服务方式，突破馆际和地域之藩篱

受访学生提及，疫情期间，线上学习时，"学习资源的缺乏"是一大问题。图书馆闭馆、图书邮寄不便，付费的电子资料也是一笔开支，尤其对于网络条件较差、居住地周边公共文化机构缺乏、家庭经济困难的学生而言，获得充足的学习资源更为不易。故而，学校图书馆一方面应当推进电子数据库的建设，加强电子数据库的宣传。另一方面，也要拓展馆际互借、图书邮寄等服务方式，尤其要关注经济欠发达地区的学生，让更多学生线上学习时都能够享受到丰富的学习资源。

### （四）营造全社会关心支持"以人为本"教育的良好环境

教育是教书育人。教育的核心是什么？核心是一个"人"字。工业革

命后，对具有标准化知识的人才的需求推进了现代化学校的建立。在社会流动滞涩，追求效率、功利主义的今天，社会对人的培育趋于"单向度"，教育的本质被遮蔽。

后疫情时代，社会节奏的被迫放缓和停滞，带给我们一个反思当下教育生态环境的机会。什么知识最有价值？教育的取向和使命是什么？在时代洪流中的学子们需要什么样的教育？教育将会塑造什么样的未来？一切的追问都要溯源到"人"本身。作为教育生态系统中最为核心的主体，人们需要重新思考生命的价值。

充满了不确定性的后疫情时代对个体的环境适应性是一个巨大的挑战，这时候我们的社会应当注重生命教育、心理健康教育和社会情感学习能力的培养，从价值观层面锚定以人为本的教育生态环境核心要素。

我国教育系统在常态化防疫中表现出了其弹性和韧性，对于世界也可以贡献出中国经验，"线上线下教学灵活切换"的经验对于建构后疫情时代的教育生态环境具有重要意义。

**参考文献：**

郭丽君等，2018，《高等教育生态学引论》，北京：社会科学文献出版社。

黄远振、陈维振，2008，《课堂生态的内涵及研究取向》，《教育科学研究》第 10 期。

潘秋静、胡永红、阙明坤，2020，《"后疫情时代"高等教育教学模式的挑战与创新——访世界知名高等教育研究专家乌尔里希·泰希勒教授》，《复旦教育论坛》第 6 期。

吴鼎福、诸文蔚，1990，《教育生态学》，南京：江苏教育出版社。

尹达、田建荣，2014，《课堂生态系统动态平衡机制研究》，《教育理论与实践》第 20 期。

赵旭东、刘谦，2017，《微信民族志、自媒体时代的知识生产与文化实践》，北京：中国社会科学出版社。

中华人民共和国教育部，2020 年，《各地学校何时开学，就业问题怎么解决，高考是否会推迟——教育部明确要求各地延迟开学》，http://www. moe. gov. cn/jyb _ xwfb/s5147/202002/t20200213 _ 420659. html。

中华人民共和国教育部，2020 年，《教育部关于 2020 年春季学期延期开学的通知》，http://www. moe. gov. cn/jyb _ xwfb/gzdt _ gzdt/s5987/202001/t20200127 _ 416672. html。

中华人民共和国教育部，2020 年，《教育部应对新型冠状病毒感染肺炎疫情工作领导小组办公室关于在疫情防控期间做好普通高等学校在线教学组织与管理工作的指导意见》，http://www. moe. gov. cn/srcsite/A08/s7056/202002/t20200205 _ 418138. html。

中华人民共和国教育部，2021 年，《春季学期正常、安全、错峰开学》，http://www. moe. gov. cn/fbh/live/2021/52921/mtbd/202102/t20210224 _ 514613. html。

中华人民共和国教育部，2021 年，《总结经验 查漏补缺 全面提升冬春季教育系统常态化疫情防控和应急处置能力》，http://www. moe. gov. cn/jyb _ xwfb/gzdt _ gzdt/s5987/202111/t20211125 _ 582346. html。

中华人民共和国中央人民政府，2022 年，《关于印发高等学校、中小学校和托幼机构新冠肺炎疫情防控技术方案（第五版）的通知》，http://www. gov. cn/zhengce/zhengceku/2022—04/12/content _ 5684778. htm。

United Nations，2020，*Policy Brief：Education during COVID -19 and beyond*，https://www. un. org/sites/un2. un. org/files/sg _ policy _ brief _ covid-19 _ and _ education _ august _ 2020. pdf.

Urie Brofenbrenner，1981，*The Ecology of Human Development：Experiments by Nature and Design*，Cambridge，MA：Harvard University Press.

# The Path of Collaborative Education in the Post-epidemic Era from the Perspective of Educational Ecology
## —Tracking Survey Based on the Online Learning Status of Undergraduate Students in a University

Zhang Keyu    Fan Xiuli

**Abstract:** The COVID-19 epidemic in 2020 has chenged the educational ecosystem in China. During the epidemic, Chinese college undergraduates opened up online learning modes. The changes in the physical, social, and technological environments of education affected the learning experiences of students. This paper explored the impact of the shift in educational ecology on undergraduate learning by the way of Netnography. It is found that, students' learning efficiency, and learning experience of online learning are generally problematic; and cause distress to students' physical and mental health. This paper considers the reconstructing of educational ecology in the Post-epidemic Era by taking the path of collaborative education between school and society.

**Keywords:** Post-epidemic Era, educational ecology, online learning for undergraduates, collaborative education, netnography

# 如何做家长：一个妈妈的自我民族志研究①

邓子鹃②

**摘要**：教育与社会分层的关系是个宏大议题，也是学术界关注的焦点。教育专家们强调家庭背景对个人升学与就业具有重要影响，无形中将孩子教育的关键责任强加在家长身上。为了成就孩子的未来，家长们到底做了些什么？本文以自我民族志的方式呈现了一个妈妈的家长责任与反思。作为知识移民，我经历了"读书改变命运"的过程，相信读书是向上流动的阶梯；作为父母，我只想尽力做个"好家长"，为孩子扫清"向上"的障碍。在升学压力下，家长担当简化为家庭资本的不断积累；与此同时，家长通过降低期望来缓解教育焦虑。

**关键词**：家长　责任　自我民族志

100 多年前，鲁迅先生关于"如何做父亲"的思考至今振聋发聩。他说："父母对于子女，应该是健全的产生，尽力的教育，完全的解放。"扪心自问，我们也许做到了第一点，而第二点和第三点却是我们"焦虑"的

---

①　本文受江苏省教育科学"十三五"规划 2020 年度课题"大学生就业能力开发：无边界职业生涯视角"（B-b/2020/01/03）的资助。
②　邓子鹃，淮阴工学院商学院副教授（juanzideng@126.com）。

根源。当今时代，"尽力的教育"和"完全的解放"意味着什么？理想的父母到底是什么样的？或者说，作为家长我们应该做些什么？又该如何去做？

——题记

## 一、研究背景

改革开放以来，中国的教育事业取得了有目共睹的成就，如九年义务教育全面普及、居民平均受教育年限稳步提升、高等教育入学和毕业人数大幅攀升等（吴愈晓，2020：18－35）。不过，教育公平问题仍未得到有效改善（杨东平，2006：108－126；李春玲，2010：82－113；范静波，2019：145－150）。

教育与社会分层密不可分。教育是文化资本的组成部分，文化资本的积累过程留下了社会阶层的印记；文化资本又是个体获得社会地位的重要前提（仇立平，2011：121－135）。教育是社会分层的重要标准，是社会流动的重要渠道，也是社会再生产的重要机制（吴愈晓，2020：18－35；吴愈晓，2013：58－75）。如今，获得优质公办或民办学校入学资格成为优势家庭之间的竞价过程，学区房价格或民办学校学费在竞价过程中水涨船高（吴愈晓，2020：18－35；陈友华、施旖旎、季春梅，2017：122－127）；教育部门推行的旨在降低学业负担的"减负"政策并没有达到预期效果，反而在某种程度上催生出庞大的课外补习市场（陆道坤、王超、丁春云，2019：79－84，101；胡咏梅、王亚男，2019：167－188）。

除了制度性因素之外，家庭背景（如家庭经济资本、文化资本和社会资本）对个体的教育获得机会有重要影响（范静波，2019：145－150）。家庭社会经济地位变量（户籍、父亲职业地位和父母受教育程度）影响子女的升学路径，即个体的家庭社会经济地位越高越有可能进入重点学校，或者更可能选择学术教育轨道而非职业教育轨道；前一阶段在重点学校就读影响下一阶段在重点学校就读的机会（吴愈晓，2013：58－75）。初中学校存在阶层分割现象，优势阶层家庭的孩子多集中在排名靠前的学校；学校的平均阶层地位越高，学生的教育期望也越高（吴愈晓、黄超，2016：111－134，207－208）。家庭资本丰厚的家长通过选择居住空间（学区房）或者优质教育资源（择校、影子教育）来改变孩子的教育获得机会（方长春，2011：118－126；薛海平，2017：31－41，48）。

家庭社会经济地位对儿童发展具有重要影响，教育期望和亲子交流分别在二者间起中介作用（周皓，2013：11－26）。家庭背景通过子女教育实现社会地位的代际传递：受过高等教育的父母对孩子上大学有较高期望，从而激发了孩子自身上大学的期望，最终这种期望转化为孩子上大学的优势（王甫勤、时怡雯，2014：175－195）。城市中产阶层与下层家庭的教育投资（藏书量、参与高级文化活动或补习班）存在显著差异，阶层惯习（教养方式）则表现出某种一致性（洪岩璧、赵延东，2014：73－93）。家庭文化资本（藏书量和父母教育程度）对初中生的教育期望有显著影响，传统型亲子互动（如一起吃饭、一起看电视等）对孩子的教育期望有显著影响，消费型亲子互动（如一起运动、一起读书等）对孩子的教育期望无显著影响（张云亮，2018：46－56，95）。相对于义务教育和高等教育而言，现阶段高中受教育机会的获得最不均等（刘浩，钱民辉，2015：9－19）。由于重点高中集中了优势教育资源且数量有限，所以各地初中毕业生升入重点高中需要通过"选拔考试"（即中考）。这种升学压力往往从初中入学时就已经传递给了家长和孩子。有的家长甚至从孩子上小学前就卷入了"学区房"和"择校"的经济压力中（陈友华、方长春，2007：229－235）。

迄今为止，大量实证研究（包括局部地区抽样和全国范围抽样）达成了基本共识，即家庭背景对子女教育获得具有重要影响。然而，关于家长如何促进子女教育获得的微观研究则相对缺乏。

## 二、自我民族志何以可能

### （一）何为"自我民族志"

民族志（ethnography）是一种人类学特有的田野调查（fieldwork）方法，也是一种书写方式或文本形式（赵旭东，2004：5－30；高丙中，2008：17－22）。人类学家在某个社区或社群（400－500 人）中生活一年以上，认识当地所有人，洞察当地生活习俗，能够用当地语言搜集资料，从而对当地生活和文化进行深入研究（王铭铭，2005：144）。如果说早期民族志多研究非西方的"他者"（the others）和"异文化"（other cultures），那么现在人类学者也研究自己所属群体的文化，包括社会结构和相对复杂的文化（范可，2015：1－10）。

传统范式的"整体人类学"尽管呈现出了"文化群像"，但是相对模糊且忽视了具体而鲜活的"人"（佘振华，2017：127－134）。因此，有研究者对"整体人类学"进行反思后，主张从"整体民族志"向"自我民族志"转变（徐新建，2018：68－78）。西方人类学者早在 20 世纪 70 年代就已开始探索"自我民族志"的进路。自我民族志是一种自传式个人叙事（Hayano，1979：90－97）。社会科学研究者的自我叙事通常有两种目的："理解自我或生活在一种文化语境中的生命的某个方面"；从而实现民族志的写作转型——在个体叙事文本中，作者变成"我"，读者变成"你"，主题变成"我们"（诺曼·K. 邓津、伊冯娜·S. 林肯，2007：777－822）。自我民族志具有三个特点（蒋逸民，2011：11－19）：研究者具有"局内人"和"局外人"的双重身份，通过亲身体验来表现自我主体性，表达自我意识；侧重于从个体层面描述研究者自身的看法和实践，通过自我情感和思想展现探究自我与文化背景的互动；把亲身体验和自我意识作为数据来源。

自我民族志作为一种新的质性研究方法仍然具有争议性，如叙事的真实性、信度和效度等（林晓珊，2019：15－24）。不过，自我民族志反对传统民族志的判断标准。研究者将自我民族志中的"现实"视为一种心理建构，更关注特定语境中的相对意义和"个别"真理；而且，研究者常常公开表明自我民族志书写的价值观倾向（Young、Collin，2004：373－388）。

### （二）"自我民族志"何为

我的自我认知关键词：知识移民，高校教师，家长。

"知识移民"源于我个人的成长经历。20世纪90年代末期，我从湖北农村考上了武汉的一所大学。上大学是我离开老家的开始，也是我从"农村人"变为"城里人"的机会。本科毕业后，我在江苏南部一家民营企业找到了专业对口的工作。

"高校教师"源于我当老师的理想。我从小就想当一个中小学老师，高考却没有考上师范大学。由于家庭经济负担过重，大学毕业前忍痛放弃了某师范大学的研究生入学考试。但我从未放弃继续深造的想法。民营企业没有脱产进修机会，我只好一边工作一边寻找跳槽机会。工作一年后，我终于等到一个在学校工作的机会。江苏Y市一所专升本高校（以下简称G校）在报纸上刊登了教师招聘广告，特别提到优秀本科生可以考虑。我发送了个人简历，通过面试，我被录用了。自此，我如愿成为一名高校教师。

大学毕业后，我不仅要养活自己还要反哺家人。为了在城市立足，我必须努力工作；为了实现理想，我必须不断学习。2005年女儿出生了，在"知识移民"和"高校教师"之外我拥有了"母亲"这个新的"角色"；女儿上幼儿园之后，"母亲"则被"家长"角色覆盖。这三种角色从来都是相互关联的，在一个方面投入精力多了，在另一个方面的投入就少了。女儿上幼儿园期间我攻读了硕士学位。她接受义务教育的9年中，前6年（小学阶段）我在外进修博士学位，某种程度上算是家庭教育的旁观者；

初中 3 年，我全程参与了女儿的教育过程，是家长群体的内部成员。

大学毕业以来，我养成了写日记的习惯。作为高校教师，我不仅关注大学生的学习，也关注他们的成长经历；作为家长，我不仅关注孩子的行为，也反思学校、老师、家长尤其是自己的行为。我目睹了女儿的成长和蜕变，用文字记录了一个家长的酸甜苦辣：有喜悦有忧愁，有希望有失望，有成就有挫败……很多时候，我既感谢教育"改变了自己的命运"，又感叹教育"更像救命稻草"。

尽管自我民族志研究是一场学术冒险之旅，但是某种程度上它可以通过情感体验和生命故事来弥补宏大叙事的缺失（林晓珊，2019：15－24）。我选择自我民族志，试图从内部人视角书写家长文化与父母体验，即"如何做家长"。我的经历既是我自己的，也是家长群体的折射。不过我必须澄清，自己不是什么"模范家长"①，也没有什么"创新举措"②，只是做了大多数家长做过的和正在做的事情。我写这篇论文的目的不是为了"推广"经验或者售卖"鸡汤"，只是为了表达自己"做家长"的迷茫，希望澄清困惑从而激发更多思考。简言之，本研究重点关注自己如何"做家长"，尤其是初中三年的"家长"历程。


### 三、父母担当：学区房、择校与陪读


教育既是一个资源消耗过程，也是一个自我能力增强的过程，其作为一种稀缺资源（尤其是优质教育和高等教育）的同时也是一种社会分配机制（洪岩璧、钱民辉，2008：64－76）。在"竞争型教育"和"家长主义"泛滥的语境中，"拼妈"的背后仍然是"拼爹"（金一虹、杨笛，2015：61

---

① "模范家长"此处指"家长委员会"主要成员或者学校根据学生成绩遴选的优秀家长代表。

② "创新举措"此处指网络媒体中宣扬的家长培养优秀学生的光荣或先进事迹。

—67）。家庭用于教育的投入不仅是母亲的精力和智力，还需要经济资本支持；从孩子上"补习班"到购买天价学区房，都是不菲的支出，这被平民称为难以攀爬的"教育大山"。总之，"拼爹"或"拼妈"本质上都是家庭资本在子女教育中的较量——经济资本、文化资本和社会资本的综合较量。

### （一）学区房的困境

女儿出生的时候，我们还租住在学校的教工宿舍。面积只有 50 平方米，一张简陋的桌子和几个小板凳。女儿两岁半时，我和先生同时考上了硕士研究生①，在同一个城市的两所相邻高校。我们举家迁往"大城市"，过起了"租房读书"的生活，女儿在我就读的大学附属幼儿园上"托班"。我们毕业返回 Y 市时，女儿即将上幼儿园大班。我们找遍了 G 校附近的公立幼儿园，都被告知已经满员或者不接受插班生。由于我们是外地人，没有亲戚、朋友和同学可以帮忙，只认识上级和同事。我们托所有熟悉的上级与同事帮忙，都说无能为力。我第一次为女儿的教育问题流下了伤心的泪水。一个在外进修的同事无意中得知此事，帮我们找到了一家很不错的公立幼儿园。该同事的前同事是市里的一位领导，轻松解决了这个让我们备受打击的"入园"难题。对此，我至今心存感激。

女儿上大班之后，随即面临着上小学的问题。我们在 Y 市没有房子，也没钱买房子。学校附近的一所小学同意接收我们学校教职工的孩子入学，可是他们在女儿上小学那年整体搬迁到了很远的地方。那时候 Y 市的房价已经上涨（大约 4000—4500 元/平方米），学区房开始成为人们的热点话题。我们不得不为女儿上小学焦虑，想买房又交不起首付款。读研究生的三年，我们的津贴和奖金全部停发，每月只领到基本工资（助教，实发大约 1500 元/月）；缴纳一家人的学杂费和房租之后仅够维持生活。经过反

---

① 参加全国硕士研究生入学考试后统一录取，但跟 G 校人事处签订了"委托培养"协议，保留工作关系，脱产学习。

复权衡，我们决定在女儿幼儿园毕业前买房。首付款是找同事东借西凑的，余款靠公积金贷款支付，每月需偿还 2000 多元贷款，预计 20 年还清。经过简单装修之后，我们在女儿上小学前搬进了新家。女儿顺利进了 Y 市的一家"二流小学"，因为"一流小学"学区房太贵了（大约 7000 元/平方米），"双一流"（一流小学和一流初中）学区房最贵（大约 10000 元/平方米）。

我们家对应的中学学区是 Y 市的末流初中。从女儿上小学开始，我们便开始为她上初中焦虑。Y 市最好的老牌公立初中（简称 K 中）离我们家很近，隔着一条河，但学区界线分明。K 中有个传统：自主招生考试，即每年在非学区范围内组织一次小学毕业生选拔考试，大约 100 个名额。我们一直希望女儿通过这个途径进入好的初中。因为竞争激烈，所以我们始终担心她能否顺利通过考试。

据说 K 中的自主招生考试包含奥数题目和初中知识，我们只好送女儿去上一个专门针对这个考试的培训班。朋友说她同事家的孩子上过这个培训班，顺利考入了 K 中。这个培训班的老师说他和 K 中有合作关系，招收学员全靠口碑；进班之前还要测试，成绩不好不收。寒暑假隔天上课，学期中通常周末和节假日上课，每期每科大约 15 次课（1.5 小时/次），每科收费 1600－1800 元不等。一个培训教室大约 10－15 平方米，桌子塞得满满的，很是拥挤。然而，家长们毫无怨言。我尽管对培训班的环境感到失望，却对培训结果（在招生考试中脱颖而出）抱有一定期望。

女儿喜欢素描，喜欢书法，小学五年级以前一直上这两个培训班。她不喜欢奥数，不想上"考试"类培训班。我们反复跟她讲上一个好初中的重要性，有时候想到自己的初中生涯几乎落泪。她知道我们没有一流初中的学区房，为了上个好初中只得同意去上辅导班。女儿从五年级上学期开始参加这个培训班，大约交纳了 20000 元。其实，女儿心里是极不情愿上那个"K 中自主招生"辅导班的。直到小学毕业，她的数学成绩并没有明显提升即是最好的证据。

### （二）别无选择的择校

女儿即将小学毕业了，上哪个初中成为首要问题。K 中突然宣布取消"自主招生考试"，据说是教育部门下达了指令。这是 Y 市主城区无学区房的孩子通往一流初中的唯一道路，如今被堵死了。我们做家长的除了难过，还是难过。

小学召开毕业班家长会，要求根据教育主管部门划分的学区范围填写学生升学信息。我没有填写"派位表"，等于放弃了所在小区的初中派位，女儿的班主任对此颇为不满。我和先生达成了共识，"学区初中"（根本不入流）无论如何不能去上。至于能上哪家初中，我们心里没底。我们筛选了一家"二流"初中和一家"三流"初中，开始按照手机通讯录查找可能认识这两所初中的管理人员或老师的同事与朋友，试图大海捞针般为女儿开辟一条通往"较好"初中的道路。

一个偶然的机会，看到同事转发的某民办初中（下文简称 W 中）招生广告。曾经听到有人说起过 W 中，不过从没想过让女儿初中去住校，所以 W 中并不在计划范围内。有人说 W 中招生异常火爆，近几年都是从近万名小学毕业生中挑选 900 人。W 中位于 Y 市下辖的一个区（区政府所在地），距离我们家 20 多公里，单向车程 30－45 分钟。W 中以"为 H 中（Y 市最好的高中）输入人才"著称。换句话说，W 中升入 H 中的毕业生总数连续多年位居全市初中之首，就连老牌 K 中也无法与之抗衡。不过，关于 W 中的质疑也不少，如"学生辛苦，刷题严重"。一端是考上 H 中，另一端是应试教育，我们的确犹豫不决。

我们抱着试一试的态度，在 W 中的网上招生系统给女儿报了名。现场报名那天，校园内到处是人，很拥挤。W 中面积不大（目测不过 100 亩），两栋三层教学楼，三栋四层宿舍楼，外加一栋三层的餐厅，一个操场（300 米跑道围成的足球场，两个水泥篮球场，六张室外乒乓球台），仅此而已。除了本区的和市区的，还有来自周边县区和其他市区的家长和孩子。家长们纷纷站在跑道两侧，孩子们从教学楼面试出来绕着操场走，寻找自己的家长。"市区没有学区房的成绩不错的孩子几乎都来了，"我听到了家长们的对话，"有些有学区房的也来了。"他们还举了几个实例。那一刻我心里在想，如果我家有好的学区房，一定不会让女儿来这里。

W 中果然有一套相对规范的选拔程序。先是网上初选，然后是现场面试，接下来是笔试。笔试通过之后，还有分班考试。女儿通过 W 中的笔试之后，我们便放弃了上市区二流和三流初中的想法，决定让她去 W 中寄宿了。W 中是民办学校，意味着家长们主动放弃了孩子们享受义务教育的权利而选择了付费教育。

W 中的所有项目（衣食住学）都是需要付费的，有的明码标价，有的临时出价。由于我不喜欢记明细账，所以日记本里只有一些常规的支付款项。每学期每人固定缴费 8400 元，其他如住宿费、教材资料费、生活费、补课费、春游/秋游费用等另外计费。初中三年共 6 学期，缴纳固定费用 8400×6＝50400（元）；生活费平均 600 元/月，30 个月共计 18000 元；住宿费 600 元/学期，6 学期共计 3600 元；教材费、资料费平均 1000 元/学期，共计 6000 元；两次暑假"研学计划"共计 3500 元；各季校服共计 2000 元；两次春游和两次秋游共计 1000 元；寒暑假补课费用三年共计 10000 元左右；其他自理费用（如现场购书、竞赛报名、培训等）大约 5000 元。合计起来，若是一个学生三年全部住校，所需费用超过 10 万元。如果陪读，一年至少还需多支出 5 万元。

"有钱的人家，孩子就近入学，因为他们有学区房。没钱的人家，孩子就近入学，因为他们没有别的选择。我们跟他们不一样——算不上有钱，也不能说没钱，学区不好又想让孩子上好的学校，只能择校并承担相应的代价。"这是女儿进入 W 中后我的总结。

### （三）孤注一掷地陪读

W 中的学生入学后每人拥有一个校牌（照片和学生编号），寄宿生为红牌（红色背景），中住生（中午在宿舍午休）为蓝牌（蓝色背景），走读生（学校没有床铺）为黄牌（黄色背景）。从初一下学期开始，女儿宿舍里有几个同学将红牌换成了蓝牌。初二上学期，又有十几个家长在学校附近租房子陪读。

为了了解陪读的"实际意义"，我找了几位陪读家长（如表1所示）"取经"。家长们倾向于从三个方面肯定"陪读"的积极意义。

第一，增加学习时间。

晚上9:40下自习，回到宿舍基本上就是聊天，根本不会按时睡觉！回家还可以学习1个多小时呢，浪费了挺可惜……（1号）

我家孩子写作业慢，回家还可以补上一些，住学校总是赶，也完不成任务。（3号）

晚上睡觉时间可以自己决定，可以适当延长学习时间。（2号、5号、6号）

第二，保证营养。

孩子有点挑食，住校吃不饱，晚上回家可以做点好吃的补充营养。（1号、7号）

早饭在家吃，我可以做不同花样，保证一天的营养。（2号、5号）

我会根据学校午餐菜谱安排早晚餐食材，确保孩子有足够的营养。（3号、4号）

第三，可以加强亲子沟通。

原来住校1周才见一次面，根本不知道孩子的学习情况，现在每天都可以了解。（1号、5号）

我家孩子住校不肯打电话回家，根本不知道他在学校怎么样。现在至少每天都可以聊一聊，知道他做了些什么，或者遇到什么不开心的事情。（4号、7号）

我家闺女每天回家都会跟我说说学校里发生的趣事，比如老师讲了什么、同学做了什么之类。（3号、6号）

表 1　访谈对象

| 编号 | 性别 | 家庭住址 | 职业 | 陪读开始时间 | 备注 |
|---|---|---|---|---|---|
| 1 | 男 | 市辖县城 | 个体经营 | 初一下学期 | 儿子，中住 |
| 2 | 女 | 市辖县城 | 保险销售 | 入学时 | 儿子，走读 |
| 3 | 女 | 市区 | 小学教师 | 入学时 | 女儿，走读 |
| 4 | 女 | 市区 | 医生 | 初一上学期 | 儿子，中住 |
| 5 | 女 | 市区 | 小学教师 | 初一下学期 | 女儿，中住 |
| 6 | 女 | 市区 | 行政管理 | 初一下学期 | 女儿，中住 |
| 7 | 男 | 郊县县城 | 教育管理 | 初二上学期 | 儿子，走读 |

注：中住生早饭后到校，晚自习后回家，中午在学校就餐、午休；走读生早、中、晚均在家吃饭，学校无床铺。

当然，陪读并非完美无瑕，家长们也有烦恼：工作家庭冲突增加，尤其是时间压力。"老婆和小儿子在家里，我每天早晚奔波在路上，风雨无阻！说不累那是假的，但是既然租了房，就只有辛苦自己了！"1号每天下班后赶到租房处为儿子准备夜宵（已在学校吃过晚餐），次日吃过早餐赶回去上班。3号、5号和6号每天早晨前往市区单位上班，下班后赶回租房处。4号有时候在医院值夜班，比其他几位更加辛苦。但是，家长们很少用"辛苦"这个词形容自己，用得多的是"时间很紧""赶来赶去"等。

我查阅了国内关于"陪读"的相关研究。中国的家长陪读现象非常普遍，研究者多关注家长陪读的弊端。陪读被视为中国教育体系的一个恶性肿瘤，是中国教育资源分配失衡、社会发展机会不均和体制内外收入差距不断扩大的必然结果，陪读已经并将继续导致严重的社会后果，如贫富差距扩大、阶层固化、整体教育质量下降等（王文龙，2012：126－132）。不过，陪读对于特定个体而言可能带来积极效应，如改善亲子关系、促进学习等（许加明，2018：49－55）。

经过反复思忖，我们在女儿升入初三的那个暑假加入了"陪读"大军。在距 W 中东大门约 200 米的小区租了一套三室两厅的房子，月租金 2000 元，物管费、水、电、煤气费另计。3 号是最早租房陪读的代表，她租了一套老旧的商品房，三年房租共 2.7 万元，入学前一次性付清了。我们的房租相对较贵，因为距离学校更近（步行 5 分钟到校门，10 分钟之内可到教室）、面积更大且设施齐全、装修体面。

陪读的日子，完全改变了我们自己的生活规律。我们工作日都要回市区上班，中午没空准备午饭，所以女儿只是将校牌换成了蓝色，中午仍然在校就餐并在宿舍午休。我每天都设置了同样的闹钟：早晨 5:30 起床，5:45 叫女儿起床，6:00 吃早饭，6:15 出门；晚上 9:30 接女儿放学，9:50—10:05 吃夜宵，10:40 洗漱、睡觉。早晨的闹钟没有弹性——不能迟到，必须准时；晚上放学后的闹钟仅作为参照——相对自主，可以拖延。我们在女儿睡觉之后才睡觉，晚睡早起成为新的日常。刚开始我们并不适应，但是我们咬牙坚持了。

陪读后，我和先生包揽了女儿生活起居方面的所有事务，只想为她增加"学习时间"或者"睡眠时间"。然而，女儿并没有表现出更多的学习积极性和主动性，学习成绩也没有出现想象中的突飞猛进迹象。女儿晚上回来总是显得很疲惫，说有很多作业要做。我白天计划好的"亲子对白"在作业压力面前显得苍白无力，根本说不出"别做作业了，我们聊聊吧"。每当此时，我便禁不住问自己：租房陪读到底为了什么？难道仅仅是为了陪伴？每当此时，我们除了沮丧之外只能相互安慰——家长尽力为孩子创造学习条件，但学习成绩还得靠孩子自己。

## 四、父母体验：角色与教养

### （一）角色变迁："养孩"比"生孩"更难

无论"做父亲"还是"做母亲"，都是一种与家庭结构和社会分工相关的角色行为，某种程度上也是文化建构的产物。传统的父母角色包含一整套父母行为规范和伦理准则，也对应着一套子女角色——子女行为规范和伦理准则。随着经济与社会的不断发展，家庭分工父母角色和子女角色均发生了相应变化。

虽然没有任何文件或制度规定"做家长"需要具备哪些条件或满足哪些标准，但是社会媒体和影视节目关于"成功"父母的塑造一定程度上影响了人们对于当今家长的"认知"。《爸爸去哪儿》《虎妈猫爸》《小欢喜》等都传递了某些"做父母"的信号，分别涉及了幼儿、儿童和青少年的教育与成长话题。互联网在父母形象塑造方面功不可没，大城市的父母"教育方式"很快成为中小城市甚至农村父母们学习的榜样，如择校、上辅导班、租房陪读以及出国留学等。

学校不仅塑造孩子也在塑造着"家长"。各种家庭作业，需要家长监督、辅导甚至批改上传到指定空间；节假日的各种活动安排，需要家长全程参与或者配合；寒暑假的才艺培养或学习辅导，需要家长精心规划甚至陪同。每次家长会，班主任都会安排"优秀家长"发言。这些家长的做法得到学校和老师的认可与推广，无形中成为其他家长的榜样。不过，重点中学的优秀家长容易成为非重点中学家长学习的榜样，同一班级、年级或学校的家长经验容易被其他家长借鉴和吸收。

我硕士阶段修读了心理学课程，对于教育心理和发展心理有所了解。因此我对做父母的看法很简单，那就是"对孩子负责，让她健康成长，成为一个独立自主的有益于社会的人"。然而，我知道要做到这些，单靠家庭的力量其实很艰难或者根本不可能实现。父母要为孩子的身心健康、人格健全和能力发展承担责任，而这一切与当前的学校教育、家庭教育和社会教育步调并不一致。

（二）教养风格："要求"与"沟通"

父母教育卷入（parental involvement）即"父母卷入子女的教育"，指父母在家庭和学校中所做的促进孩子取得更好学业成就和心理发展的行为总称（Seginer，2006：1—48）。父母教育卷入通过不同的教养方式体现出来。

黄超根据"沟通"（communication）与"要求"（demandingness）两个维度将父母教养方式分为4种（黄超，2018：216—240）：专制型（authoritarian）、权威型（authoritative）、宽容型（indulgent）和忽视型（neglectful）。权威型家长尊重孩子的个性和独立性，坚持以既定的标准要求和管教孩子，与孩子沟通频繁；专制型家长缺乏亲子沟通，倾向于通过惩罚或强迫的方式要求子女服从；宽容型家长重视亲子沟通，给予孩子充分自由，不要求孩子服从某种既定的规则，强调成长过程中的自我调节（self-regulation）；忽视型家长关注自己的需要，对子女既没有严格的要求，又缺乏亲子沟通。

我们与女儿的相处模式大约是"权威型"与"宽容型"的混合体。我们尊重女儿的个性与要求，不会强制她做什么或不做什么，但我们也有不会动摇的底线标准如诚实、正直、信守诺言等。闲暇时间，我们陪女儿一起读书、游玩、看电影、讨论，坚持以理服人的沟通方式。我发现，受过高等教育的家长在孩子面前很少表现出"专制"的形象。一个同事分享了自己的经历："女儿没有考上重点高中，我不仅没有责备孩子，反而安慰她我会想到解决办法的。既然孩子已经尽力了，接下来就该做家长的尽力了。后来，我真的找到了一个解决方案——女儿的学籍放在普通中学，人到某重点中学上课。除了高考时准考证发放单位不同之外，女儿跟重点中学的学生没有什么区别！"为了做成这件事，他动用了很多拐弯抹角的关系，欠下了不少人情。他认为自己为女儿所做的一切都是值得的。

调查表明，国内大部分家庭中父母与青少年子女缺乏有效沟通与交流，家长的教养方式以专制型为主，其次是忽视型；家庭经济社会地位越高，家长越倾向于采用权威型和宽容型教养方式，更少采用专制型和忽视型教养方式。根据我对身边家长的观察与访谈，父母受教育程度越高越倾向于宽容型教养方式。

### （三）家校之间："信任"还是"怀疑"

给中小学生"减负"是教育行政部门公开宣称的立场，比如规定中小学生上学和放学时间、作业数量，规范课外辅导市场等。中小学为了响应上级号召，纷纷采取了"减负"措施，如减少作业量、减少考试次数、禁止成绩排名等。"公立学校害怕家长举报，因而教职工的组织纪律性较强，"1号家长是校家委会成员，班级家委会主任，是典型的消息灵通人士，"民办学校不一样，没有升学率就没有市场，没有市场就招不到学生，学生少了老师就没有出路……"1号家长对 W 中对外塑造轻松活泼的校园形象的同时对内狠抓教学质量表示理解。

W 中有一套严格规范的"家校共管"体系。每个班都有 5—7 名家长组成的家委会，设主任和副主任各一名。W 中的特色之一是课外活动丰富，如运动会、龙舟节、英语节等。为了减少各种活动对学习时间的影响，班主任负责传达活动通知，准备工作由家委会独立完成，学生只需要花很少的课余时间排练即可。W 中紧邻区教育局，是各种教育行政检查的重点对象。由于家长和孩子积极主动配合学校的公开行动——按各自剧本表演，所以 W 中的检查结果无一例外是"优秀"。

W 中偶尔安排家长参与学校主办的专家讲座，宣传家长维护学校制度和配合老师教学的重要性。所谓家长参与，就是家长代表按照学校要求参与相关活动或者完成相关任务，主要扮演两种角色——热心观众和多面帮手。家委会实际上对于学生的学习和生活没有任何决策权或建议权，因为家委会承担了学校老师的部分育人职责，主要义务是执行和服从。正如胡金平所言：学校外部的教育改革政策家长无权置喙，学校内部则由于地位不平等、信息不对称、拥有的文化资本悬殊，导致家长参与变成家长参训，家校联系亦只是一种自上而下的权力意志的贯彻和规定话语的表达，家长真正参与的话语权被完全剥夺（胡金平，2012：12—17）。

女儿班上的家长们习惯了按照家委会的通知交钱买书、买衣服或者买其他活动道具，现场参与的家长只是少数。从未参与家校活动的家长对家委会言听计从且心存感激；他们很少关心学校的具体要求，也不关心各项要求是否合理，更不会怀疑家委会成员的"辛苦付出"。有时候，我认为W中的课外活动颇有"摆拍"的嫌疑。例如，W中在校园一角建了一面攀岩墙，大约10多个学生接受了"专门的"攀岩培训，还拍了宣传照片；不久，W中公众号上刊出了一篇关于学生攀岩的通讯稿，该文被省级以上教育行政部门的公众号转发。家委会负责人总是在无条件配合班主任的工作——积极主动承担宣传员、答疑解惑和后勤补给等各种任务。

无论是教学安排、研学活动还是各项收费，家长们从未对学校和老师（包括家委会）表示过"怀疑"。"既然选择了W中，就应该相信学校和老师"，1号家长的解释代表了无数家长的心声，"如果不相信学校和老师，为什么要费时费钱费力送孩子来W中呢?"这也符合人之常情：家长们都是成年人，不会轻易否定自己先前的决定和付出。

## 五、教育期望："向上"与"保障"

父母对子女的期望通常是对其未来的形象设定和角色定位（孙兴春，1999：21－26）。教育期望仅指父母对其子女将要获取教育的期待和愿望，例如是否希望子女上大学、是否希望子女读研究生、希望子女上什么样的大学、学什么专业等（余秀兰，2020：62－74）。

教育期望的另一面是"教育焦虑"。家长的"教育焦虑症"症状在情绪上主要表现为对子女学习机会、学业成绩和就业前景的过度恐慌；在躯体上表现为因担心浪费子女的学习时间而对子女采取的刻意回避、对子女学习成绩和考试的过分敏感乃至对子女课余生活过多的控制等情绪和行为（陈华仔、肖维，2014：18－23）。

### （一）总要比我们强吧

中产阶层的教育焦虑最为突出，这是因为当前向上流动难度增大，他

143

们希望自己的子女向上流动，至少维持现状。无论是从收入还是受教育程度看，绝大多数 W 中的家长属于中产阶层。女儿班上的家长职业以中小学教师居多，教师比例超过 1/3；企业白领和个体工商户大约 1/3；公务员、医生、护士等接近 1/5；其余为自谋职业者、临时工等。大多数家长接受过大学专科以上教育，少数家长毕业于中等职业学校，极少数家长没有受过高中以上教育。总体上看，家长们都非常重视教育投入。这一点从选择 W 中就可以看出来，而积极购买各种学习资料、参加学校补课以及课外辅导班等都是证据。

女儿初中三年的家长会基本上都是我去参加。一次家长会之后我写下了一段文字：

> 做家长不是演员拍电影，取景和舞台可以随心所欲。做家长是一场马拉松比赛，虽然有很多期待，但我们很清楚没有任何确切的东西在等着我们。做家长不是一厢情愿的事情，而是一个双方甚至多方相互磨合和斗争的过程。做家长没有万能模板，谁也不知道怎么做才能让结果完美……其实，我们知道这个世界上没有完美，我们只是不想后悔，我们只是希望孩子们的未来比我们更好……虽然我们也不知道孩子们想要过什么样的生活！

这是初二升初三的第一次家长会，是老师对家长"上发条"的班会。升学的严峻形势，重点中学与普通中学的巨大鸿沟，重点大学与一般大学的不同出路……我清楚地记得，现场的家长们神情紧张，仿佛即将中考的不是孩子而是自己。"学习是第一要务，中考是当前最为重要的事情！"班主任要求家长"明确责任，抓重点，促学习！"

家长们一致认为，孩子的起点比自己高，至少物质条件和学习环境比自己当年要好得多。因此，家长们对孩子的期望有一个底线，那就是不能比自己差。某种程度上，希望孩子"向上流动"成为家长们共同的心愿。然而，物质条件和学习环境并不是决定个人成绩的主要因素，家长们往往忽视了动机、智力、性格等因素对学习的影响。

### （二）找个好工作

有个同事说："我希望儿子在本地上大学，然后找个好工作。"我们都不以为意，以为他不过是开个玩笑而已。本地"最好的"大学是二本院校，一所师范院校和一所工科院校，其他均为高等职业技术院校。我们常常听到同事家小孩考上清华、北大、复旦、上交、南大之类的消息，从没听到这种"接地气"的期望。我还听到过有家长"威胁"自家孩子："如果你现在不好好学习，将来只能上 G 校！"

同事们都有一套关于子女教育的战略计划。义务教育阶段，根据家庭资本竞争优质教育资源。高中阶段，根据子女成绩规划大学目标与职业路径。如果孩子学习成绩名列前茅，那么目标就是考上名牌大学（985/211），毕业后在大城市工作；家长以帮助子女在大城市立足（购房）为己任。如果孩子学习成绩不错，目标便是考上重点大学（有一定名气）或者出国留学，毕业后到较为发达的城市定居。如果孩子学习成绩一般，则希望其考上大学并选个好专业，毕业后回 Y 市谋一份稳定职业（政府机构、事业单位、国有企业等）。如果孩子学习成绩较差，家长会想方设法帮助子女上大学（如艺考），然后凭借社会资本为子女在本地找到对口工作。

孩子们不会一直在学校读书，最后还是要回归工作和生活。"好工作那么少，要提前谋划！"这是一位优秀家长的口头禅。"虽然好大学的（毕业生）不一定都找到好工作，但是好工作更喜欢好大学的好学生！"他毫不掩饰自己对儿子的高期望："无论是中小学还是大学，都要上重点，而且要做好学生……只有这样，好工作才有保障！"我问他："什么样的工作算是好工作？"答曰："计算机、通信、电子、生物、经济管理、金融投资之类，被人尊重，收入高，安全……"他坚信自己的标准就是孩子的标准，也是所有家长的标准。

其实，好工作的标准并非一成不变，也非适用于所有人。从职业规划的角度看，自己喜欢而且能够胜任的才是好工作。家长们通常自作主张地想象出一幅"工作蓝图"，忽视了孩子的特点与真实想法。我对女儿说：

"理想的职业就是做你喜欢且得心应手的工作。首先，你要知道自己喜欢做什么以及想要做什么；其次，你要知道自己能够做什么。也就是说，在进入职场之前，你得有充分的心理准备和能力准备！"

### （三）有胜出就有淘汰

家长们毫不掩饰对孩子考试排名的关注。每次考试之后家长群都有人问"分数出来了吗""谁第一""第一多少分"之类的问题。尽管学校宣称不搞排名，但是每次考试之后都有排名表泄露出来。女儿班上的家长微信群有一个不成文的规矩——考试第一名的孩子家长要发红包，包括单科和总分第一名。这大概是家委会主任在初一期中考试后提议的，不少家长赞成，就默认通过了。我虽然不支持，但也没有表示反对。W 中的考试有很多种，例如周考、月考、期中考和期末考。女儿的成绩并不拔尖，几乎没有发红包的机会；而且，我也不想为考试排名纠结。

家长群的红包总是在考试后的某天如期而至。家委会约定，三年后考上 H 中的家长要发大红包。单科第一发红包不少于 20 元，个数不限；总分第一发红包不少于 30 元，个数不限。大约 10 个家长成为发红包"专业户"，单科第一和总分第一轮流转，其他 40 多个家长成为红包的受益者。实际上，抢红包的家长更希望自己是发红包的。有一天有人说："运气王"也发一个吧！众人附和，那些孩子没有考到第一的家长也有机会发红包了。但是，大家心里明白，同样是发红包，"运气王"的心情是复杂的。

中考之后，孩子们面临着"分流"。分数决定出口，从初中到高中的道路有好多条，最为炫目的便是通往 H 中的那条。7 月 29 日那天，各个高中的录取名单出来了。考上 H 中的孩子家长自觉在班级群里发红包，那些没有考上 H 中的孩子家长（我是其中之一）则五味杂陈，连抢红包也感觉特别没劲儿。三年了，我原本想着最后一次能有发红包的机会；根据发红包规则，我失去了这个最后的机会。家长们纷纷加入了新学校的家长群，初中的家长群名存实亡。H 中的家长们围绕新学校的分班考试（决定是否能进重点班）与新的群友热聊去了；X 中的家长群最初几天无人言语。

女儿的分数只够上第二志愿学校——X中。这是一所才成立3年的公立高中，挂靠H中教育集团旗下，师资主要是近期招聘的年轻老师。由于有Y市政府的大力扶持，X中的录取分数线仅次于H中，第一届毕业生的本科升学率排全市第二。据说市区初中的有些孩子第一志愿便填报了X中，这表明X中具有一定社会声望。"有胜出就有淘汰"，这是竞争的公认法则。我终于体会到了排名"第一"和"第二"的差别——既有待遇差别也有心理差别，逐渐理解了家长们纠结孩子成绩排名的心情。人们素来对"第一"充满了好感，哪怕"第一"与"第二"之间只有很短的距离，也绝不会把对"第一"的赞誉分一点给"第二"，就像领奖台上的冠军与亚军不可能被同等对待一样。H中的"高调"与X中的"低调"充分证明了这一点。

W中的家长三年来习惯了别人的"称许"——"上W中可不容易啊！你家娃儿好厉害！将来肯定上H中啊！"一旦孩子没有考上H中，家长遭遇心理落差在所难免：既羡慕别人家的孩子上了H中，又担心别人"看轻"自己家的孩子。我无法掩饰女儿落榜H中的失落。不过，我迅速调整了自己的情绪，不想为女儿增加更多压力。我对女儿说，"高中是个新的开始，你可以把握现在，创造你的未来！"

父母对孩子上大学与上名校（985/211）的期望普遍较高（余秀兰，2020：62-74）。家长们一面对孩子的未来充满期待，另一面又担心孩子的未来不尽如人意。总之，家长中间弥漫着几种不同类型的焦虑：地位焦虑、职业焦虑和面子焦虑。地位焦虑是指家长担心子女将来的社会地位不如自己，希望子女通过教育跻身更高的社会阶层。职业焦虑是指家长担心孩子考不上名牌大学或者职业前景黯淡，希望孩子成为职场精英。面子焦虑是指家长跟他人攀比孩子的成绩或成就，认为自家孩子不如别人家的孩子有出息会使自己丢了面子。

# 六、结语与讨论

我跟很多家长一样，做了自己力所能及的事情，比如想方设法让孩子上"好学校"、给孩子报"辅导班"，甚至"陪读"。但是，所有这些并未让我安心。我还是处于焦虑中，为孩子的现在和未来——我不知道到底该做些什么，也不知道所做的一切是否正确。我一直想让自己的孩子拥有独立的人格和自由的思想，而这一切只是停留在想象中。当阶层固化和教育投资正面交锋的时候，教育如同被污染的空气——明知不安全却无法不呼吸。当绝望和希望发生碰撞的时候，我们一面抱怨教育资源分配不公，一面拼命为子女争取更多教育资源。

W中的教育目标很明确，那就是升学率。公众判断W中的价值标准就是每年升入H中的人数或者比例。对于家长来说，初中教育的成功则是自己的孩子顺利进入H中。围绕分数或者做题技巧展开的教学模式，我是不赞同的。我知道自己的观点不合时宜，比如支持女儿按照自己的理解作答阅读理解题，却因为跟老师的标准答案不同而被扣分。实际上，我们不能按照自己的意愿对待孩子的学习，"素质教育"在别人看来简直是"幼稚可笑"。毕竟，当前的学校教育遵循着同样的选拔（考试）规则。我们生活在一个信息共享的时代，某些家长的做法一旦经过老师或媒体的渲染，不可避免对其他家长的行为产生影响。焦虑的家长们始终在寻找"正确"或"优秀"家长的行为标准，一旦很多家长做了同样的事情，其他家长即使不同意也会被裹挟着前行。

如果家长相信这样的价值链——"好成绩—好学校—好工作—好生活"，那么就会认同"分数"作为学校教育的首要目标。然而，我相信教育的终极目标是为了成为更好的自己（做人），为了让世界变得更好（做事）。这也是我不忍心逼着女儿成为"学习机器"/"考试工具"的根本原因。我想要女儿按照自己的方式去学习，想要她有主见不盲从，但是老师却用学校的标准要求她成为"好"学生。所谓"好学生"就是善于通过考试成绩或者竞赛获奖来证明自己。如果一个孩子的成绩不那么突出，即使他/她开朗活泼、善良正直、大公无私，也不会被认可，更与升入重点学校无关。这种对成绩和获奖的过度关注强化了孩子们对工具性目标（分数和名次）的兴趣。

三年前，家长们为了孩子进入 H 中这个共同目标在 W 中相遇。如今，有的孩子即将成为 H 中的学生，有的则与 H 中擦肩而过。三年后的高考，孩子们又会有怎样不同的出路？等待着家长的又是怎样的惊喜/伤悲呢？家长们很想提前揭晓答案却终究无法预知孩子的未来。孩子们经过学校的规训，高考时考出"好分数"才是"王道"。如果说人生就像一场比赛，那么"上什么样的大学"通常是决定一个人未来生活质量和社会地位的关键转折点。正是在这个意义上，高考被视为改变人们命运的"独木桥"。改革开放以来这座桥被不断加宽甚至重新设计，但是踏上这座桥的大多数人被分流到了不同目的地，只有少数"精英"分子能够在 985/211 高校成功上岸，赢得家长眼中"向上流动"的通行证。

**参考文献：**

陈华仔、肖维，2014，《中国家长"教育焦虑症"现象解读》，《国家教育行政学院学报》第 2 期。

陈友华、方长春，2007，《社会分层与教育分流——一项对义务教育阶段"划区就近入学"等制度安排公平性的实证研究》，《江苏社会科学》第 1 期。

陈友华、施旖旎、季春梅，2017，《学区房的形成机制及其社会后果研究》，《学海》第 4 期。

范静波，2019，《家庭资本、代际流动与教育公平问题研究》，《南京社会科学》第 4 期。

范可，2015，《人类学的问题及其学科体系》，《原生态民族文化学刊》第 1 期。

方长春，2011，《家庭背景如何影响教育获得：基于居住空间分异的视角》，《教育学报》第 6 期。

高丙中，2008，《民族志是怎样"磨"成的？——以贝特森的〈纳文〉为例》，《思想战线》第 1 期。

洪岩璧、钱民辉，2008，《中国社会分层与教育公平：一个文献综述》，《中国农业大学学报（社会科学版）》第 4 期。

洪岩璧、赵延东，2014，《从资本到惯习：中国城市家庭教育模式的阶层分化》，《社会学研究》第 4 期。

胡金平，2012，《家长参与教育的政治社会学分析》，《南京师范大学学报（社会科学版）》第 5 期。

胡咏梅、王亚男，2019，《中小学生家庭对子女课外教育的投资及效果分析》，《首都师范大学学报（社会科学版）》第 5 期。

黄超，2018，《家长教养方式的阶层差异及其对子女非认知能力的影响》，《社会》第 6 期。

蒋逸民，2011，《自我民族志：质性研究方法的新探索》，《浙江社会科学》第 4 期。

金一虹、杨笛，2015，《教育"拼妈"："家长主义"的盛行与母职再造》，《南京社会科学》第 2 期。

李春玲，2010，《高等教育扩张与教育机会不平等：高校扩招的平等化效应考查》，《社会学研究》第 3 期。

林晓珊，2019，《境遇与体验：一个阶层旅行者的自我民族志》，《中国青年研究》第 7 期。

刘浩、钱民辉，2015，《谁获得了教育：中国教育获得影响因素研究述评》，《高等教育研究》第 8 期。

陆道坤、王超、丁春云，2019，《论校外培训机构对基础教育的侵越与干扰》，《中国教育学刊》第 1 期。

诺曼·K. 邓津、伊冯娜·S. 林肯，2007，《定性研究（第 3 卷）：经验资料收集与分析的方法》，风笑天等译，重庆：重庆大学出版社。

仇立平、肖日葵，2011，《文化资本与社会地位获得：基于上海市的实证研究》，《中国社会科学》第 6 期。

佘振华，2017，《法国存在人类学之思：关注个体与观察细节》，《文化遗产研究》第 1 期。

孙兴春，1999，《社会学视野中的现代家庭教育》，《当代青年研究》第 6 期。

王甫勤、时怡雯，2014，《家庭背景、教育期望与大学教育获得——基于上海市调查数据的实证研究》，《社会》第 1 期。

王铭铭，2005，《西方人类学思潮十讲》，桂林：广西师范大学出版社。

王文龙，2012，《中国陪读现象的流变及其社会学解读》，《南京社会科学》第 10 期。

吴愈晓，2013，《中国城乡居民的教育机会不平等及其演变（1978—2008）》，《中国社会科学》第 3 期。

吴愈晓，2020，《社会分层视野下的中国教育公平：宏观趋势与微观机制》，《南京师大学报（社会科学版）》第 4 期。

吴愈晓、黄超，2016，《基础教育中的学校阶层分割与学生教育期望》，《中国社会科学》第 4 期。

徐新建，2018，《自我民族志：整体人类学的路径反思》，《民族研究》第 5 期。

许加明，2018，《农村中小学陪读现象的形成机制及其社会后果》，《湖北社会科学》第 12 期。

薛海平，2017，《家庭资本与教育获得：影子教育的视角》，《教育科学研究》第 2 期。

杨东平，2006，《中国教育公平的理想与现实》，北京：北京大学出版社。

余秀兰，2020，《父母社会背景、教育价值观及其教育期望》，《南京师大学报（社会科学版）》第 4 期。

张云亮，2018，《亲子互动、学校资源与学生教育期望——基于"中国教育追踪调查"的异质性分析》，《青年研究》第 2 期。

赵旭东，2004，《从田野工作到文化解释》，《民俗研究》第 4 期。

周皓，2013，《家庭社会经济地位、教育期望、亲子交流与儿童发展》，《青年研究》第 3 期。

Hayano，1979，"Auto-ethnography：Paradigms，problems，and prospects"，*Human Organization*，Mar.

Seginer，2006，"Parents' educational involvement：A developmental ecology perspective"，*Parenting：Science and Practice*，Jan.

Young, Collin，2004，"Introduction：Constructivism and social constructionism in the career field"，*Journal of Vocational Behavior*，Jun.

## How to Be Parents：A Mother's Auto-ethnography

### Deng Zijuan

**Abstract**：The relationship between education and social stratification is a grand issue，which is also the focus of academic circles. Educational experts emphasize that family backgrounds have important effects on personal advancement and employment，which put the main responsibility of children's growth on parents invisibly. What should parents do to achieve their children's future? This paper presents the answer of a mother by auto-ethnography. As an intellectual immigrant，I believe that education is helpful to move upward and eduction can change one's destiny. As a mother，I want to be a sucessful parent and clear the obstacles of "upward" for my daughter. With the pressure of entering the top-ranked schools or universities, the parents' responsibility is simplified as comprehensive competitions on family capital. At the same time, parents lower expectations for children to relieve educational anxiety.

**Keywords:** parent, responsibility, auto-ethnography

# 深入"生活世界"：一部乡村青年特岗教师
# 微观成长史的田野叙事

王 瑞[①]

**摘要**：教育世界是人的关系生成的"生活世界"。本文对研究对象进行为期四年八个月的深度观察和跟踪访谈，以主题叙事的方法，并采用夹叙夹议的写作手法，撷取若干事例片段，展现其真实鲜活的生活、工作图景与心路历程，记录和描述青年特岗教师入职初期的不适应与任期内能力的提升，以及服务期满后作出离任或留任选择时，受主客观条件的制约而表现出的"深度复杂性"。针对研究中发现的青年特岗教师的共性问题，提出建议。总体上，本文书写了青年特岗教师的成长与发展史，诠释其理想与纠结，摹画出一幅关于青春与奋斗的新时代乡村青年特岗教师群像。

**关键词**：乡村特岗教师　青年教师　生活世界　调查访谈人学理论

2006 年，教育部、财政部联合下发《关于实施农村义务教育阶段学校教师特设岗位计划的通知》，这一政策吸引了大批青年师范人才投身于农

---

① 王瑞，中南民族大学教育学院博士研究生（1577894336@qq.com）。

村义务教育，持续为各省市农村地区的中小学输入了大批"新鲜血液"，对维护农村义务教育阶段教师队伍的稳定，保障农村义务教育阶段师资的供给平衡起到巨大作用。在乡村教育振兴的背景下，如何增加乡村特岗教师的留任率？如何实现乡村青年特岗教师成长效率最大化？这些问题的解决首先倚仗于对乡村青年特岗教师队伍的了解和研究，亟须深入这一群体的生活世界和活动场，从具体的"人"出发，步入其内在精神世界。

## 一、研究设计

### （一）研究对象

河南省乡村教师缺口大、需求多，历年的特岗教师招聘计划数量均位居全国前列，2017 年为"乡村教师支持计划年"，河南省共计划招聘 15300 名特岗教师，向本地生源倾斜，招聘公告中明确了实施范围、招聘条件、工作要求等信息（河南省教育厅，2017）。招聘本着"县来县去"的原则，即鼓励特岗考生报考户籍县所在地的工作岗位，在录取完成后由各县教育局统一培训与分配；实行岗位就近分配政策，遵循"乡来乡去"的原则，即优先将新入教师安排在户籍所在乡镇的中小学。在岗位实际分配时，新入特岗教师也具有选择权，可以自行申报志愿乡镇或学校，以自愿申请的服务学校为优先项，若为外县考生或岗位名额与所申请人数冲突，则由当地教育局结合教师志愿统一筹划，兼顾原则性与灵活性。X 学校当年共分得 9 名新入特岗教师，基本情况如表 1 所示，研究即围绕以下青年特岗教师展开。

表 1　研究对象基本情况表

|  | C老师 | H老师 | L老师 | J老师 | N老师 | P老师 | W老师 | Y老师 | Z老师 |
|---|---|---|---|---|---|---|---|---|---|
| 性别 | 女 | 女 | 女 | 女 | 男 | 女 | 男 | 女 | 女 |
| 年龄（岁） | 26 | 28 | 25 | 26 | 29 | 24 | 25 | 26 | 24 |
| 学历 | 本科 | 本科 | 本科 | 本科 | 本科 | 本科 | 本科 | 本科 | 本科 |
| 婚姻情况 | 未婚 | 已婚 | 未婚 | 已婚 | 已婚 | 未婚 | 未婚 | 未婚 | 未婚 |
| 任教学科 | 美术 | 思政 | 生物 | 思政 | 语文 | 语文 | 体育 | 历史 | 无 |
| 教学经验 | 无 | 无 | 无 | 有 | 有 | 有 | 无 | 无 | 无 |
| 当地户籍 | 否 | 否 | 是 | 否 | 否 | 否 | 是 | 是 | 否 |

注：上表中年龄、婚姻情况、学历、任教学科等均为 2017 年个人信息，目前已有变动。

### （二）理论依据与方法

本文依据马克思主义人学思想的相关理论，对青年特岗教师的行为等实践活动进行分析，以得到对研究对象的客观认识。马克思坚持人的本质在其现实性上是他们的"感性活动"（汪信砚、程通，2019：32—41），认为人是一切社会关系的总和。所以，在分析问题时必须超越庸俗的"经济人""组织人"等理论假说，坚持青年特岗教师作为"人"的社会属性与个人属性的统一。胡塞尔（Husserl. A）首先提出"生活世界"的概念，后继者许茨（Schutz A.）等人又据之提出"日常生活世界"理论，阿格妮丝·赫勒（Agnes Heller）同样认为日常生活具有本体论意义，是人类社会结构的基础领域或第一领域，"日常生活是一个由语言、对象和习惯等规则、规范系统所维系的，重复性思维和重复性实践在其中占主导地位的自在对象化的领域。……教育实践也是以日常生活的方式展开的实践活动，具有日常生活的基本特质"（申卫革，2013：21）。然而现象学所言的生活经验世界"最主要的构成要素和结构是主观事实及由其奠基的具体主体性、事态、情境和作为氛围的情感等"（庞学铨，2021：23—34）。本研究仅借用"生活世界"术语，旨在于观察青年特岗教师们的生活经验世界的同时，观照其意义世界。

研究基于民族学视角的田野调查工作，综合运用参与观察法、主体叙事法、深度访谈法（以半结构访谈为主）等质性研究方法，且采取夹叙夹议的写作方式。其中，主体叙事强调站在研究对象的视角，倾听他们对生活工作中事件的感受，"是指在教育背景中包含任何类型叙事素材的分析研究，它强调关注作为个体的人的经历故事及其背后隐藏的之于该个体的意义"（张希希，2006：54—59）。研究通过对9名特岗教师为期4年有余的日常观察与聚会交谈、微信聊天，加之后来对离任教师的追踪访问等深度访谈，对青年特岗教师们的话语进行文本叙事与阐述，对其隐性文化与内在体验进行探索、描述、展演，以时间线索为轴呈现出一部成长微型史。研究者与特岗教师们长期同处于学校的实践场域之中，具有开展研究的便利条件，在保证研究顺利开展的同时，也在一定程度上为研究的深度作出辩护。

（三）研究目的

研究深入特岗教师的工作环境，亲身体会并与特岗教师作深入交流，按照线性时间的阶段性为轴，以适应、成长、选择、发展四个层面为叙事线索，完整呈现出特岗教师真实的生活与工作样态，对青年特岗教师在任期内的纠结事务进行描述与分析，了解青年特岗教师的现实处境与诉求，逐步完成对特岗教师群体感性认识的超越，从主客观角度辩证分析形成相对客观的理性认识，回溯了特岗教师们在工作中的感受与想法，体会新生代的青年特岗教师们的诉求与内在精神世界，达到对特岗教师群体更深层具体的认识，"教师以文本的形式追忆他们置身其中的日常生活世界，以冷静、理性的姿态阅读自己和自己的故事，通过一次次的解构与重构，对自身进行鞭辟入里的剖析，从而完成其主体性的重塑，实现自身的觉醒与解放"（高晓明，2015：47—50）。最终通过研究发现问题，并且更加全面地了解问题产生的原因，以便抓住解决问题的核心要素，更加具有启发性地提出建议，契合于青年特岗教师的全面发展。

## 二、初期适应篇

特岗教师的服务定位即为农村或偏远地区，面向自然条件较为艰苦的农村乡镇，新任特岗教师是刚毕业或外地外乡的青年人，在生活经验与工作经验方面都有所缺乏，入职初期存在一个适应的过程是必然的、必要的，这一过渡期中身心的适应以及对新工作的适应等是他们面临的第一道关口。

### （一）环境适应

农村学校硬件条件方面比较艰苦，新任特岗教师们面临的第一道关就是环境关。X 初级中学是一所全寄宿制学校，由于职工宿舍房间紧张，新任特岗教师们被临时安排在学生宿舍内，与学生寝室中间用木门隔开，配备了窗帘、热水瓶、木板床、书桌、开水壶等日常生活用品，为特岗教师尽可能提供生活方便，学校领导还特意在新特岗教师入职之前雇佣工人将腾出的几间特岗宿舍墙壁粉刷一新。即便如此，新环境还是引发了青年特岗教师们的纷纷"吐槽"。

咱们的宿舍可以算是"冬冷夏热"了，蚊子从 4 月底"上市"撑到 10 月份还嗡嗡叫，没搞蚊帐之前咬得我大夏天捂得严严实实，到了冬天屋里又冷得没地方躲。而且平时最不方便的是用水，宿舍楼里偶尔水压不稳会突然停水，还得去校园里的露天水龙头接水，有一次我洗漱到一半突然没水了……我们还缺一个晒被子的专门场所，老师们需要抢位置晒被子，晚了就没位置了。

C 老师曾经皮肤起湿疹，据医生讲可能是因为潮湿敏感引起的；Z 老师被一只老鼠吓破了胆，被老鼠支配的恐惧感持续了整整一学期，为了不让老鼠钻入，她的门缝用废旧试卷塞得严严实实。

上述是在与他们聊天得知的真实事件，仅是入职初期手忙脚乱尴尬境遇的冰山一角，这些刚从大学校园走出不久的年轻人，对于乡村学校的艰苦条件多少有些准备不足，在对农村学校环境的适应中，这些一桩桩的"小困难"实则是他们职业生涯的第一步。

### （二）生活适应

在入职初期，青年特岗教师们从大学生一夜之间完成身份转变，虽然经历了简单的入职培训，但仍存在自身行为与教师身份的不和谐。另外，一些不规律的生活习惯或生活方式不能立刻改变，因此而引起的麻烦在入职初期凸显。W 老师说："大学时养成了晚睡的毛病，我晚上工作到很晚才会回宿舍睡觉，一次晚上 11 点半从办公室回去，宿舍门已上锁，麻烦宿管大爷开门收来了一顿抱怨，说我是'夜猫子'老师；还有一次，我中午三四节没课，突然心血来潮想自己做午饭，没想到电磁炉炒菜的油烟会那么浓，引来围观还触发了烟雾警报器，刺耳的警报声响彻宿舍楼……从此我只在食堂吃饭。"更为尴尬的是 Z 老师，由于喜欢晚睡，与工作的时间不一致，落下了"偷懒""赖床"的名声。

以上这些个人生活习惯的小问题，有一些经过磨合会自然消失，有一些只需稍加注意，亦无可非议。但是，也有一些生活习惯问题不加重视就会酿成错误。入职两个月后的一个周末，学生们已全部离校回家，年轻的特岗教师由于距家远或其他原因均未离校，几个年轻人凑在一起，Z 老师突发奇想，提议晚饭后"搓一把"。几个人兴致勃勃，说笑声与麻将噼里啪啦的碰撞声惊动了正在校园里巡视的校长……几名年轻的特岗教师为此事付出了代价，不仅在教职工会议上被通报批评，当月的绩效补助也打了水漂。据 W 老师后来讲述："校长将我们几个单独叫到办公室，教育我们'在做事情前一定要考虑自己的行为带来的影响，就算是周末，在学校里还是要注意的，其他老师好多双眼睛都看着你们呢，你们年轻的新人要争气啊！'他并没有过多责怪我们的意思，我们几个实际上也认识到了错误。"青年特岗教师们正是在诸如此类跌跌撞撞的调试中逐渐适应了新生活。

### （三）工作适应

除了生活上的节奏变化，更必要的适应是对工作的胜任。然而，不管是在工作安排上还是特岗教师们的初始工作表现上，都不出意外地出现了事与愿违的情况。一方面，领导安排的工作有些新任特岗教师并不十分情愿；另一方面，青年特岗教师的初期工作表现不能令校领导放心。

L 老师对学校的岗位安排不满意。

> 我大学读的专业是英语，考特岗时报考专业也是英语，但学校目前英语老师不缺岗，只有七年级两个班的生物课没老师带，校长就与我商量让我暂时带生物课，我其实心里是没底的和不情愿的，但也不好意思拒绝，就答应了下来。我们特岗像块砖，哪里需要往哪搬。

Z 老师也很苦闷，由于学校的所有教学岗位已满工，她无岗可选，最后被安排在了非教学岗的教务处。

> 这是整个学校杂事最多、最忙的地方，没有任务时是后勤保障部门，负责打印课件、排课表等不容有失的精细工作，在"上面"有任务时就更忙，加班是家常便饭，我实在是羡慕你们可以教课的人，哪怕让我教个副科我都心满意足了。我不止一次向校长提出过诉求，每一次都被婉言拒绝，"年轻人嘛，多锻炼锻炼是好事儿"，我觉得他是站着说话不腰疼。

工作压力是其职业生命不能承受之重，W 老师对此深有同感，作为一名男性青年特岗教师，他属于学校里的"稀缺物种"，做了许多本不该属于他负责的工作。"年轻人嘛，多干一些活又有什么关系呢"，他经常为此种冠冕堂皇推卸责任的话语感到愤怒与无奈。

H 老师刚上任就做了临时班主任，班主任工作的特殊性众所周知，学生各个方面的事务千头万绪集于一身。然而，即使拼尽了全力，她仍被学生家长质疑。

> 有一个家长与我发生了争吵，说我太年轻不懂得怎么教育学生，

还说他吃过的盐比我吃过的米饭都多，他说把孩子交给我这么一个年轻班主任带不放心，要求给孩子转班。我那次委屈死了，精神几乎达到崩溃的边缘。

鉴于 H 老师的遭遇，担任班主任职务的恐惧曾一度弥漫在"新入特岗教师圈"，Y 老师对此更是有过令人大跌眼镜的经典言论："打死不当班主任！非让当我就离职。"上述磕磕绊绊的"一地鸡毛"，或许也是每个青年特岗教师必经的磨炼。

## 三、曲折成长篇

教师成长是各方面素质的综合成长过程，包括专业知识与技能水平的提升、处理人际关系的能力等。青年特岗教师充满活力与激情且学习能力强，发挥优势，尽快成长为独当一面的职业教师，是每位青年特岗教师的必修课。

### （一）身份认同方面

教师的职业"身份认同"这一主题被长期关注和讨论，但是对此概念的误解或混淆亦是一直存在的，教师身份的"认知""认识"与"认同"，是完全殊异的概念。此处的"身份认同"特指新入职教师对全新身份的主观感受与先有理性认识之间存在的非一致性或一致性。刚入职的教师与刚入校的学生一样，是懵懂的，高等教育可能教会了他们理论和教法，但无法让他们正确认识为什么教，以什么样的身份教。教师职业身份的神圣感与使命感，只有在真实的教育场景中，在与学生的长期交往中才会逐渐获得。特岗教师们首先需要一个正确的身份感或职业定位。

Y 老师抱怨："特岗的工资太低了，与付出的劳动不成正比，每天累死累活也不比编制老师轻松，还没有人家工资多，现在这年头，一个月两千多块钱够干什么的呢？"她仅将特岗看作是一个与其他职业相比无任何特殊性的"工作"，看中的是收入与付出劳动之间的性价比，考虑的是有寒暑假且比较稳定，更像是一个以教书为职业的"谋生者"。许多新入职的特岗教师同 Y 老师有同样的想法，一开始没有马上形成对教师身份的正确认同，认为自己只是"混口饭吃"。Z 老师的感受有所不同："我觉得自己不是个老师，我每天做的工作，就是在干一些杂活。排课表、打印资料、整理报表、录入试卷、统算成绩等，我更像是一个行政后勤人员。"W 老师则说："我是一个农民，然后才是一个教师。因为我家里还种着地，平时周末回家有农活要做，教书、浇地两不误。"总之，他们虽同为新入职的青年特岗教师，但有人能将特岗教师工作当作事业来看待，有人仅当作谋生手段来看待，有人则感觉不到自己的职业身份。

（二）专业成长方面

教师属于专业技术人员，需要掌握教学知识与技能、课堂管理能力、教育智慧等，留给青年特岗教师的是无止境的学习空间，令人欣慰的是，青年教师能以令人惊奇的速度成长，苟日新，日日新，又日新。W 老师感慨："当老师真的是个技术活，最难的还不是上课的方法技巧，单是课堂管理就是非常大的学问。备的课也不一定用得上，突发状况不可能让你按照原定计划讲，体育课上学生们普遍活跃，不立好规矩是不行的。"L 老师说话柔声细语，显得"柔弱而无害"，她经常为课堂的纪律伤透脑筋。"一开始上课时底下的学生不怎么听话，可能是看我像没有什么脾气的女老师，我一讲话，底下就有窸窸窣窣的说话声。有一次，我发怒了，暂时镇住了底下的小动作，但好景不长，过不了两天，嘈杂声反弹起来更严重，课堂管理怎么才能做好呢？"她的困惑是有道理的，只有合格的课堂管理，才谈得上教学质量和能力水平的提升，因为只有学生身心投入的课堂才能出效果。

为了使新任特岗教师们尽快胜任工作，学校组织了"师徒结对"计划，"师傅"（经验较丰富的教师）将自己的方法、经验等传授给"徒弟"（新入职的教师）。"我的师傅是刘老师，她的课堂独具一格，在县里的赛课中多次获得荣誉，她是我的榜样。"提起她的"师傅"，P老师满脸佩服，学校有定期公开课的制度，全校老师要在现场观摩指导讨论任课教师的教学设计。"起初，我压力很大，但折磨人的过程其实也是最好的进步过程，我在备战公开课时期，将全国优秀教师如余映潮、魏书生的视频搜罗个遍，学习大家的精髓，教研组的同事给了我许多建议。"功夫不负有心人，她的公开课《兼葭》获得了县级优质课大赛一等奖。H老师做起班主任也越来越得心应手，从一开始不被家长信任，被学生气哭，到第三学期成为"模范班级"的班主任，也仅仅过去了一年的时间。

### （三）关系交往方面

人是社会关系的总和，特岗教师的成长过程中需要处理好各类人际关系，如师生关系、同事关系、与家长的关系、与校领导的关系等。J老师回忆说："我开始时不懂怎么与学生交往，与班委、学委打交道时也不知道该采取什么样的姿态，是该表现出一副严师形象呢？还是应该表现得亲切一些呢？过于亲密就失去了师道尊严，表现得太严厉会让学生感到压力。后来我渐渐明白，不必纠结于自己在学生心中留下什么样的印象，自然而真诚地与他们交流就是最好的方式，也逐渐找到了处理师生关系的分寸。现在我与学生相处得很融洽，甚至已毕业的学生还会问候或看望我，我很欣慰。"

团结同事，组成一个教学、教研共同体，有百利而无一害。融洽和谐的同事关系也是校风建设的关键和教学质量的保障。X学校是寄宿制学校，老师们在一个职工宿舍里生活了好多年，成了彼此一生中最要好的朋友，整个教师家属院是一个生活圈。每年"跨年"时，老师们会组织"长桌宴"，以家庭为单位，每家献上一道"拿手好菜"，其乐融融的氛围让青年特岗教师们感受到了集体生活的温暖。在平时，老师们也会互相帮助，N老师和H老师的孩子上同一所幼儿园，他们就组成了"接娃共同体"，谁家有事脱不开身的时候就轮流接娃，配合默契，两家孩子也成为玩伴。此外，青年教师与领导的关系至关重要。"一个好校长就是一所好学校"，中国特色的中小学学校管理体制似乎与道德领导模式更相契合，Z老师这样说道："我之前对校长是有意见的，跟我同时来的特岗教师都被安排了教学任务，只有我自己到了教务处，我总认为他是不看好我的授课能力，心里不是滋味，但他后来解释让我去教务处是因为我学过计算机，能快速上手，我明白了这其实也是一种对我的信任，才释怀了对他的误解。"

## 四、最终选择篇

三年的承诺期已满，一本稍显简陋的《特岗教师服务合格证明》是对三年时光的证明。一次重新选择的机会摆在9名特岗教师面前，留任还是离任？这不啻为一场艰难的抉择。关于特岗教师离职与留任的影响因素，研究者大多从外在各种制约因素方面出发，而对特岗教师作为人的精神世界有所忽视。人是受制于社会、文化观念的人，特岗教师在作出选择时，客观因素固然重要，但情感、性格、心理、心态、期望等主观因素也不可忽视。实际上，影响特岗教师去留选择的因素愈加走向"深度复杂"。

### （一）离职者

根据《河南省2017年特岗教师招聘办法》的规定："经考核合格且愿意留任的特岗教师，在核定的教职工编制总额内办理入编手续，享受当地教师同等待遇。"优惠政策鼓励留任，但仍会有大量的特岗教师选择离职，这与主体的个性心理关系巨大。J老师如是说："这不是我的第一份工作。我曾当过装修公司客服人员、做过创业孵化公司文秘、还做过航空公司的地勤，后来回到老家考了特岗教师，职业之路跨度很大但总是感觉不满意，我自己也认识到这样没有长性是不好的，但心中还是有所不甘，内心总有一个声音告诉自己这不是终点。我希望自己赶紧找到一份能从事一生的职业吧。"也许是意义的缺乏和重复生活的单调使之感受到一种莫名的无聊或孤独感，这不禁让人联想起"青鸟综合征"①。J老师就像一只迷茫的"青鸟"，由于自己并不能清楚地意识到自己的追求和向往，往往陷入频繁跳槽的境地，一直在寻找心仪工作的路上，在纠结与拉扯中不断消耗着自己的精力。同时，每次换岗也意味着挑战未知和突破舒适区，意味着需要重新适应新的生活。对于P老师来说，离职是艰难的决定但也有必然性。"我是外县的，想转到离家较近的学校教书，根据规定，特岗调动仅限于本县范围内，想要回我的户籍县工作那就不得不辞职。我的朋友与父母都觉得编制的机会难得，不同意我离职，但这已经与我的人生规划相背离了，这个矛盾早晚要通过离职解决，宜早不宜晚。"可见，她很强的主见和自我决定意识，在内心暗示中强化自己的观点而弱化其他旁观者的中肯建议，是她的惯有思维行动方式。可见，在分析特岗教师离职的影响因素或原因时，客观条件因素固然不容忽视，但内外因的共同作用才是更为科学的分析方式。

对于W老师来说，去与留的选择是简单的，因为他在三年前就已有了答案。"我肯定是要离职的。其实，当初考特岗也只是巧了，在毕业后没有找到喜欢的工作，就先暂时干着，实际上我并没有长期从事教师行业的打算。目前中小学校普遍看不见几个年轻男教师，社会上对男教师有偏见的人还不少哩！"对于男生来说，养家的压力大，社会对男性教师存有偏见是不争的事实，W老师作出离职决定是有充分的思想准备，没有过多的纠结与犹豫，属于"预谋式离职"。经济待遇是不可忽视的离职推动因素，但不可否认，视特岗工作为跳板作用的动机，已经为其离职的决定埋下了伏笔。

## （二）转岗者

教师转岗是一种常见的教师流动行为，转岗教师不脱离教师事业单位

---

① "青鸟综合征"是日本社会学家大前研一提出的概念，特指年轻人频繁更换职业的困惑，就像童话《青鸟》中那只总是找不到心中想象的青鸟，一直不停地奔跑寻找，却像迷失方向般到处乱撞。

编制序列但不在原有学校继续从事教学，将编制及岗位转移至本县其他公立学校。转岗是由教师书面申请，经县教育局批准并统筹安排的一种教师管理制度。政策允许在县域的乡村中小学之间转岗，教师转岗实际上在为教师自身提供方便的同时也间接促进了教师流动。

主客观因素的综合作用是转岗者作出决定的主要考虑因素。N老师最终选择转岗至县城一所学校，他的选择主要受外在条件的制约。"妻儿平日生活在县城，从学校到县城有半个多小时的车程，虽然交通方便，但平时工作忙的话，只有周末才能见到孩子，两地分居不是长久之计，妻子照顾两个孩子压力比较大，我考虑必须要转岗了。"L老师与Y老师都是本地人，二人也选择了转岗。Y老师最终选择转岗更多是因为她奉行的"人生哲学"。她认为工作的底线是不能淹没了自己的"小世界"，工作服从于她个人的所谓理想的美好生活状态。她曾这样抱怨："自从当了这个特岗教师，我自己的时间就没有了，从早自习6点到晚9点自习课结束，除了上课就是写教案、做PPT、改作业，我还需要诗与远方啊。"她最终选择了一所同乡镇的小学作为自己的下一站，因为小学没有晚自习，晚上的时间腾出来可以做一些自己的事情。网络曾流传一位老师的辞职信——"世界这么大，我想去看看"，教师中深有同感者有之，不乏青年教师抱怨自由可支配时间减少。L老师的转岗理由很简单："我就是想教英语而已啊。我大学学的英语专业、教师资格证学科与特岗报考科目也都是英语，以后不管怎样都还要靠英语晋级职称。与其在这里无出头之日，那我还不如去小学算了，小学还有英语可以教。"可见，她对未能教授自己的专业学科感到不满且与学校沟通失败，专业特长无从发挥，反而要承受时间资源和能力资源的双重损失，当个体在工作中经历资源损失时，可能出现紧张和压力反应，这是导致其转岗的主要因素之一。

### （三）留任者

按照一般的逻辑来看，外地的特岗教师离任或转岗的概率更大，但从X校的经验来看就并非如此——留任的三名教师均是外县人。留任的C老师温和平静、随遇而安的性格也许预示着最后的结果。"我是那种特别不喜欢折腾、不喜欢变化的人，在一个地方生活工作久了，能适应下来也就习惯了，我只想按部就班地过好每一天。我就是外人眼中那种听话的孩子，对薪资和未来成就等方面没有太大的追求，父母对我现在的工作也很满意，我从没想过要离开，单是想到要收拾各种东西、还要填各种表格，我就感觉特别麻烦，索性就不考虑走了。"不愿意作出生活的任何变动造成了她的留任选择。H 老师毫不犹豫地选择留任，对教师职业的高度责任感和对学生深沉的关爱，使她不可能选择离任。"我家门里出过许多教师，受家庭影响，我年少时的理想就是成为一名教师。而且我考了两次才顺利考取了特岗，当教师对于我来说是一个梦想，我十分珍惜这个机会。尽管学校离我的老家很远，不能经常回去，但是我妈说在哪教书都一样，都是为国育才！我谨记她的话。"她以教师身份为荣，入职之初便具有了职业荣誉感与使命感，使她得以心无旁骛地做好教师工作并将其视为毕生的事业。

Z 老师之所以选择留任，是因为看中了教师编制的难得，同时她对乡村教师待遇发展的向好前景也充满信心，而近年来相关政策的良好发展势头似乎也证明了她的远见。2019 年河南省政府办公厅出台了《河南省农村教师周转宿舍建设实施方案》，为农村教师落实保障性住房；随后又发布《关于尽快落实提高教师待遇政策的通知》，为农村教师发放乡村补贴。"当老师对于女生来讲是一个体面而稳定的工作，现在的社会'太卷了'，宇宙的尽头即编制，能有这个编制我已经心满意足了，多少人挤破头皮还钻不进来，我要是离职了那就太可惜了。再者说，我是有些自知之明的，自己有几斤几两还是清楚，再回社会找工作对我来说不现实，现在待遇有好转，我们特岗也每人分得一套单身宿舍，'麻雀虽小但五脏俱全'，知足常乐嘛。"

## 五、未来道路篇

时间永不知疲倦，三年转瞬而逝，青春的印记定格在那些阳光明媚的记忆里。如今，9名青年特岗教师已四散天涯，在自己选择的道路上奔走。特岗经历对他们的人生有怎样的影响？选择之"棋子"落定后，曾经共同奋斗走过青春的同事各奔天涯，那些离任的特岗教师，是怎么看待自己的选择？他们对于这段生活经历有着怎样的记忆？同样，对于那些选择留任的"忠诚者们"，这个决定的"保质期"有多长？青年特岗教师在选择留任后有没有任何后悔，内心是否平静，现在的状态是否会再起波澜？笔者在访谈中探寻他们抉择后的生活变化与精神世界。

J老师在离职之后考取了所在地级市的区级公务员，依然是背井离乡与丈夫分处两地。"我目前对公务员的工作还没适应，做了这么长时间的教师，突然之间工作对象、环境、任务等一切都变了，工作节奏也完全不同，大家都对公务员羡慕不已，我看也不过如此。每天对着电脑坐一天，填一些无聊的表格或者整理一些资料，实在是无聊，只有出去执行任务的时候还有些意思。我现在自己租房子住，丈夫也不在身边，有些孤独，想想以前当老师也挺好的，虽然累些忙些，但面对的是活泼天真的孩子，心情会好一些。"教育的真谛是心灵与心灵之间的互换，奈何人生如棋，落子无悔，不禁令人想起一则充满哲理的古希腊故事《最大的麦穗》，苏格拉底对弟子们说："最大的一穗就是你们刚刚摘下的。"① 也许我们终究寻找不到那颗人生中"最大的麦穗"，那么眼前的人与事就是最值得珍惜的。

N老师对转岗后的工作和生活基本比较满意，对于他来说，转岗的决

---

① 《最大的麦穗》讲述了苏格拉底示意众弟子进入麦田寻找"最大的麦穗"，弟子们一路寻找但总觉得眼下的不是最大的那一颗，直至最后一无所获。苏格拉底告诉他们：最大的一穗就是你们刚刚摘下的。

定无疑是明智的。他表示，"目前来说一家人的生活总算是像小日子了，孩子每天能与我有一些相处时间，生活方便了不少。妻子也找到了一份工作，减轻了我的负担。唯一感觉不太舒服的是新学校的工作方式太过死板，与我的教育观念不符。新学校同事间的氛围没有以前学校那么亲切和谐，好像有一层隔膜在，只剩下工作组织的关系。"转岗至农村小学的 L 老师，终于如愿以偿地教上了英语，笔者询问其现在与之前学校相比怎么样，她若有所思："一切都是最好的安排。"对所有"去者"来说，这也许是最好的答案和最衷心的祝愿。

留任的特岗老师们仍然像以前那样工作和生活着，不同的是处理问题时多了一份驾轻就熟的底气。另外，她们偶尔会嘀咕说自己的人生看到了尽头，"送走了一茬接一茬的学生，他们去追求自己的美好未来，我却要在这一个地方度过漫长的几十年岁月，不敢想象……"或许，等到她们可以从工作中获取成就感与价值感的时候，感知到作为一名教师的全部意义的时候，这种感慨会自然抹去。


# 六、结语与讨论


通过经验性的个案考察，或可"一管而窥全豹"，揭示青年特岗教师群体的真实情况和共性问题。特岗教师管理者和政策决策者应在具体的情境中将落脚点复归于"人"，关注于青年特岗教师的物质需要、情感诉求等。根据研究发现提供以下几则建议以资讨论。

第一，青年特岗教师自身应在工作中体会教师工作的价值与意义。实事求是地说，拥有多年教龄但对职业没有产生认同感的教师是存在的，青年特岗教师应以此为戒，在严格的自我要求中形成正确的职业观，自觉在3年有限的服务期内培养教师职业的归属感、责任感、荣誉感。青年特岗教师意义感、幸福感的获得，无疑是增加特岗留任率的关键因素。

第二，学校领导应处理好与青年特岗教师的关系。学校领导层应以发展的眼光看待青年特岗教师，关心他们的生活和发展，在严格要求的同时做到充分信任，并善于激发他们的积极能动性，人尽其才。时常倾听青年特岗教师的诉求，做到与其他教师一视同仁，保持理解信任和必要的沟通机制。

第三，转变对男性从事教师职业的社会偏见。与女性教师相比，男性往往可以引导孩子形成勇敢、刚毅等意志品质，男性在教师角色中的作用不可小觑。但男老师偏少已经成为不争的事实，这一现象背后的原因值得省思并尽快加以改变。

第四，力戒形式主义的流毒渗透入学校。社会上盛行的痕迹主义与烦琐哲学，势必会磨灭青年教师的创造力，教师若无全面发展之自由，学生的全面发展则更难以保障。因此，有必要以行动创设师生共同发展的教育生态。

2022 年 4 月 21 日，国务院发布《新时代的中国青年》白皮书，体现出国家对青年一代的殷切期望。青年特岗教师是中国青年的一分子，在平凡的乡村教育岗位上默默奋斗与奉献，他们的故事值得被关注。本文基于长期的田野工作，深入青年特岗教师们的"日常生活世界"，撷取了青年特岗教师们任期中的若干事例片段，展现出他们鲜活而真实的生活工作场景与心路历程，摹画出一幅欣慰与纠结、感动与失落、诗与汗、笑与泪交错的特岗生活画卷，展现出一部特岗教师个人成长与发展史的记述，也是新时代青年特岗教师诠释青春与理想、奋斗与幸福的群体史诗。

**参考文献：**

高晓明，2015，《教育叙事与教师专业发展——一种批判教育学的视角》，《国家教育行政学院学报》第 4 期。

河南省教育厅，2017，2017 年河南特岗教师计划招聘 15300 人公告，http://shangqiu. offcn. com/html/2017/05/12588 _ 2. html。

庞学铨，2021，《重建日常生活经验世界——新现象学的生活世界理论管窥》,《学术月刊》第 53 期。

申卫革,2013,《知识转型与教育学知识的实践转向》,镇江:江苏大学出版社。

汪信砚、程通,2019,《对马克思关于"人的本质"经典表述的考辨》,《哲学研究》第 6 期。

张希希,2006,《教育叙事研究是什么》,《教育研究》第 2 期。

## Deepening the "Life World": A Field Narrative of the Micro Growth History of Rural Youth Special Post Teachers

### Wang Rui

**Abstract**: The educational world is the "living world" generated by human relationships. Conduct in-depth observation and follow-up interviews on the research subjects for a period of four years and eight months, using thematic narrative methods and using narrative writing techniques to capture several real-life and work scenes, as well as their emotional journey. Record and describe the initial maladaptation and improvement of abilities of young special duty teachers during their tenure, as well as the "deep complexity" exhibited by the constraints of subjective and objective conditions when making choices to leave or stay after the end of service. Provide suggestions for addressing the common issues identified in research among young specialized teachers. Overall, a history of the growth and development of young special post teachers has been written, interpreting their ideals and struggles, and depicting a group portrait of young rural special post teachers in the new era about youth and struggle.

**Keywords**: rural special post teachers, young teachers, life world, survey interview, anthropological theory

# 新生代乡村教师身份认同困境的教育人类学考察[①]

付维维[②]

**摘要：** 身份认同危机已然成为新生代乡村教师向城市流动的根源性因素。本研究通过在我国中部某山区县域内为期四个月的田野考察，发现新生代乡村教师在进行身份认同建构时所遭遇的困境主要表现为：自致身份获得时的价值迷失，职后身份调适中角色冲突引起的身份焦虑，以及对自我未来身份规划中"确定性"的恐惧。而走出危机的关键是要帮助其进行自我价值的重构，需要外部政策制度的"生命性"关怀及教师自我的内在力量。

**关键词：** 新生代乡村教师 教师身份认同 身份认同困境 田野考察

---

① 2021年度河南省高校人文社会科学研究一般项目"生存论视阈下全科教师身份认同研究"的阶段成果之一，项目编号：2021-ZZJH-014。

② 付维维，南京师范大学教育科学学院博士研究生，安阳幼儿师范高等专科学校讲师（fww0409@126.com）。

# 一、研究缘起

35 岁以下的青年教师已成为我国乡村教师队伍的中坚力量，这些年轻人"是在中国快速转型、高速崛起过程中成长起来的新一代青年，也是中国教育百年现代化历程中最特别的'乡村教师'"，被称为新生一代的乡村教师（郑新蓉等，2015）。为了让这些年轻人在乡村"留得住、教得好"，自 2015 年《乡村教师支持计划（2015—2020 年）》颁布以来，国家相继出台各项政策改善乡村教师的福利待遇和职业环境。然而，作为一名高师院校的教师教育者，笔者对近些年通过特岗教师招聘等渠道进入乡村的毕业生进行追踪调查发现，仍然有不少新生代乡村教师有向城市流动的意愿，一些大规模的问卷调查也提出了此问题（金志峰等，2021；王艳玲等，2022；孙冉等，2023），新生代乡村教师在乡村"留不住"已经成为我国乡村教师队伍建设的普遍难题。

不同于传统乡村教师，新生代乡村教师不仅对乡村物质条件有比较高的要求，且有更为强烈的内在情感需求（蔺海沣、赵敏、杨柳，2019：70—75）。不少学者认为，随着乡村教育振兴计划的推进，物质因素已并非是新生代乡村教师离开乡村的主要原因（容中逵，2019：3），根源性因素为其日益加深的身份认同危机（黄晓茜、程良宏，2019：80—86；赵鑫，谢小蓉，2020：83—89、109）。身份，"是人们在社会中所处的位置，这种位置基于社会赋予个体或群体的荣誉或声望"（安东尼·吉登斯、菲利普·萨顿，2019：113），教师身份，意味着教师这一社会角色被赋予的社会地位及物质保障。但身份只代表相应的功能与地位，认同才是意义与价值的来源。选择成为一名教师并不代表着已经形成了教师的身份认同，只有将此身份所蕴含的内在价值、职责、观念、行为标准等等"内在化，并围绕内在化过程构建意义时，才能够成为认同"（曼纽尔·卡斯特，2006：

2—3）。因此，教师的身份认同便是教师自我对其身份的不断确认与建构，是对"我为何做一名教师""我是一名什么样的教师""我想要成为一名怎样的教师"等涉及教师自我生存价值及存在意义的反身性思考。而当教师无法确定自我的价值与方向，对自我的定位产生极端的不确定性（查尔斯·泰勒，2001：40），其身份认同的建构便会遭遇困境与危机，引发教师的流动与离职问题（Hong，2010：1530—1543）。

进入乡村的新生代教师在建构其身份认同时究竟遭遇了怎样的困境？已有研究多采用理论思辨和量化调查的方法论呈现问题而后提出对策。然而身份认同是一种复杂的、动态的、内隐于教师教学生活及行动的存在，只有走入真实的田野现场去接触作为"生命性存在"的新生代乡村教师个体，倾听他们的个人话语、了解他们的行动意义，才能找到问题的答案所在。因此，本研究在我国中部某山区县域内进行了为期四个月的田野考察，以期能够体察该群体身份认同建构的真实困境与根源所在。

## 二、研究过程

### （一）田野地点概况

S县①位于我国中部伏牛山区，全县总人口 63.7 万，其中农业人口54.6 万。县域面积 3009 平方公里，山区占 95%，丘陵占 4.5%，平川仅占 0.5%，地势由东北向西南逐渐隆起，海拔 245—2211.6 米，境内海拔1000 米以上的山峰 700 多座。2017 年 S 县被当地省委、省政府确定为深度贫困县，历经 3 年的脱贫攻坚终于在 2020 年 2 月摘掉贫困县的帽子。S 县共有各级各类学校 276 所，其中小学 106 所，乡村小学占近 90% 的比例。

---

① S县的相关介绍皆来自当地的地方志，涉及的人名、校名都为化名，当地的教育政策都来自笔者在县教育局获得的官方文本。

174

之所以选择 S 县作为田野地点，正是由于它特殊的山区丘陵地理环境及经济背景，当地乡村教育现状在我国中西部地区也具备一定的代表性。另一个原因是 S 县是笔者的家乡，因此在"熟地"的亲人朋友都可成为研究的"中间人"，他们能够帮忙联系考察地点和访谈对象，驱车带笔者走过盘绕的山间公路，从而使研究得以可行。将自己的家乡作为田野地点，"局内人"和"局外人"的身份自然融合，与研究对象自然而然的亲近感，也使得研究者对田野资料的分析和感触更为深刻，如婆罗门人类学家兹尔尼瓦斯所说是自我及文化的"第三次诞生"（冯增俊，2005：177）。

### （二）田野资料搜集

笔者分别于 2020 年 5 月至 6 月、2021 年 6 月至 7 月在 S 县走访了 9 所乡村小学，与 2 位教育局领导（主任以上）、9 位乡村学校的校长、近 20 位新生代乡村教师进行过自由交谈。并以教学指导为回报选择了 2 所乡村小学进行多次回访调研，2 所学校概况如表 1 所示。

表 1  2 所乡村学校概况

| 学校名称 | 学校类型 | 与县城的距离 | 车程 | 年级数 | 在校生人数 | 教师人数 | 男教师人数（校长） | 女教师人数 |
|---|---|---|---|---|---|---|---|---|
| G 小学 | 乡村寄宿制完全小学（教学集中点） | 15 公里 | 35 分钟 | 1—6 年级 | 170 | 11 | 1 | 10 |
| J 小学 | 乡村小规模小学 | 33 公里 | 80 分钟 | 1—4 年级 | 48 | 4 | 1 | 3 |

调研期间，或通过校长推荐，或在与教师们的自由交谈中选择有深入交流意向的教师进行个别访谈，最终选择了 J 小学的秋霞老师，G 小学的张丽老师、小朱老师、小杨老师进行深度访谈。而在资料分析的过程中，因为未达到理论饱和度，又联系到了刚刚通过特岗教师招聘考试在某乡镇中心学校任教的佳佳，以及一位大二的定向免费师范生小寻。6 位教师的

信息如表 2 所示。

表 2　访谈教师概况

| 教师姓名 | 所在学校 | 年龄 | 婚否 | 性别 | 类型 | 参加工作年限 | 家庭住址 |
|---|---|---|---|---|---|---|---|
| 秋霞老师 | J 小学 | 24 | 未婚 | 女 | 特岗教师 | 2 | 乡镇 |
| 张丽老师 | G 小学 | 28 | 已婚 | 女 | 特岗教师 | 6 | 县城 |
| 小朱老师 | G 小学 | 24 | 未婚 | 女 | 教师招考 | 2 | 乡镇 |
| 小杨老师 | G 小学 | 25 | 未婚 | 女 | 特岗教师 | 2 | 乡镇 |
| 佳佳老师 | C 镇中心学校 | 27 | 未婚 | 女 | 特岗教师 | 2 | 县城 |
| 小寻 | 大二学生 | 19 | 未婚 | 女 | 定向免费师范生 | | 县城 |

　　S 县建立教师招录长效机制，近四年来通过特岗教师招聘、教师招考、定向免费师范生等方式共补充新生代乡村教师 1346 名。新入职的教师必须要在农村服务满三年，才可以参加县城学校的选调考试。调研过程中，恰逢 2020 年 S 县县城教师选调工作开始，因此访谈便以"要不要回县城？"为切入点，进行了三轮非结构式访谈。三轮访谈分别以获取生活经历与回忆细节、反思当下、展望未来为主题，各轮访谈之间的内容比较及不同受访者回答内容的相互印证，保证了研究的信效度。最终整理访谈资料近 14 万字，撰写田野日志近 3 万字，收集政策文本 12 份，利用 NVIVO14 进行资料分析并提炼出解释框架。

## 三、新生代乡村教师身份认同困境的日常呈现

　　身份认同是人自我存在的证明，而人的存在意义要"通过进行每天的日常生活来回答"（安东尼·吉登斯，2016：45）。因此对新生代乡村教师的身份认同困境的洞察要到其日常生活的细枝末节中去发现，到那些"更不为显赫、更难以察觉的事件中去搜索"（马维娜，2003：5）。在对访谈

文本进行词频统计后发现，"学生""孩子""学校""教师""县城"等关键词出现的频率最高，这五个关键词几乎涵盖了新生代乡村教师日常生活的全部，其身份认同的困境也在这五个生活侧面中延展。通过对田野资料进行扎根分析发现，新生代乡村教师的身份认同困境表现为自致身份获得时的价值迷失、职后他者关系冲突中的身份焦虑，以及对未来职业生涯"确定性"的恐惧。

### （一）身份获得时的价值迷失："我"为什么做一名乡村教师?

身份认同的核心是价值认同，这些年轻人究竟为什么做一名乡村教师？对此问题的追问亦是在考量新生代乡村教师究竟如何衡量"乡村教师"这一社会身份的内在价值。

#### 1. 为了生存

走访中遇到的新生代乡村教师，大多出身于农村。秋霞谈及报考时的情形，"我本来是要专升本的，但妈妈想让我回来"。她选择成为一名乡村教师是因为原生家庭的经济状况，迫于生活压力想要谋求一份稳定的工作减轻家里负担。姐姐已经出嫁，弟弟还在上学，母亲身体不好，为了能够有一份稳定的收入且方便照顾母亲，她参加了当年的特岗教师招聘，在个体"我"的城市梦想与关系"我"的责任担当中，选择了后者。

近几年随着城镇化进程的快速推进，S县偏远的乡村都在改革中整村搬迁至乡镇中心。很多年轻人不仅离开乡村，也离开了县城，外出打工多年后，他们把家安在了市区、省会甚至更遥远的一线都市。相较于自己外出打工留在都市的同学，新生代乡村教师都在繁华的都市接受过高等教育。于他们而言，做一名乡村教师，是迫于生存的压力，是一种自我牺牲。

#### 2. 为了身份

28岁的佳佳在成为一名特岗教师之前，在S县的某事业单位工作。与我见面时佳佳化着淡妆，皮肤白皙，衣着时尚。她工作5年才参加特岗教师招聘，问及原因，她说："毕业时，有同学去大城市找工作，我妈不让我去，我也不想去，随便找份工作有个工资够我自己花就行了。"但随着工作经历的增长，佳佳发现"没有编制"就不是一个正式的"公家人"，"天天加班干活都是我们，有好事从来轮不到，工资还经常拖着，年龄这么大了，再不考就没机会了"。这种边缘感促使她开始参加各种类型的公务员考试，屡次失利后不得已参加了特岗教师招聘。刚刚入职的她被分到离县城最远的乡镇学校，每周五晚上要坐两个多小时的乡镇公交车，才能回到县城的家里。而就在调研期间，她刚刚参加了2020年市区和县城的事业单位招聘考试。在交流中，我问她："是什么促使你急切地想要离开？"她脱口而出："那不是我的家啊！"

田野考察的过程中，遇到了多位与佳佳情况类似的年轻教师。他们从小在城里长大，选择做一名乡村教师，是因为想要拥有"公家人"的社会身份。然而当"有编制"的安全感得以实现，归属与爱便成为这些从城市而来的新生代乡村教师本能的需求。但陌生的乡村让他们很难产生归属感，对家人和城市生活的思念、独自一人在偏远乡村的孤独，促使他们将乡村教师当作择业跳板，不断寻找更好的工作机会。

3. 为了退路

今年9月份成为大二学生的小寻，是当年高考S县为数不多的定向免费师范生之一。小寻的父亲是城乡接合部一所乡镇中学的副校长，小寻在父亲的鼓励下正在努力准备研究生考试，提及违反协议的问题，她说："我爸早就把违约金准备好了，我不想回村里教书。"不想回来的真正原因，她也没有过多考虑，"我也说不清，反正我不想回来，我想去外面看看，更不想去农村。我的同学们大部分都准备考研，不过也有几个人毕业后想去当老师，但是我不想，从来没想过。"提及高考志愿的填报，她说："是我爸让我填的，想着毕业后有条后路。"小寻的父亲开朗健谈、淳朴善良。他年轻时考上中师，毕业回来就一直在乡村任教，近30年的职业生涯中，几次想要走出乡村到大城市闯一闯，都因为种种原因没有成行。而今的小寻是他的希望，承载着他年轻时未能实现的梦想，"小寻学习还不错，家里也不缺她挣的那点工资，不能一家子都在农村，总要有个人出去外面看看闯闯。"

马斯洛将人的需求分为生理需求、安全需求、归属需求、尊重需求和自我实现的需求，生理和安全方面的需求属于人的物质需要，归属和尊重的需求属于人的精神需要，而自我实现的需求则属于人自我价值的实现范围（胡万钟，2000：25—29）。走访中遇到的20多位年轻教师，无论是迫于生存压力从求学的都市再次回到乡村，还是为了"公家人"的身份从城市进入陌生乡村，或是为了择业时有条后路，于年轻的他们而言，乡村从教都是自我物质需要实现的途径，而不是自我价值的实现方式。人的自我价值是指主体自我的活动对客体自我需要的满足，是个体存在意义的体现，不仅包括个体需求的满足，也包括个体对于社会的责任和贡献（马捷莎，1993：23—24）。若仅看到"乡村教师"这一身份外在的物质价值，忽视其社会价值与存在意义，当自我的物质需要得到满足后，便会陷入自我价值的迷失。

（二）身份调适中的关系冲突：作为教师的"我"和作为女性的"我"

人是社会性动物，不可能脱离他者而是其自身（查尔斯·泰勒，2001：52）。自我的身份认同是关系性的存在，人在关系中确定自我的位置和价值。新生代乡村教师中女性教师占据了很大的比重（武晓伟、郑新蓉，2015：86—92），在职后的身份调试中，"教师"与"女性"两者之间的角色冲突在新生代乡村教师的职后身份调适中成为突出问题。

1. 我是女性：要以孩子为重

"为了孩子……"走访中遇到的女性新生代乡村教师都曾说过这句话。女性要以家庭和孩子为重，这一传统性别分工在当地仍然根深蒂固。调研中9所学校校长都为男性，究其原因，如同G小学的校长所言："我是男的，不像女的有了孩子以后，都要照顾孩子。"

张丽谈及自己因为工作关系而造成在孩子的成长过程中的缺失，神色凝重："孩子半岁断奶，我就去上班了，孩子一睁开眼就看不到我。所以，每天清早起来都要哭一场。现在三岁了，上幼儿园也哭。清早起来看见我，哭着不让我走。孩子没有安全感，我们也不能因为他哭几声就不去上班。孩子的性格内向，都是因为我们不能照顾他。"她的老公也在乡镇工作，对于两个人谁回去照顾孩子的问题，受女性"主内"的惯习驱动以及女性天然的母性气质，她自然是首要人选。

在 G 小学的教师办公室，笔者见到了一位带着孩子和老人一起上班的女教师。不到 10 平方米的办公室有 8 位老师办公，加上孩子和老人，显得比较拥挤。不到 7 个月的孩子在这狭小的空间内急得哇哇大哭，不得已老人抱着孩子到近 40℃的校园溜达。因为孩子的哭闹，这位老师没有时间接受我的访谈，但在为数不多的交流中，她多次流露出对工作和孩子不能很好兼顾的焦虑与无奈。这种情况非常普遍，多数新生代女教师都有过这样的经历，对于她们而言，如何顾及孩子又不耽误工作是一件异常艰难的事情。

"女人并不是生就的，而宁可说是逐渐形成的。"（西蒙娜·德·波伏娃，1998：309）男性、女性的二元对立是父权制、男性话语霸权的产物（刘霓，2001：52—57）。在家庭的角色关系中，女性，特别是身为母亲的女性，受自身母性气质的驱使及传统性别观念的影响，要为家庭和孩子付出更多的精力。小杨的家在 S 县的另一个乡镇，当我问及如果有机会调走，要回家乡那边的学校还是去县城？她亦毫不犹豫地说："去县城吧，以后（有了孩子）总还是要去的。"秋霞、小朱、佳佳等未婚老师，亦是相同的回答："以后为了孩子，总还是要回去的。""闺女家（没结婚的女性）无所谓，吃饱不饥挣个工资，一旦结婚有孩子，总要以孩子为重的。"男性可以广交朋友，而女性"若无家庭则什么也不是……"（马捷莎，1993：23—24）女性，由于本身的性别特征，在其成长过程中要面临更为复杂的自我与外部环境的冲突，在日常教育实践中的矛盾也更为突出。

2. 作为教师：想管却管不了学生

教师活在师生关系之中，学生对教师的信任、尊敬以及学业上的进步，影响着教师对自我身份的认知。在乡镇完全小学及初等中学，随着学生年龄逐渐增长，青春期到来，祖辈的溺爱、父母关爱缺失所造成的影响开始在"乡村留守儿童"这个特殊的群体身上显现。

"学生老孬（不好、不懂事、不听话）"，这句话有多位老师不断提及，"老师的车在校门外停止，有学生去把车划得一道一道的。""有学生不认真听讲，老师说一句，他就站起来跟我们嚷嚷。""有能力的家长都把孩子送到县城甚至市里去上学，剩下的生源质量都不行。"在与多位老师的交流中，学生的不懂事、叛逆与家校沟通问题，已经成为他们最大的工作压力。"农村的家长都不管孩子，更不管孩子的成绩，有的家长都直接跟我说'俺家孩子你别管了'。"自己的用心付出，并未得到学生及家长的理解，用张丽老师的话说："天天在这里，孩子在家我管不了，学生又调皮捣蛋不听话、家长还不讲理，煎熬。"

尽管这些年轻的乡村教师在师生关系建构过程中遭遇困难，但他们出于母性关爱、教育希望与职业责任仍然在不断尝试与学生建立"替代父母"关系。G小学的张丽老师义愤填膺地数落完学生的种种叛逆行为，紧接着便无奈地说："在社会上干啥都要学历，我们自己也有孩子，想着农村的孩子老可怜。""我们都可钻劲儿（努力），我们值周（寄宿制学校的教师要定时值周，即在学校值班一个星期不能回家）的时候每天晚上都给学生补课补到八九点。""我跟他们说为啥给你们补课，老师们不会因为给你们补课就多拿工资，想走出去，上学是你们唯一的出路。"母亲和教师，两个角色间的冲突，是新生代乡村女性教师的身份认同建构中最为明显的阻力。自我活在与他者的关系之中，"人以他者的眼睛来看自己"（拉康，2001：408），在与他者的关系互动中进行自我的价值确认。在乡村任教的女性教师，由于交通问题无法在家庭关系之中实现自己身为母亲的角色价值，而与学生间的关系建构亦同样出现问题，两种角色之间的关系冲突，使得自身无法获得统一完整而陷入身份焦虑之中。

### （三）身份规划中"确定性"的恐惧：现在的"我"和未来的"我"

自我是一个不确定性的存在，正是因为其神秘莫测不能确定，人才有不断追寻自我的激情与勇气。如马克斯·舍勒所言"人是一个动姿性的存在 X，人的位置就在于没有定位和趋于定位之中，这个趋于定位的 X 有如一条生命力的洪流由下而上奔涌……"（马克斯·舍勒，2015：译者序）。而当自我成为一种确定性的存在，当自我失去生命的向上发展的机会与能力，恐惧便会油然而生。

1. 现在的"我"："在村里时间久了，失去了生存的能力"

从高校进入农村，这些年轻教师经历了都市与乡村的物质落差，却发现更为严峻的问题是自己专业成长途径的缺失。新手教师无人带领、培训机会过少、缺乏专业成长指导，使得新生代乡村教师产生与世隔绝、被遗忘的恐惧。

走访中遇到的 20 多位新生代教师，有相当一部分人并非教育类专业毕业，平面设计、服装设计、电子技术等五花八门的职前教育背景，使她们急切想要得到教育教学技能的培训与帮助。参加工作两年的小朱和小杨说："都不需要校长督促，都可钻劲，就是我们这种新老师，主要是不知道咋给学生教好，学生成绩并不好，但是我们已经很努力了。这村里教学，也没有什么培训和比赛的机会，没有人指导，要是在这里时间久了，再出去就感觉生存不下去了估计，所以还是要回县城才行。"J 小学只有秋霞一位正式教师，她和其他 2 位代课教师承担着学校全年级所有的课程。课程表由他们自己制定，课程安排 3 个人"商量着来"。很少有人去他们学校检查，教室的多媒体设备几乎都无法使用，教案也几乎没有怎么认真准备过。S 县实施教师"国培""省培""市培""县培""校培"五级培训机制，全县教师每年基本轮训一遍，但一年中短短几天的培训对教师的知识结构并未产生大的影响。

S 县规定对在乡村校从教 10 年以上的教师给予奖励，在评选表彰先进集体和先进个人等方面向乡村学校、乡村教师倾斜，乡镇及以下学校的教师推荐名额要分别占本地的 60％以上、35％以上。若女教师在农村学校连续任教 20 年、男教师连任 25 年，就可以直接申报职称评审。但是这些表彰激励政策似乎并未对新生代乡村教师产生多大的影响，相较 10 年、20 年后才能收获的荣誉与地位，他们更关注当下及未来的能力发展。

2. 未来的"我"："估计一辈子就是这样"

走访过程中遇到的 20 多位年轻教师，在经历过初次见面的短暂羞涩后，几乎所有人都能敞开心扉面对笔者的交流访谈。笔者能深深感觉到，他们想要倾诉、想要被关注，亦想在与笔者的交流中为自己当下的发展困境寻找突破。在山区深处的乡村从教，对年轻的他们而言，如同被人遗忘、被外面的世界抛弃。虽然在乡村任教至足够的服务年限即可收获奖励与表彰，这些政策带来的不仅有欣慰，亦有自我对未来的憧憬与成长停滞间的挣扎与担忧。

调研期间，新修的公路、翻新的校园、学校文体设备的配置、学生及教师宿舍的不断改进，让笔者深切感受到了国家为乡村教师队伍建设所作出的种种努力。但小朱、小杨、佳佳、秋霞提及自己的未来忧心忡忡："在村子里待的时间久了，各方面能力感觉都会下降。也没有什么培训。培训都先让县城和镇上的老师去。年轻人都不愿意来村里，为了以后，还是要回到城里。在这里能力不能提高，还会下降，估计一辈子就这样了。"

人的生命演进生来就具有不确定性，"自然把尚未完成的人放在世界之中，它没有对人做出最后的限定，在一定程度上给他留下了未确定性"（兰德曼，1988：309），人的朝向是一个无限开放的未来，不断学习新的技能提升自己以面对不确定的未来是人的一种本性，而当周围的环境、制度无法为生命的动姿提供机会，寻找更能激发生命活力的环境便成为人的一种发展本能。

## 四、新生代乡村教师身份认同困境的解构

在以上关于新生代乡村教师身份认同困境的日常呈现中，不难发现孤独、焦虑甚至恐惧的影子。身份认同困境说到底是自我的困境，而自我是建构的结果，因此，解构困境的直接途径便是自我重建（曼纽尔·卡斯特，2006：5—6）。如何进行自我的价值重构，需要外在力量与内在力量的双重交汇，"自我并非一个被外在影响所决定的被动实体……自我的认同机制，一方面由现代性的诸多制度所形塑，另一方面也同时形塑着现代性诸制度本身"（安东尼·吉登斯，2016：2）。吉登斯的结构化理论中，结构具有约束性，同样具有使动性，而结构中的个体能动是自我认同建构的机制。因此，外部政策环境的支持与教师内在自我的能动，两者相互调适与促进，才能使得新生代乡村教师走出当下的身份认同困境。

### （一）外部政策的生命性关怀

认同能够从制度中产生，但只有将之内化，并在内化过程中建构其意义的时候，才能够成为认同（曼纽尔·卡斯特，2006：5）。对新生代乡村教师的政策激励多停留在物质层面，然而这些进入乡村的年轻人与传统乡村教师相比有着更为强烈的精神需求，他们虽然大多出生于农村，却在都市求学，已无法再将自己定位成一个农村人。"离农"的城市化倾向使得多数新生代乡村教师入职时抱有功利性目的，而在入职后遭遇的师生关系建立的困难、家庭与工作关系的抉择失重、专业自我成长途径的缺失等情况，导致新生代乡村教师自我价值感的迷失，他们认为在乡村任教难以实现自我价值。因此，想要解决新生代教师在乡村"留不住"的困境，核心问题是帮助他们进行自我价值的认同与确立，外部政策的制定在保障物质激励的基础上，需要深入新生代乡村教师的内在精神需求。有研究曾对"最美乡村教师"的事迹进行分析后发现，这些老师都是"主动入职"，进

入乡村，深厚的乡土情感、高度职业认同是他们的共同特点（李斌辉、李诗慧，2018：25—33）。因此，想让这些进入乡村的年轻教师"留得住"，首要问题便是其乡土情怀的培养，使他们能够再次了解乡村、融入乡村，能够理解乡村教师这一社会身份在乡村教育发展、乡村振兴中的重要作用和意义，将乡村从教作为一种自我价值实现的途径和机会，而不仅是一种求得生存的工具。

新生代乡村教师中女性占据比较大的比重，但是走访的乡村学校中却从未见到一个女性校长，职场中的玻璃天花板效应及男性的刻板印象在乡村女性教师的职业生涯中表现更为明显。受传统社会性别观念的影响，新生代乡村女性教师在家庭和职场中仍然遭遇父权制的话语霸权，"女性要以家庭和孩子为重"的传统性别文化与"教书育人"职业准则间的冲突无时无刻不困扰着她们的教学与生活。

女教师的天然女性气质本应是她们的本性优势，乡村留守儿童的情感需求更加需要她们的母性关怀，但当问题学生过多，且当矫正学生的不良行为习惯变成一种硬性的考核指标，便给她们造成极大的工作压力。如佳佳所言："我用真心去矫正一个两个问题学生可以，让我去矫正一二十个，任我是神仙也做不到啊。"且乡村学校大多距离县城较远，周末及节假日教师们才能回到家，初为人母的女性教师大多长时间与年幼孩子分离。师生关系建构困难、学校制度缺乏人文关怀、深处乡村的孤独感、对孩子与家庭的愧疚影响着新生代乡村教师的职业幸福感。因此社会文化要尝试消解传统的社会性别观念，政府和学校的政策制定需要更多地站在女性主义的立场，从生存论的角度关注乡村女性教师的现实困境，为其提供更多的人本关怀与支持。

## （二）教师自我内在性力量的生成

如果自我是空的，那么周遭的任何变动都会给人带来自以为不能承受的生命之痛。自我意识是人不同于动物的独特标志，是人的自由赖以存在的基础。人们需要在内心深处去寻找力量源泉和价值目标，发现能够抵抗不安全感的方式，学会面对自身的不安全感和个人危机感，并将它们派上建设性的用场。因此，在新生代乡村教师身份认同建构过程中，教师自我的内在力量不可或缺。

新生代乡村教师的招录渠道多元、职前教育背景复杂，知识结构的匮乏使得他们在新手期的专业身份适应困难。他们将大量的精力放在对师生关系、教学方法的摸索与试探上，在乡村任教没有老教师带领，更使其对当下及未来的专业成长感到迷茫又无措，害怕留在乡村自身专业水平得不到提升。而针对乡村教师的职后培训资源相对匮乏，且以教学知识、教学技能提升作为重点的教师培训收效甚微。国外有学者通过大规模样本调查发现，教师通过培训所获得的知识若没有再次干预，37天内就会消失，且通过暑期培训获得的知识流失更快（Liu、Phelps，2019）。因此新生代乡村教师的成长重心更应转向其专业自我的形成与发展。

教师的发展归根到底是教师的自主发展，"没有教师的个人发展，就没有教师的专业发展"（周淑卿，2006：1）。专业自我是教师专业成长的动力之源，不仅促使其对自身当下专业发展状态进行省察、对未来专业成长进行规划，更是其对自身专业成长瓶颈的突破与付诸行动的内源性基础。而教师阅读、教育叙事、教学反思、行动研究等皆是教师专业自我形成的途径和方式，在阅读、反思、叙事、行动的过程中，"教师的自我意识被重构，在现实的边缘拓展发展的可能空间"（陈向明，2010：26－32）。因此促进新生代乡村教师专业发展的重点应从教学知识与技能的培训，转向教学反思及教育叙事的撰写习惯养成、对教师阅读的鼓励和重视、对教学行动研究意识的培养等，从单纯的外部激励转而关注其成长的内在向度，从而促进新生代乡村教师的专业自主成长。

新生代乡村教师的流动、离职问题是当下乡村教师队伍建设所面临的棘手且迫在眉睫的难题，外部的政策激励能够让他们"下得去"，却难以让他们"留得住""教得好"。作为我国乡村教育振兴核心力量的新生代乡村教师，他们的合理身份认同是解构当下乡村教师队伍建设难题的关键所在。因此需要更深入地关注他们的内心、倾听他们的声音，培养乡村教师的自我反思及身份认同，帮助其将个体价值与社会价值进行统一，才能走出"下不去、留不住、教不好"的现实困境。

## 参考文献：

安东尼·吉登斯，2016，《现代性与自我认同：晚期现代中的自我与社会》，夏璐译，北京：中国人民大学出版社。

安东尼·吉登斯、菲利普·萨顿，2019，《社会学基本概念》，王修晓译，北京：北京大学出版社。

查尔斯·泰勒，2001，《自我的根源：现代认同的形成》，韩震等译，南京：译林出版社。

陈向明，2010，《教育叙事对教师发展的适切性探究》，《教育研究与实验》第 2 期。

冯增俊，2005，《教育人类学教程》，北京：人民教育出版社。

胡万钟，2000，《从马斯洛的需求理论谈人的价值和自我价值》，《南京社会科学》第 6 期。

黄晓茜、程良宏，2019，《城乡张力间的彷徨：乡村教师身份认同危机及其应对》，《当代教育与文化》第 4 期。

金志峰、阳科峰、杨小敏，2021，《乡村教师如何才能下得去，留得住？——基于离职倾向影响因素的实证分析》，《教育科学研究》第 8 期。

拉康，2001，《拉康选集》，褚李泉译，上海：上海三联书店。

兰德曼，1988，《哲学人类学》，阎嘉译，贵阳：贵州人民出版社。

李斌辉、李诗慧，2018，《新生代优秀乡村教师主动入职动因与启示——基于全国"最美乡村教师"事迹的质性研究》，《教育发展研究》第 20 期。

蔺海沣、赵敏、杨柳，2019，《新生代乡村教师角色认同危机及其消解路径》，《中国教育学刊》第 2 期。

刘霓，2001，《社会性别——西方女性主义理论的中心概念》，《国外社会科学》第 6 期。

马捷莎，1993，《人的社会价值与自我价值关系辨析》，《哲学动态》第 2 期。

马克斯·舍勒，2015，《人在宇宙中的地位》，李伯杰译，贵阳：贵州人民出版社。

马维娜，2003，《局外生存：相遇在学校场域》，北京：北京师范大学出版社。

曼纽尔·卡斯特，2006，《认同的力量》，夏铸九、黄丽玲等译，北京：社会科学文献出版社。

孙冉、杜屏，2023，《工作特征与深度贫困乡村地区新教师的离职倾向：基于中国特岗教师的分析》，《教育科学研究》第 3 期。

容中逵，2019，《新时代乡村教师发展的逻辑起点》，《教育发展研究》第 20 期。

王艳玲、闻正梅、张慧，2022，《乡村教育离职意愿的实证分析——基于云南省 5342 位乡村教师的调查》，《教师教育研究》第 5 期。

武晓伟、郑新蓉，2015，《我国农村中小学教师性别结构的女性化——基于河北、云南、贵州三省的调查分析》，《教师教育研究》第 3 期。

西蒙娜·德·波伏娃，1998，《第二性》，陶铁柱译，北京：中国书籍出版社。

赵鑫、谢小蓉，2020，《从"在乡村从教"到"为乡村而教"：我国乡村教师身份认同研究的进展及走向》，《当代教育与文化》第 1 期。

郑新蓉等，2015，《中国新生代乡村教师调查》，《中国教师报》9 月 9 日。

周淑卿，2006，《课程发展与教师专业》，北京：九州出版社。

Hong, J. Y., 2010, "Pre-service and Beginning Teachers' Professional Identity and Its Relation to Dropping of the Profession", *Teaching and Teacher Education*, Aug.

Liu, Shuangshuang & Phelps, Geoffrey, 2019, "Does Teacher Learning Last? Understanding How Much Teachers Retain Their Knowledge after Professional Development". *Journal of Teacher Education*. Nov.

## A Field Study on Identity Dilemma of the
## New Generation of Rural Teachers

### Fu Weiwei

**Abstract:** The identity crisis has become the root factor of the new generation of rural teachers' migration to cities. Through a four-month fieldwork in a mountainous county, it is found that the identity dilemma of new rural teachers is manifested as the loss of value in identity acquisition, the identity anxiety caused by role conflict in post-employment identity adjustment, and the fear of "certainty" in self-identity planning. The key to solve the dilemma is to help them reconstruct their self-value, which needs the "life-nature" care of external policies and teachers' inner strength.

**Keywords:** new generation of rural teachers, teacher identity, identity dilemma, field study

经典选读

# 诺苏现代化进程中的得与失

## ——评《我的凉山兄弟：毒品、艾滋与流动青年》

付　璇[①]　胡啸天[②]

**摘要**：《我的凉山兄弟：毒品、艾滋与流动青年》是一本展现凉山地区彝族青年经历社会变化的人类学作品。凉山诺苏在现代化进程中的挣扎与探求，展现了诺苏青年以及诺苏社会在整个现代化转型中的脆弱现实。本书综合使用了大量的生活实地调研和个人访谈材料，结合诺苏社会在近代以来的社会文化变迁历史，进行了通贯的分析。笔者结合自己的生活经验和家族历史，尝试在阅读本书的基础上，提供一个另类的局内人的内观与反思。诺苏社会的变革，既是社会整体发展中边缘社区的不断再造，也与诺苏社会内部文化发展之间有着密切的联系。本书的田野研究结束之后，诺苏社会发生着新的变化，凉山诺苏在整个国家生活中的再发现，也值得新的反思。

**关键词**：现代化　民族文化　田野研究　诺苏

天将亮未亮，房屋零零散散地落在半山腰，村落中炊烟袅袅升起，慢慢地融合进泥土的芬芳。牧羊人披着羊毛毡，头顶天菩萨，左耳戴着耳

---

①　付璇，上海海关学院本科生（925785124@qq.com）。

②　胡啸天，上海海关学院讲师（huxiaotian@shcc.edu.cn）。

坠，一手捏着旱烟杆子，一手甩着自己做的鞭子，他要将羊儿赶到山那头的小河边去。歪歪扭扭的老树下，老阿妈穿着百褶裙坐在大石头上，裙摆糊上了山路的黄泥。她起了个大早，为身旁的孙子掖了掖被角，在屋里的火坑中支起火堆，煮了一锅酸菜汤，又往火堆里扔了两个洋芋。她佝偻着腰，颤巍巍地走到院门旁的老树下坐下。妇女们背着高出自己半个头的柴，扎堆嬉闹着，从蜿蜒的小路下山回家，跟路旁的老阿妈问好。老阿妈看着她们模糊的背影，看着那看不见的小路尽头，小路通往山下，通往西昌、成都，通往全世界。黎明已至，却道不尽相思长——她何时才能在这条小路上看见亲人归来的身影？

这里是大小凉山，是中国彝族最大的聚居区，是中国艾滋病、海洛因双重重灾区，也是《我的凉山兄弟：毒品、艾滋与流动青年》的田野点。我是"凉山兄弟"的一分子，经历着二十年来凉山的变化，也同样目睹了"凉山兄弟"的故事。

作为一名接受高等教育的诺苏女孩，《我的凉山兄弟：毒品、艾滋与流动青年》是我接触到的第一部深入凉山深处的实地研究（刘绍华，2015：1—3）。读完这部作品，我不仅对作者刘绍华肃然起敬，同时对民族文化、研究调查工作和国家治理方面都有了深刻的反思。

## 一、诺苏社会的反思："耍"、艾滋病与禁毒工作

我还很小的时候，和我的汉族小伙伴们一起玩耍。每每天黑大人来寻小孩时，他们便会用惊悚的语气恐吓小孩道："快走快走，老蛮蛮来啦，再不回家就把你抓到山里去！"我那时小，并不知道"老蛮蛮"是什么，父亲来接我时，我急忙拉着父亲的手往家里赶，嘴上嚷嚷着："爸爸快回家，老蛮蛮来了。"父亲愣住了，哭笑不得地蹲下问我从哪里听来的，他说："别人叫我们诺苏老蛮蛮，你不可以这样说。"那是我第一次接触到别

人对诺苏略带鄙夷的称呼。后来上小学，有的汉族小孩和诺苏小孩发生争执时，指着诺苏小孩说他是"老彝教"，我不明白"老彝教"是什么，听起来落后，像邪教，不喜欢这个称呼。再后来长大一些，我跟爸爸去西昌或成都时，会看到有的店铺玻璃橱窗上张贴着"彝族与狗不得入内"的纸张，去住旅馆时，前台服务员会在看了父亲身份证过后拒绝我们入住。

小时候生活在家支环境下，被诺苏文化渲染着，对自己的民族文化感到骄傲，瞧啊，我们有摔跤骑马的勇士，有聪明能干美丽的阿姊阿妹，有诵经祈福的毕摩，有漂亮的百褶裙，有动人的诗歌，有……那时候不知道诺苏在现代化进程中经历了什么，更不知道外面的世界和诺苏地区发展的差距，所以并不明白为什么会有民族歧视的现象发生，有时还对这样的"偏见"义愤填膺。

大多数人认为老凉山都是"poor-dirty Nuosu"，他们酗酒，吸毒，打架，脏。这在过去应该是大部分人的固有印象吧。当然，也有的人会在接触过诺苏后跟别人讲："诺苏同胞热情好客，诺苏女孩能歌善舞，还有他们的坨坨肉，哎呀真是绝了！"这并不能改变人们对诺苏的刻板印象，也不能改变老凉山地区诺苏穷、脏、吸毒、深陷疾病烦恼的事实。

诺苏社会是在与其他民族关系不断重构的过程中不断发展的。诺苏与汉族的矛盾早在诺苏社会是奴隶社会时就存在，诺苏地主常下山抓汉族或其他民族上山做奴隶，或者进行奴隶交易，我的外婆出嫁时还有两个陪嫁丫鬟，也就是说 20 世纪 50 年代末诺苏奴隶社会还没有完全解放。因此 21 世纪初凉山地区的其他居民间还流传着老蛮蛮下山抓人的戏言。诺苏地区的改革一直处于被动状态，是被动现代化的过程，且其现代化进程相对滞后。

西南地区的社会改革之前，凉山的诺苏一直处于中自主生活的部落状态。罂粟的种植，并非是诺苏由来已久的生产经营方式，而是从 20 世纪初逐步发展，并被赋予"社会上层地位"的象征。鸦片贸易为诺苏地区带来的经济利益，使其有能力在周边地区进行武装掠夺。但诺苏社会内部仍然是森严的等级制度，诺苏与外界有贸易往来与交流，但现代性从未"入侵"诺苏社会内部，直到改革时期，社会改革推翻了诺苏传统的等级社会，促进了诺苏社会的团结统一，在诺苏地区建立起新兴产业，并在诺苏地区建立起诺苏对现代性的渴望，于是，对现代生活的渴望与男子气概推动了诺苏向现代性社会迁移（刘绍华，2015：71—75）。

一开始，诺苏进城只是为了"耍一耍"，并没有明确的目标。因诺苏的尚武精神，在面临新环境时，他们更倾向于"冒险"，展示出自己"勇敢"的一面（刘绍华，2015：75—77）。从山区走到令人眼花缭乱的大城市，他们就像青春期懵懂而叛逆的少年，谁敢吸上一口香烟就是"勇士"。诺苏是一个"好面子"的民族，因"鸦片"被认为是"地位"的象征，而刚刚摆脱了等级社会的诺苏，还没有摆脱这种观念，故而在大城市中，"海洛因"替代了诺苏原来心目中"鸦片"的位置。在"面子"和"男子气概"的驱使下，诺苏开启了一场"边缘化行为"的冒险。

诺苏的"耍"，因为诺苏汉语欠佳，外出日常生活中的交流都成问题，更别提在比较发达的汉族地区谋一份差事了。他们对外面的世界充满向往，被新奇的世界迷得眼花缭乱，却格格不入，难以融入现代化社会，没有一技之长和机遇，更难以在大城市立足。但在一个新的地方，无依无靠，总要生存的，能怎么办？偷！有人说"偷汉族的不叫偷"，这可能跟诺苏与汉族的历史矛盾有关（刘绍华，2015：77—78）。此外，在汉族社会，诺苏逃离了家支的约束，更倾向于做出边缘化行为，民族间的矛盾，也因此成了诺苏为自身不正当行为所找的理由。

诺苏年轻人的"耍"，也引发了留守老年人的担忧。诺苏到大城市"耍"，将此视为一次冒险，且边缘化行为居多，"偷"是在无法立足于现代化社会的前提下产生的边缘化行为，是诺苏在无约束的情况下的"冒险"，并且武力掠夺的男子气概合理化了这一行为（刘绍华，2015：83—88）。但是，诺苏同样是一个文武并重，讲究"礼"的民族。老一辈诺苏，十分重视后辈的品行，因此，边缘化行为引发了留守老人的担忧，在外漂泊的诺苏因偷窃、吸毒进监狱时，留守家乡的老人同样会痛心疾首，流下悲伤的泪水。论语中有言："父母在，不远游，游必有方。"寻常父母尚且为远游的子女担忧，更何况大山中不知世事的留守老人呢，诺苏社会中的诺苏青年的"远游"面临着更大的风险：偷盗、吸毒、传销、染上艾滋病……染上毒品和艾滋的诺苏青年，有的回到家乡，为家庭增添负担，老人们面对心爱的子女，在疾病和毒品的双重打压下束手无策；有的客死他乡，对于注重婚丧仪式的诺苏而言，这无疑是沉重的打击（刘绍华，2015：88-94）。我回到老凉山地区的外婆家，一路上都贴满了防毒防艾的标识。家支聚会时，大人们会语重心长地说：木噶死了，吸毒死的。家里还有两个小孩……或者悄悄说：隔壁那家也吸毒，猪都卖光了，就差把房子也卖了……公安局门口贴着的通缉令大多都是熟悉的少数民族名字，妈妈说得最多的话就是不要碰到别人的血。听到身边的人吸毒或是身患艾滋，早已见怪不怪。老一代人仍然会一脸担忧，盘算着抽时间去看望，艾滋在他们心中并未污名化，那些染上艾滋的，仍然是他们心爱的后辈。

在以前，交通和通信都不发达的年代，诺苏聚居在凉山盆地里，形成了自己的小小社会，外面的世界已经开始变得越来越繁华，凉山有的地区仍旧"而无车马喧"，现在有的极度贫困的地区可能亦是如此。

2019年，我在一次扶贫活动中刚好拜访了一户住在深山里的贫困人家，住在深山林里，三间土房、两头猪、四五只鸡就是这户人家的全部财产。家里不通电，年老的阿普阿嬷（爷爷奶奶）支起火盆，杀了一只鸡，为我们煮了一锅鲜美的鸡汤，山里五六摄氏度的气温，两个小孩穿着又脏又薄的衣服在院中玩耍，含在嘴里的糖果掉到地上了捡起来继续吃，阿普阿嬷不让小孩与我们共同享用鸡汤，我姨父把鸡腿递给小孩，小孩却被阿普大声呵斥，他们怕客人不够吃，等我们吃完了，才把小孩叫到又脏又乱的厨房享用。当我姨父把资助款和资助物资给阿普时，阿普哭着想要跪下来，他家儿子吸毒，三十岁不到便因艾滋去世，儿媳贩毒进了监狱，家中没有人能维持生计，走路都颤巍巍的阿普担起了家中的全部活计。

凉山吸毒家庭有一种普遍的现象，越穷越吸，越吸越穷。越贫困的家庭，学习到的知识越少，医疗认知越低。从前，诺苏认为"鸦片是地主吸的"，毒品是一种"地位和勇气的象征"（刘绍华，2015：38）。如若不知道毒品的危害，就更容易接触毒品，以及错误使用毒品。吸毒成瘾后，毒品昂贵的售价对原本就贫困的家庭来说无疑是雪上加霜。

诺苏对于毒品的认知经历了从权力象征到危害健康的转变。我祖母曾说：地主吸了鸦片烟，躺在床上力气也没有了，我们不要碰，碰了还怎么干活。也就是说毒品从"有钱有权"的象征向"危害品"逐渐转变，如今在先进村落中，毒品已经成了人人嗤之以鼻的东西。由于时代的改变，诺苏逐渐把子女送到大城市读书学习，年轻一代受过教育的诺苏明白了艾滋的危害性，他们向家人传递这一信息，没文化的诺苏人民也逐渐明白了艾滋的危害，艾滋传播方式之一的性传播尤其触及了诺苏人民的性禁忌，有的彝族甚至对艾滋患者避之不及。艾滋的污名化，虽然对艾滋患者有不利影响，但对诺苏社会的禁毒工作有着促进作用。

凉山地区禁毒工作的有效开展，也与扶贫工作的突破性进展密切相关。过去的诺苏人民"无知落后"，导致诺苏地区边缘化。实质上，在一个封闭群居的空间，没有有效的介入，人们就没有办法适应当今时代的发展。如今扫黑除恶，反腐工作顺利开展，财政信息与公共信息比过去更为透明，凉山不论是改革发展工作，还是艾滋筛查等工作都更为规范、严肃、认真，不再流于形式。凉山地区逐渐建立起了新产业，扶贫小洋房、经济适用房也拔地而起，经济条件的改善使诺苏地区现代化更进了一步。不得不说的是，国家代理人逐渐意识到地方文化的重要性，扶贫工作者大多为当地善良可靠、有声望有地位的诺苏，由这些基层工作者去游说、劝导山中的贫穷居民开展新产业或者下山开启新生活更为有效，如此一来，就不用其他外来的基层国家代理人与当地人民重新建立起伙伴关系了。其次，利用诺苏传统文化开展旅游业，不仅为诺苏带来了新的工作岗位，让别人了解诺苏文化，诺苏也能够重拾民族自信（刘绍华，2015：177—

180）。扶贫成就了诺苏地区的现代化，诺苏外流时便不会像古代人穿越到现代那般无所适从，边缘化、非正常行为也就大幅降低。

扶贫工作的有效开展，体现在教育工作上。教育工作者在领导的监督下，到每一家每一户进行辍学儿童返学动员工作，这有利于促进社会平等和诺苏的教育程度的提升，从根本上让诺苏从"落后无知"向"学习进步"转变，让更多的诺苏社群能够适应现代化进程与全球化。当诺苏知道自己处于一个更大的社会群体，由范围更广的社会规范约束时，就不会因《我的凉山兄弟：毒品、艾滋与流动青年》中提到的那些原因做出非正常行为了（刘绍华，2015：68－70）。就"成人礼"（有的诺苏青年将吸毒视为成人礼）来说，在如今这个民族大融合、开放包容的时代，当诺苏意识到自己处于社会平等状态下，对法律、毒品、艾滋有一定了解，在家支文化的渲染下，就会降低边缘化行为的可能。

另外，医疗进步使艾滋的防御和治疗工作有所改善（刘绍华，2015：196－200），现在凉山大部分地区在大力开展艾滋卫生教育讲座，由领导对卫生基层人员进行演讲，再由各个地区的医疗卫生人员在村落、学校等进行教育宣传。卫生教育是防毒防艾的重要举措，由于现代化进程的加快和财政公开透明，卫生教育得以顺利进行。然而凉山依旧是艾滋病重灾区，我随医疗人员去进行艾滋抽血筛查时，发现一些有趣的现象。首先，艾滋筛查是秘密进行、非强制的，每有一个人打完新冠疫苗，就会被拉到我们这边抽血，称之为"体检"。试纸条就打开放在一边，上面有很大的"HIV"字样，但几乎每个人都会问查的是什么，少有人会认出是艾滋筛查，可见卫生教育有待提高。也有一些人在识破之后沉默不语，在一旁等待结果，知道是阴性之后才放心离开，这大抵是艾滋污名化的原因。其次，为了完成政府指标，医务人员只能拿担心自己身体健康、不识字、听话的老年人下手，可是七八十岁的老年人是艾滋患者的主要群体吗？如果我是一个吸毒人员，担心自己身份暴露，我可能会与这样需要登记信息的医疗活动保持距离。因此这样的筛查活动并不能有效反映真实的数据。另外，这样繁琐的筛查活动无疑加重了医疗工作者的负担，医疗工作者为了经济利益随机抽人迅速完成指标，一旦指标完成，筛查工作就不会继续进行，这样繁琐表面化的工作，每天用成千的试纸等医疗资源，无疑造成了医疗资源浪费，给医疗工作者拨的款项也与筛查成果不符。然而因为利益的存在，医疗卫生人员乐于做这样的工作。我认为，艾滋筛查的工作还需进一步改善提高，至少应该使公共收益大于公共成本。

与外界接触便利化，同样有利于诺苏的现代化。从前，诺苏住在狭小的盆地地区，不知道外面的世界是什么样的，而现在智能手机的普及使没有走出过凉山的诺苏也能通过抖音、微博等手机应用软件看到外面的世界。除了特别贫困的诺苏，大多数诺苏都能时刻关注凉山、中国甚至是世界的改变。在这一次，诺苏没有成为科技进步的漏网之鱼，高速公路、高铁等让诺苏走出凉山更方便了，去到大城市变成了多么容易的事情，对于大部分诺苏来说，这不再是一场"冒险"，而只是一次"旅行"。

近年来，精准扶贫工作为凉山带来了机遇和财富，为凉山的发展指明了新的方向。凉山的现代化进程在脱离贫困的道路上大大加速，正如田洪元先生写的那样——一张贫困的面相，正在脱落积压千年的风霜……（田洪元，2019：7－8）

《我的凉山兄弟：毒品、艾滋与流动青年》中引用保罗·法曼在分析海地村落的艾滋疫情时，提出的一针见血的质问："艾滋究竟是病毒还是贫穷引起的？"（刘绍华，2015：21）作为疾病的艾滋，当然是由病毒引起的，不过，就诺苏地区来看，艾滋病毒也是一种社会问题，艾滋实际上可以说是由"贫穷"引起的。贫穷，是凉山深陷疾病烦恼的根本原因。凉山地区在中国现代化进程中陷于贫困与落后的深渊，正如刘绍华所言：一方面，他们是新一波现代性的实验品，在社会转型时显得特别脆弱、更为艰苦；但另一方面，现代性也拓宽了他们生命视野的地平线，提供了更多的机会，这一切也是他们渴望拥抱的新生活。诺苏渴望新的生活，但发展相对滞后，在现代化过程中，他们是积极的行动者，但不是完美的行动者。

于是，诺苏现代化便成为一种博弈，"在迈向现代性的过程中，他们可能是输家，也可能是赢家"。输家或摒弃不了过去的观念，过着原有的生活，或迈向现代化中的"边缘地带"——吸毒、盗窃。在某种意义上，他们是"现代化"的牺牲品，是无辜的受害者，而非无恶不作的恶棍、瘾君子……赢家或许成功迈向现代化，过上了现代化的生活，然而仍在民族习俗信仰与现代化之间苦苦挣扎。赢家注定只能是现代化的赢家、民族文化的输家。

## 二、现代化进程中的失落：凉山地区的文化冲击与文化流失

诺苏禁毒过程中，现代医学的知识不断深化并进入凉山地区。彝族有歌词这样说：那高处五彩斑斓的云端上，祖先们是否盘坐其上，若祖先在其上盘坐，就让心乘风，去追寻祖先的智慧，去聆听父辈的教诲。彝族认为祖先去世后会前往圣地，会一直保佑自己的后辈，给予后辈警示与提示。而毕摩、苏尼便是能与祖先交流的人，能传达祖先的意愿，诺苏相信祖先魂魄的存在，自与科学至上的观念相悖。

我的奶奶就是"成功"经历了现代化洗礼的一个人，她是现代化的"赢家"，却也一直在挣扎。她的屋子挂满了毛泽东画像，她的信仰变成了毛泽东主席，她剪掉了长长的秀发，脱掉了百褶裙，变成了干练的革命先锋，村支部的妇女主席，带头反封建。小时候，我从小伙伴那里听来了鬼故事，就讲给奶奶听，奶奶不屑一顾，斜眼睨着我说：世界上根本就没有鬼。等她年纪老了，却声称自己的老屋里有两个"石扎鬼"（诺苏的一种），半夜拿着衣服在空中挥来挥去。正如刘绍华在遇"鬼"后，警察呵斥她不要传播谣言，听到是黑彝鬼之后却又喃喃自语一般（刘绍华，2015：3—10）。你经常能发现诺苏人民在面对现代文化冲击时的纠结，奶奶现在还能喊出革命时期反封建反落后的口号，但每每我出远门，她却都

要在我的耳后夹一支艾蒿，诺苏认为艾蒿能驱鬼保平安，因而艾蒿存在于很多毕摩仪式。我小时候高烧不退时，我的奶奶把我包在被子里，拿着手腕粗的棍子拍打我，嘴里念念有词，妈妈看到了，生气地骂奶奶封建迷信，转身却把我带到会念经书的外公那里做动物祭祀仪式。我的父亲是一名人民教师，我小时候和小伙伴玩躲猫猫，父亲还会跟我讲起他小时候玩躲猫猫在山上遇鬼的事儿，还会跟我讲很多做迷信驱鬼的种类，会在每一次杀鸡时看鸡舌头是否预示着好运（诺苏会在每一次杀牲畜时，看其身上某个部位是否长得符合一定标准。诺苏认为祖先会将凶吉体现在这些东西上面）。这样啼笑皆非的事例还有很多，诺苏在进入现代化社会时，很多诺苏文化都变得难以解释，但诺苏又不愿意在汉化的浪潮中失去自己的文化，于是很多信仰不那么坚定了，诺苏本身也在现代化和民族文化之间纠结徘徊。

无论是哪一种文化，在现代化进程中或多或少都会有所流失，这是历史之必然。时间的齿轮转动着，我们朝着一个方向不断前进。虽然在一开始，大凉山的诺苏进入到从未感知过的现代化城市社会时，固有的传统文化无法应对新时代的浪潮，其中有现代化的赢家，也有现代化的输家。但是，随着时间的变迁，诺苏社会同样变得越来越"现代化"。尽管这个过程是漫长的、是与理想有所偏差的。在深陷艾滋病、海洛因的双重深渊的同时，现代化为诺苏带来了财富、机遇、教育、医疗保障……诺苏有更多的机遇拥抱世界，他们得以前往全国各地，过上更好的生活。于是，诺苏文化面临着巨大的危机。去往更宽广的世界导致诺苏脱离了家支的束缚。民族大融合使诺苏有更多机会接触到汉语，汉化进程大大加速，毕摩越来越少，会讲诺苏语的诺苏后辈越来越少，科学至上的观点使做迷信、祭祀等活动在有的诺苏家庭也渐渐消失，快速的生活节奏让诺苏省去了繁琐的传统礼节……文化的流失在书中也有所体现，书中有一个毕摩在外面的世界游了一圈后，不愿意拘束在小小的凉山做一个只能诵经祈福的毕摩（刘绍华，2015：150－156）。接触了外面的大千世界，在经历了一番挣扎之后，不少诺苏更喜欢"现代化"的生活，不愿意再回到他们所居住的山村，逐渐放弃自己的习俗和语言，并且他们觉得这样"挺好的"，虽然开始融入到这个完全现代化的社会里，但正如刘绍华所言："一切坚固的东西都烟消云散了"，如此下去，彝族文化有一天终会消失。

诺苏一首歌的歌词这样唱："想伴随高山上的云雀做个快乐的牧童，却害怕把学习成绩落下了，假如落下了学习成绩，可能会落后于一代人，为了学习成绩想去更远的地方，却害怕有一天忘记自己的母语，假如有一天忘记了自己的母语，祖先的灵牌该挂何处。"歌词体现出诺苏在进步过程中，文化与现代化的冲击。这是每个文化都会面临的问题。费孝通先生曾提出文化自觉的问题——"保人和保文化的问题"。现代化和传统是否永远矛盾？是不是永远也不会有万全的方法，既能保住传统文化，又能确保现代化进程正常运转？

《我的凉山兄弟：毒品、艾滋与流动青年》中，作者给出的良方是：立足当地，通过教育提高下一代人的文化素质，然后自救（刘绍华，2015：207－210）。虽然新的社会发展所带来的变革，如同一艘巨轮，迅速碾碎着诺苏的文化与信念，但并不是无法挽救。我们不妨想象一下，假如诺苏是一个小小的社会，按照其自己的轨迹发展，会是什么样的？在这个小小的社会里，各种产业都按照诺苏特色的轨迹发展，在小孩的课堂上，会有一门彝语课，教彝族后辈彝文，讲述彝族的历史、文化习俗和寓言故事；在人们的家里，从前家家户户大厅里挖的火坑变成了电子火坑，上面画着精美的花纹，彝族谚语"生于火塘边，死于火堆上"，这样的火塘永远都不会灭；在人们的日常生活中，心灵手巧的裁缝阿嬷设计出了带有漂亮花纹的上衣、连衣裙、羊毛毡大衣，融入了新的色彩，它不像现在社会中的彝族服饰那样昂贵，而是每一个诺苏都消费得起的"日用品"，这样，每个人就都能穿着时髦的彝族服饰了，而繁重的正装只需要在重要场合穿；人们重视毕摩文化，虽然生活忙碌，但还是会定期找毕摩来做仪式，于是，城里设立了"毕摩事务所"，这是一个庄严的圣地，收藏着大毕摩流传下的经书，隐居深山的毕摩一听，带着经书来到城里，向"毕摩事务所"投递了一份彝文简历；食品产业逐渐发达，诺苏设计出了麻辣风干牛肉、速食荞粑粑、真空坨坨肉、诺苏泡菜（买五件送精美器皿），把这些美味都"出口"到世界各地；大到诺苏的房屋、街道、火车轨，小到诺苏的包装袋、快递盒，都有诺苏自身的特色；乡下的诺苏住在漂亮干净的小楼房里，用木栅栏围起了成群的牛羊，繁重的农活在器械的帮助下变得轻而易举……当然，以上是我想象出的理想世界，这样的诺苏社会放到现实世界中，需要很大的民族包容性。在迈向现代化的进程中，诺苏文化不流失，就需要把诺苏文化融入发展。如何将二者结合，不仅是国家代理人需要思考的，更是每一个诺苏后辈需要思考并且付诸实践的。这是民族担当，也是民族使命。

## 三、回看诺苏社会：问题外部化与深层次的反思

《我的凉山兄弟：毒品、艾滋与流动青年》一书中，可以看到，近代以来，诺苏长期处于"污名化"的舆论处境。彝族本称"夷族"，民族认定工作中，就已经被打上了"落后的奴隶社会"标签，如今更与另一个污名标签相伴而生，成为"现代瘟疫社会"（刘绍华，2015：110）。在新中国成立初期，为什么其他地区、少数民族聚居区发展得比凉山更好呢？我们目睹了凉山的贫困、无知和落后，鲜有人愿意追溯背后真正的原因。放到全球治理的角度，为什么发展中国家比发达国家贫穷，并不单单是一国国民自身的原因，实际上，一国的发展情况与地理因素、文化因素等一系列复杂的因素密不可分，但最重要的是国家的治理方式，不同的国家根据其历史背景、文化环境因素采用的制度、政策各不相同，是否能因地制宜地采用合适、合理的治理方式显得尤为重要。正如中国治理模式的不断转变，才有了今天的蓬勃发展。放在国家内部亦然，不同地区的地理环境不

同，造就的生活习惯不同，文化习俗也不同。凉山地区发展落后于其他地区的原因有很多，想要一步登天，快速追赶上时代的发展并不是一朝一夕的事，我们应该理性地去分析看待，而非把"贫穷、落后"的原因归结到民族本身。

在后真相时代，互联网技术发达的今天，人们的生活节奏加快，网络上充斥着大量信息，大多数人只是看到了表象便急于评判，甚至会因为表面信息在脑海里留下刻板印象，而不思考信息的真实性以及背后的原因。我在抖音上看到过直播带货的彝族同胞，总是脏兮兮地出镜，并且将自己"落后、脏乱"的生活面貌拍成视频展露在大众面前。诺苏地区的扶贫工作可谓是如火如荼，该百万博主也在视频中展示了政府分配的扶贫房，经济条件并不算差。如果是想把凉山某些地区的贫穷面貌展现出来，引起政府的重视，那完全可以理解，这样有利于政府扶贫工作更好开展。但是，通过互联网获利的方式有很多，作为已经处在"污名化"水深火热中的我们，应该做的是传播诺苏文化，尽量将好的一面展现出来，而非以"凉山的污名"作为流量密码，蹭热点，博取大众的眼球。正如凉山某官方视频号评论的："如果不能给凉山争光，请不要给凉山抹黑。"我们现在最不需要的就是更多的标签。希望凉山的同胞能推出更多的宣传民族文化、习俗的优质视频，选取正确导向的流量密码。作为接受信息的大众，应该客观评判信息的真实性，不做"键盘侠"，不任意给一个民族贴上标签。或许贴标签只是逞一时口舌之快，但是，对于一个民族的发展，其影响却难以估量。

林珊在其书评中提到"将他人污名化可当作将他人区隔"。林珊认为，污名化实际上是区分他者与自我，是阶级不平等的结果，并且污名化常常伴随着歧视的产生（林珊，2019：3）。尽管二十年过去了，在一些大城市，由于诺苏的污名化，仍然存在着民族歧视的现象，许多企业拒绝招聘诺苏，我身边不少接受了高等教育的诺苏二代，因为就业与生活的不便，嚷嚷着想要更改民族信息。诺苏由于污名化，在融入现代化社会的过程中也时常碰壁。并且，诺苏的污名化在一定程度上不利于民族大融合，而民族融合有利于互相借鉴学习，不仅能够促进民族的和谐发展，也能促进国家和谐统一的发展。此外，污名化可能会致使被贴标签者认同自身"污名"，正如利姆乡的艾滋污名化那样，艾滋患者逐渐自觉与他人之间建构起"栅栏"（刘绍华，2015：2），正是一种"污名自我认同"的表现。但是，在诺苏地区的现代化进程中，我们需要的是积极的、具有民族自信的行动者，而非污名自我认同的消极心理。因此，污名化同样抑制着诺苏的现代化进程。想要摆脱"污名化"，不仅需要在理想治理环境下，诺苏通过自身努力融入现代社会，为自己正名，还需要外界理性客观的评价。至于"现代瘟疫社会"的标签，凉山作为艾滋和海洛因双重重灾区，想要战胜艾滋，摆脱骂名，需加快凉山的现代化进程。

正是因为在"污名化"的一个小型社会中成长，刘绍华的《我的凉山兄弟：毒品、艾滋与流动青年》才令我无比动容。我相信，很多彝族同胞同我一般，深知凉山地区所处的深渊，有时甚至会因此而苦恼，却从未思考过背后真正的原因，也不知道如何将诺苏从疾病、吸毒、盗窃、贫穷等深渊中解救出来，直到读了这本书，它引人深思，让我对自己的民族发展有了新的认识。

在诺苏现代化进程的初期，不少诺苏染上毒品，并且因此感染艾滋甚至丧命。在21世纪初期，有超过四成的吸毒者成功戒毒。这些摆脱海洛因的幸存者终于走完了他们的"成人礼"，与其说是吸毒者的成年礼，不如说是诺苏现代化的成年礼，在步入歧途后，诺苏现代化进程步入了"正轨"，或许有时仍会脱离轨道，但至少在推动着现代化的滚轮。

在时代发展的道路上，每一个国家在不同时期都会遇到新的问题，旧的问题解决了，新的问题便接踵而来。对于一个民族的发展来说，亦是如此。凉山吸毒的情况没有从前那么糟糕，但越来越多的诺苏青年到大城市打工谋生，致使农村留守儿童、留守老年人越来越多。另外，民族大迁徙加速了民族文化的流失。新的问题在不断产生，诺苏在通往现代化这条道路上摸索前进着，在拥有的同时也在失去……

任何的理论知识都抵不过看一本书，观摩一场完整、成功的研究所带来的启发多，也只有"目睹"了一个成功的研究者的研究过程后，才明白何为研究的意义，以及如何才能做好一场研究。无论在研究的哪一个阶段，刘绍华都没有带着刻板印象进行研究。在进入田野前，她没有因为当时外界对诺苏的评价而退缩，她也没有被外界的评价所影响。她就像一个对诺苏"一无所知"的拜访者，勇敢地走到田野中央，真实地记录着自己的所见所闻。

在我的阅读体验中，这本书更像是"民族自传"。刘绍华对诺苏的文化习俗的了解是非常全面的，书中讲到了很多诺苏的传统习俗习惯，对其解释也非常准确。她的了解，对诺苏文化的认识，可能比现在的某些诺苏还要多。她不仅单单在讲诺苏边缘化行为，还讲到了彝族成人礼、祭祀仪式、做迷信、换童裙等习俗。从民族特色对民族边缘化行为进行分析，字里行间透露着她所做的准备工作之多（刘绍华，2015：70－72）。这需要耗费大量的精力去学习并接纳大凉山的文化、了解当地的特征，甚至学习地方语言。先撇开大的不谈，光是写彝语时准确地使用彝语拼音，而不使用谐音，就很令人动容了。这不仅是对研究工作认真严肃，也是对民族的尊重。如果只看她写的民族习俗部分，我会以为刘绍华是一个土生土长的诺苏。

作者进入田野的过程也十分特别，因为一次意外"遇鬼"，而受到当地诺苏的信任（刘绍华，2015：3－10）。无论是在"遇鬼"当时，还是在警察上门拜访的时候，或是数年后将研究作品记录成册，她都没有否定遇上"超自然现象"的事实，也没有解释。作为一个研究者，她是博学的，是大胆的，同时也是谦虚的，不会以主观看法去评定，也不会因为自己的博学而对一些无法做出解释的事情进行评判。这让我意识到，在进行一场研究时，一定要真诚、诚挚地对待整场研究，不因自己与田野中的对象存在差距就高高在上，而是站在与被研究者同等的地位，尊重每一个被研究者。大胆参与研究，谦虚谨慎地描述现象，记录事实，传递真相。作为研究者，应该实事求是，田野的真实情况也许是超乎我们的认知范围的，比我们想象的也许要复杂许多。进入田野的过程或许充满艰辛，但只要心怀热情，真诚地对待这场研究，就一定能够受到研究对象的信任，也一定能够成功进入田野。

刘绍华处理研究者与研究对象的关系也十分微妙，她建立起了一种当时基层国家代理人与当地人所没有的伙伴关系，这使她顺利打入田野内部，虽然需要耗费大量精力，但这样的研究方式更能接触到真实有效的信息。我作为从小穿梭于大凉山深处与现代化都市的诺苏，深切地感受到作者写出的研究信息的真实性，不仅将大凉山诺苏的生活习俗，利姆乡吸毒、禁毒过程的真实情况直观地展现在我们面前，也将各个禁毒部门、国家代理人贪污腐败等信息毫无掩饰、真实地透露出来。在我们平时的生活中，听见的只是那些赞扬国家代理人和国家政策的声音，很少听到有人站出来与权威抗衡，质疑权威。但是刘绍华将当时禁毒的萧条场景一五一十地描述了出来，还提出了官僚体制的不完善，国家代理人腐败等问题，这会面临一定的上层压力，作为一个研究人员，她是勇敢的、诚实的、坚强而值得尊敬的。就拿"中英计划"来说，她提出官僚体系的缺陷和国家代理人欠缺文化职能两大问题，刘绍华同情深陷苦难的诺苏，强调必须尊重当地文化，因地制宜地发展，她对诺苏人民和文化的尊重和见解，亦是难能可贵的。

刘绍华就像大凉山的"三毛"。一直以为研究作品是枯燥无味的，可是她写得是那样有趣：她会去利姆集市上逛一逛；会在泥泞的乡间小路上蹦蹦跳跳，踏上去见"鬼"的旅程；会在炎炎夏日拿着毛巾，坐上拖拉机去村那头泡温泉；会买西瓜去看望艾滋病患者，为诺苏拍照；也会抱着老母鸡，在林间小路为患艾滋的友人落泪……我深知在利姆乡这样贫瘠的地区生活有多么困难，作为一名在国外学习过的学者来说，能坚持一整年在艰苦的田野环境驻扎是难能可贵的。但她的这场研究之旅，未提及一个

"苦"字，她勤奋地记录着，思考着。为我们传递着有趣的"大凉山之旅"，也在用专业的语言描述着表象背后的真相。

刘绍华的田野行动告诉我们，任何一场研究都不应该是草草了事的，需要我们耗费大量的精力、不辞辛苦才能透过表象发掘事实，需要我们将问题外部化，进行深层次的反思，追究其本质是什么，研究的意义是什么，如何才能启发大众，如何才能改变这种现状。

在这场研究过程中，刘绍华的研究或许有些缺陷，在她与诺苏的相处中，她对诺苏遭遇的苦难深表同情，她称这本书为"生命之书"（刘绍华，2015：17），将这场研究注入了她的部分生命，因而，在研究过程中，感情不免会影响其主观判断，从而模糊了一些诺苏的社会现象。尽管如此，每一个研究者都值得我们尊重，每一个田野研究调查过程都不容易。"中英计划"或许失败了，但刘绍华将其研究成果展现在众人面前，不仅为诺苏人民洗清了"罪名"，在让诺苏人民反思自己非正常行为的同时，也启发了国家代理人，在一步步摸索中探寻出真正能够解决问题的方法，如今诺苏禁毒活动欣欣向荣的场面与各大研究者有密不可分的关系，我想这才是研究活动的意义。研究不是夸夸其谈，而是一场能够启发人、令人深思的活动，是无私的伟大的令人尊敬的奉献活动。我也希望自己将来能参与到这样伟大的研究活动中去，为人们谋福利，给更多人带来意义。

**参考文献：**

林珊，2019，《后真相时代下的污名化建构——兼析〈我的凉山兄弟〉中艾滋病污名化过程》，《东南传播》第 8 期。

刘绍华，2015，《我的凉山兄弟：毒品、艾滋与流动青年》，北京：中央编译出版社。

田洪元，2019，《一张贫困的面相，正在脱落积压千年的风霜——给我的凉山兄弟》，《星星》第 31 期。

# Gains and Losses in the Process of Modernization in Nuosu District

## —A Review of "Passage to Manhood: Youth Migration, Heroin, and AIDS in Southwest China"

Fu Xuan    Hu Xiao Tian

**Abstract:** *Passage to Manhood: Youth Migration, Heroin, and AIDS in Southwest China* is an anthropological book that displays the youth of the Yi ethnic group in the Liangshan region as they experience social change. The struggles and quests of the Liangshan Nuosu in the modernization process reveal the fragile reality of Nuosu youth and Nuosu society as a whole during modern transformation. The book comprehensively uses a large amount of material from fieldwork and interviews, combined with a coherent analysis of the history of social and cultural change in Nuosu society. This book review employs the reviewer's personal life experiences and family history to provide an alternative insider's view and reflection. The transformation of Nuosu society is both a continuous reinvention of marginalized communities within the development of society as a whole and a close link to the cultural development within Nuosu society. The review also shows that new changes are taking place in Nuosu society; after the end of the field study in this book, the rediscovery of Liangshan Nuosu's life is worthy of new reflection.

**Keywords:** modernization, ethnic culture, field study, Nuosu

# 如何给无价的孩子定价?

## ——读《给无价的孩子定价：变迁中的儿童社会价值》

蒋兴梅①

　　**摘要：**从经济学意义上来说，孩子对父母是"无用"的，在现代社会抚育一个孩子相当于养一只"四脚吞金兽"。但是情感与爱将儿童生命神圣化，这种神圣并非与生俱来，而是经历了急剧的变动。为何儿童的社会评价会发生如此翻天覆地的变动呢？为什么儿童生命的情感价值增长之日，恰恰是其对家庭的贡献消失之时？经济社会学家维维安娜·泽利泽的《给无价的孩子定价：变迁中的儿童社会价值》一书从儿童的保险、儿童意外死亡的赔偿、儿童的领养与买卖三大制度探讨了儿童的社会文化属性：他们的"无价"如何冲破市场机制和经济准则，最终形成普遍的价值关怀。

　　**关键词：**儿童生命经济　儿童神圣化　社会关系　儿童保险

　　维维安娜·泽利泽（Viviana A. Zelizer）追踪了 1870—1930 年间美国经济上"无用"但是情感上"无价"的儿童的社会建构过程，探讨了 19 世纪 70 年代到 20 世纪 30 年代之间孩子（14 岁或者更小）的经济价值和情

---

　　① 蒋兴梅，南京师范大学教育科学学院博士研究生，江苏理工学院汽车与交通工程学院教师（2189924855@qq.com）。

感价值的深远转变。她考察了直接关涉儿童生命的经济和情感价值衡量的三大制度：儿童保险、儿童意外死亡赔偿，以及儿童的领养和买卖。在每一种情形中，都出现了独特的、受到转变中的儿童评价方式影响的市场。《给无价的孩子定价：变迁中的儿童社会价值》考察文化因素对美国儿童社会价值重新定义所起的作用，作者还考察了阶级和变动的家庭经济如何与儿童的价格和价值相互作用。案例表明，世界的理性化和商品化的过程，并不像经典思想家所预测的那样，有着横扫一切的同质化和不可避免的腐蚀性后果，市场无法逃避地、持续地、多姿多彩地受到人类意义系统和可变的社会关系的塑造。

## 一、"谁"来给无价的孩子定价

虽然儿童的价值从"效用品"转向"情感品"已是无需争议的事实，自 20 世纪 30 年代以来，美国学界对儿童的研究主要是心理取向，研究者们关注父母生养孩子的动机以及它与生育模式和人口政策的关系。维维安娜·泽利泽认为这些研究在助力于理解儿童价值的同时局限在个体主义和功利主义的框架中，缺乏历史视野。她从社会学的角度研究了经济行为的文化和社会意义。她认为文化观念和社会制度的变化，直接影响了儿童的定价过程的转变。

### （一）从无奈接受到奋起拯救：对待儿童死亡酯化反应发生巨变

人类在 17—18 世纪进入启蒙运动（the Enlightenment）时期。18 世纪的父母们冷静而克制地悼念孩子，不会花钱悼念；19 世纪的父母们将孩子的死亡视为最令人痛苦和最不能接受的事实，他们变得情感化，对孩子的悼念更为深刻和热烈。安·道格拉斯（Ann Douglas）认为在 1820—1875 年之间哀悼无限扩大，特别是经历过孩子过早死亡的中产阶级对哀悼的关注浪潮，父母由冷静而克制转向尽情发泄悲伤。人们对死亡酯化反应最大的转变是丧子之痛这一新情感。19 世纪的美国，对孩子之死的极度悲痛既是社会风俗也是心理事实，于是大型都市墓场为孩子举办葬礼，特别的棺材、精心制作的雕像、哀悼者指南、诗歌一时间风靡欧洲，"他人的死亡"，尤其是年幼孩子的死亡成为压倒性的悲剧。

卢梭是启蒙运动时期的伟大思想家，他于 1762 年出版教育史上的不朽名著《爱弥儿》。卢梭写道："在万物的秩序中，人类有它的地位；在人生的秩序中，童年有它的地位；应当把成人看作成人，把孩子看作孩子。"（卢梭，1978：74）这可以说是人类历史上第一份非正式儿童权利宣言，它把童年与成人区分开来，确立其独特价值。19 世纪后期，悼念儿童的革新进一步延展，较低社会阶层的家庭和中产阶级家庭在养育孩子的模式上逐渐一致，底层家庭对孩子的死亡反应也变得情感化，甚至更加深刻和激烈。悼念仪式已远远不够，无论贫富，所有儿童的死亡都被看作是无法容忍的社会损失。于是美国的社会行动者决定采取以保存儿童生命为目的的公共行动。

### （二）从阶层分化到阶层共建：儿童生命的神圣化

到了 19 世纪后期，对死去孩子的祭奠仪式转变成了保护孩子的公共行动。为降低婴儿和儿童死亡率，美国建立了新的医学领域和诸多专门的机构，用来处理儿童疾病，确保儿童健康。1881 年，亚伯拉罕·雅各比（Abraham Jacobi）医生组建了美国医学联合会儿科部，1887 年成立美国儿科医学联合会，旨在"发展有关婴幼儿的生理学、病理学和治疗学"，儿童医院随之兴起。同时儿童心理健康成了许多学科感兴趣的焦点，G. 斯坦利·霍尔通过论证发现儿童的发展存在不同的阶段，影响了美国既有的儿童抚养原理。泽利泽在研究中发现，阶层的不同会导致理念和护卫儿童方式的巨大差异。

对于较低阶层来说，母亲被教导对孩子加以正确的照顾。1908 年，美国纽约市建立了全球第一个专门处理儿童健康问题的公共部门——社区婴儿健康站，该站点融合了牛奶站和培训学校的工程，为租住区的母亲提供儿童卫生学知识。保险数据也正视了较低阶层孩子特殊的脆弱时刻，而较低阶层的父母缺乏知识和途径获得正式表达不满的渠道。

对于中产阶级来说，母亲致力于加入关注所有孩子的健康和福利的组织中，如全美母亲联合会。该联合会从 1897 年成立到 1920 年吸引了 19 万妇女，旨在教导全美国尤其是妇女们"认识到儿童至高无上的重要性"。中产阶级通过对儿童的空间和时间进行再组织来实现对儿童生命的优先保护，他们采取了一系列的措施，包含建设有监管的游乐场所、加强城市安全性、成立少年安全委员会等。对儿童安全教导和规训比成人更容易，也比购买和发展增进安全性的设备要便宜。20 世纪对儿童的"神圣化"导致对儿童死亡日益增长的无法容忍，激发了所有社会阶层的父母对保护儿童生命的巨大关注。所有社会阶层的儿童不仅接种疫苗以预防疾病，获得更全面的营养照顾，他们的生活也受到监管和驯化，他们被引入学校或家庭住处以便更好地被近距离照顾。公众对于处在危难中的孩子的关注与孩子的社会阶级无关，"孩子生命独一无二的神圣价值"这一观念极大地激发了公众超越阶级差异的情感。与此同时，儿童不仅在道德上获得了优先权，而且还逐渐开始获得独立的私人空间和公共的游戏空间。

### （三）从经济价值到情感价值：有用孩子与无用孩子之争

18 世纪末的康德认为"人即目的本身"，这不仅拉开人的个性解放与理性启蒙的大幕，而且吹响了儿童解放的号角。19 世纪的美国，儿童不仅在道德上获得了优先权，而且还逐渐开始获得独立的私人空间和公共的游戏空间。与儿童的神圣化过程相伴随的，就是儿童的经济角色的转变。从 19 世纪 70 年代到 20 世纪 30 年代，美国爆发了一场关于将儿童从市场剔除出去的艰巨而持久的战争，童工改革者和童工改革的反对者都试图扩大自身对儿童在社会中恰当位置定义的影响。童工争议是理解儿童经济价值和情感价值在 20 世纪早期深层次转变的关键，一个有用的能挣取工资的儿童的价格，直接与一个在"经济上无用而情感上无价"的儿童道德价值相对立。

对于童工改革而言，儿童过早地参加劳动是对儿童情感价值的侵害。美国童工委认为，劳动的儿童一身价值不过是那么些美元和美分，而作为一个人类的标准，如何考量一个儿童的价值标准，尤其是作为弥足珍贵、超出所有金钱标准的儿童。改革者认为儿童的经济参与是非法而且不可宽恕的"儿童生命的商品化"。他们一方面同情劳工阶级的生计困难，很少理解并很难宽恕劳工阶级的经济策略，另一方面把劳工阶级的父母们描绘成剥削孩子的同谋。对于改革者来说，父母对儿童真心的爱只会在孩子被独一无二地界定为情感对象而非生产行动者时才会存在。

对于童工改革的反对者而言，他们支持生产性儿童的存在并坚信儿童为 19 世纪晚期的劳工阶级家庭提供了独特的经济缓冲。因而他们支持童工立法，致力于对儿童在工厂工作的时间做出限制，并试图通过法律规范家庭情感。

随着 20 世纪美国儿童的价值日益表现为情感性而非经济性，儿童工作不能够再是"真正的"工作，它只有作为教育形式或一种游戏才可以被视作正当的，有用儿童的劳作被无用儿童的教育性工作所替代。非法的儿童职业在法律和文化上的区别完全被一套全新的、"神圣"的儿童不能被雇佣的标准所引导。儿童工作从工具性转向教育性，儿童和金钱的关系随之变化。将金钱转变为一种教育性和道德工作不是能轻易完成的，为了把保护金钱和劳动的传统联系，补贴有时被合理化为一种挣得的工资。20 世纪30 年代以前，孩子们的钱承担着教育性、精神性和社会性的功能。有用孩子的零花钱来自他或她的工资，而经济上无用的孩子的补贴来自父母的口袋。儿童经济角色的转变阐明了先进的工业社会中经济和非经济因素的交互作用，儿童成为专有的情感性和道德性资产，他们的经济角色转变了；儿童工作代替童工；每周补贴代替儿童工资；儿童工作和收入的合法性，更多地根据其教育性而非经济性的标准来确定。

## 二、如何"给无价的孩子定价"

20世纪的美国，儿童的神圣化导致了人们看待孩子的生命价值的标准发生了变化。作为结果，给"无价的孩子"定价成为非常特殊的计算过程。三种制度卷入了这一计算过程中，其中的每一项制度都被儿童社会价值的转型所变革。这三项制度与人寿保险业、民事侵权法以及关注收养和看护的社会福利组织有关。这三项制度分别涉及三种为儿童的生命定价的过程，分别是：为有用的孩子投保，为事故性死亡的孩子父母提供赔偿，以及收养和看护儿童。在这三种过程中，意义体系和社会安排是如何相互协作、共同影响为儿童的生命进行定价的过程，又是如何塑造金钱在儿童市场上的使用过程的？

### （一）为神圣的儿童投保

给无价的孩子定价变成了一个非同寻常的计量程序，因为儿童对于家庭的情感性贡献，越来越成为孩子们在死亡中定价和收养中换价的唯一决定性因素。保险行业的成功不仅建立在经济理性的基础之上，它为劳工阶级的父母提供了更为体面的葬礼仪式。对贫困儿童价值的争论是儿童保险争论的焦点，是对儿童情感机制与经济价值的公共评估。保险批评者认为，人寿保险只根据"存在可投保之利益"来评判其合法性，孩子的年龄越大，孩子的生命也有更高的金钱价值。这种用经济学来计量儿童生命的方式是令人无法接受的，也玷污了儿童生命的神圣性。他们认为，由于父母的牟利行为使得儿童生命的神圣性受到了威胁，父母们既获得了儿童的工资，也会在儿童的死亡中获利。保险行业的支持者则坚定地维护父母之爱的真实性，并坚持不同阶层的父母都同样具备自然而然的爱子之心。保险最开始是以一种现代哀悼方法被出售的，它给予儿童体面庄严的死亡。

20世纪20年代以后，儿童生命变化的价值的转变成为保险行业得以发展的法律基础。为孩子投保的理由也由葬礼资助转化为教育资金，包含：资助非生产性的儿童、教育或者婚娶的资产等。19 世纪末保单意味着对去世孩子的尊重，到了 20 世纪成为对活着孩子的爱。儿童保险市场的广度和深度，恰如父母、祖父母对儿孙的爱。对神圣的、经济上"无用"的儿童保险转而成了一种准仪式性的生意，成为父母之爱和关注的象征性表达。

### （二）为儿童死亡赔偿

美国的法庭是怎样给儿童的生命定价的呢？在法律体系中，因事故死亡的儿童赔偿金的标准也经历了转变，由 19 世纪以经济的原则为准即估算一个孩子损失的劳动和服务的现金等值转向 20 世纪以新的情感标准为基础，这一转变跨越了世纪也经历了大量反复不定和公开的争论。19 世纪美国的法律衡量孩子的价值的原则与成人估价是一致的，即衡量一个成人去世带来的损失时优先考虑他预期收入的价值损失；对于孩子来说，他的预期价值就是在成年之前提供的劳务减去抚养的费用，道德和情感排除在习俗和法规之外。法律在评估儿童价值方面的转变可以视为孩子价格和价值之间关系正在转变的依据，紧接着情感的价值成为衡量孩子经济价值的决定因素。孩子们的非经济贡献被公众和法律赋予了金钱的价值，这并不意味着金钱万能。在定价过程中，情感起了举足轻重的作用，既改变了儿童死亡案件审判的意义和风格，还有赔偿金的使用方式。

与此同时，法律用价值来衡量想要的孩子，父母珍视的孩子，而用价格来衡量不想要的孩子即意外出生的孩子。因此儿童神圣化并非一个直线的过程，孩子的价值越来越取决于父母。在父母合法并公开拒绝生育，认为是民事过错时，计划外的孩子神圣性也随之消失。儿童生命的赔偿也逐渐取决于父母本人身体、社会和经济状况。经济性的法律原则和儿童情感化观念的碰撞，导致了法庭的混乱和公众的义愤。给"无价"的孩子定价成为一种独一无二的情感标记形式。

### （三）黑市中的儿童

19 世纪的美国，领养家庭接纳有用的儿童寄希望于他们能够从事儿童工作、完成家务劳动和农场杂事。一个儿童的交换价值取决于劳动能力，从"婴儿代养"转向"家庭照看"，"劳动之家""宿膳之家"展现了儿童"交换"价值的转型。经济上"无用"的孩子在没有资助支持的情况下很难找到一个家。

随着市场经济的发展，与之相适应的价值观"市场伦理"（theethics of the market）开始形成并广泛传播。所谓"市场伦理"，就是将市场价值等同于伦理价值，有市场就"有价值"，对人对物均一样；凡在市场竞争中取胜就是"好"的，否则就是"坏"的（张华，2021：1－10）。因此，"市场伦理"崇尚的是"丛林法则"。在这种价值观的主导下，儿童不仅沦为成人的商品，而且因为内化了"市场伦理"而导致自我商品化。儿童的商品化是工具主义儿童价值论在市场经济时代的新形态。

## 三、对"无价"儿童价值的反思

无价之宝被安上了价格，但是定价的过程自身被其与价值的联系而改变。什么是理想的儿童？卢梭的回答是让他成为"自然人"（natural man），自然人完全为他自己，他完整统一，他是一个绝对整体，只对他自己或他所属的类别具有相对性。美国著名儿童学者布雷泽尔顿（T. Berry Brazelton）与格林斯潘（Stanley I. Greenspan）于 2000 年出版《儿童不可约需要》，将儿童的"不可约需要"概括为如下 7 种：（1）儿童与其监护人之间的爱与专注性互动；（2）身体保护、安全与节制（regulation）；（3）适应个性差异的经验；（4）发展适宜性经验（developmentally appropriate experiences）；（5）限制（limit）环境、结构与期望；（6）稳定的社区和文化连续性（cultural continuity）；（7）保护未来。（Freire, P., 1970/

1993：25—26）该书通过对儿童与父母的互动、儿童的身心健康、儿童的个性差异、儿童成长所需的内外环境等指导成人珍视儿童需要和价值，携手满足儿童的"不可约需要"。

中国悠久的地缘政治和血缘文化使得中国儿童的文化观念更加复杂有趣，其复杂性既受到传统和地域的影响，还有性别和阶级差异等因素。子女尤其是男子一经诞生就成为家庭的中心，传宗接代、光宗耀祖使得儿童逐渐工具化，儿童背负着通过接受良好的教育来让家庭或者家族获得更好的发展，实现阶层跨越。泽利泽的研究引导我们去进一步思考中国儿童观念的变迁，以及这种变迁是否影响了社会政策或是如何影响社会政策的制定。

公共意识贯穿于整本书中，从对儿童死亡的共同关注到童工立法的公众讨论，从儿童保险合法性的全民争议到意外死亡赔偿和领养及买卖的公众参与，任何涉及儿童情感价值的社会事件都会引起一系列的社会行动。在中国，当家庭或个人遇到突发性事件时，比较中国式的做法是向自己的家族或是熟人寻求帮助，只有在走投无路或无计可施的时候才会寻求政府的帮助，即使是游说、请愿或游行、对话、抗议性行动也鲜有发生，同时也出现了新的矛盾，即对我们自己孩子的私人情感化和对别人家孩子的集体性冷漠。19世纪到20世纪，经济上"无用"而情感上"无价"的儿童的社会建构是我们衡量价格与价值之间的历史关系、彼此之间独立性和相依性的尺度，市场在影响文化和社会因素的同时也会被文化和社会因素形塑。

**参考文献：**

卢梭，1978，《爱弥儿》，李平沤译，北京：商务印书馆。

维维安娜·泽利泽，2018，《给无价的孩子定价：变迁中的儿童社会价值》，王水雄等译，上海：华东师范大学出版社。

张华，2021，《反思工具主义儿童价值论》，《教育发展研究》第18期。

张华，2020，《走向内在主义儿童价值论》，《教育发展研究》第 22 期。

Freire，P.，1970/1993，*The Pedagogy of the Oppressed*，New York：Continuum.

## How Do You Put a Price on a Priceless Child?
## —Reading "Pricing the Priceless Child：
## The Charging Social Value of Children in a Changing World"

Jiang Xingmei

**Abstract**：In the economic sense，children are "useless" to their parents，and raising a child in modern society is equivalent to raising a "four-legged，gold-devouring beast". But emotion and love sanctify children's lives，and this sanctity is not inherent，but undergoes radical changes. Why has the social valuation of children changed so radically? Why is it that the day the emotional value of a child's life grows is the very day its contribution to the family disappears? In her book *Pricing the Priceless Child：The Changing Social Value of Children in a Changing World*，economic sociologist Viviana Zelizer explores the socio-cultural attributes of children through the three major institutions including children's insurance，compensation for accidental deaths of children，and the adoption and sale of children：how their "pricelessness" breaks through the market mechanism and economic norms，and ultimately leads to universalized valuing.

**Keywords**：children's life economy，children's sanctification，social relations，children's insurance

# 何以超越：儿童人格教育的审思与建构

## ——《儿童的人格教育》读与思

宫婷婷①

**摘要**：在人的生命历程中，童年被视为生长发育的"关键期"。儿童的人格初步形成中的生活风格、社会兴趣、追求优越感等方面建构了儿童整体而统一的人格结构，儿童的早期经历、家庭教养风格和对梦的解释是了解儿童社会风格的一扇"天窗"。阿德勒视"自卑与追求优越"为人的最本质属性，是阿德勒人格教育的起点与归宿。在这一人性论基础上，阿德勒建构起了他独具特色的人格教育理论体系，本文对阿德勒的经典著作《儿童的人格教育》进行深度解读，从对人性的理解、儿童的人格分析和治疗、个体经验的自我察觉、传统文化与人格四个方面阐释儿童从自卑走向超越的理论蕴意与精神内涵，揭示中国传统文化视角下人格教育思想的应有之义。

**关键词**：儿童　自卑情结　追求优越　人格教育

古希腊哲学家苏格拉底（Socrates）认为，"患难与困苦是磨炼人格的最高学府"。唐代诗人王勃曾言道："穷且益坚，不坠青云之志。"苏轼言

---

①　宫婷婷，南京师范大学教育科学学院博士研究生，江西外语外贸职业学院教师（329945524@qq.com）。

之："古之立大事者，不惟有超世之才，亦必有坚忍不拔之志。"从古至今，历史上无一名杰出者不是在不断的自我挑战中实现人生价值，这种超越自我、追求卓越的精神成为人类成就自我的精神追求和根本动力。人本主义心理学先驱、个体心理学创始人阿尔弗雷德·阿德勒（Alfred Adler）所提出的"自卑与超越"思想，历史性地颠覆了 19 世纪弗洛伊德精神分析学派的"性动力理论"，敢于批判性思考、敢于确立新观点是阿德勒在心理学界的真实写照。在叔本华的生活意志论和尼采的权力意志论的影响下，阿德勒对心理学的研究逐渐从"生物学的、客观的"视角转向为"社会的、主观"视角，将儿童社会情感发展作为儿童正常成长的"晴雨表"，这种围绕社会情感发展的教育取向和方法成为后期关于教育研究的一种新视角、新方向，突出了家庭教育在儿童成长中的"核心作用"。

## 一、追溯本源：关于人性的理解

阿德勒对于人性的理解，深受尼采的生活意志论的影响，将儿童视为一个完整体，他认为虚构目的论、追求优越感、自卑感和补偿、社会兴趣、生活风格和创造性自我是一个相互联系的整体，称之为个体心理学。

### （一）人格的整体而统一

阿德勒将人的人格视为"整体而统一"，每一个个体作为自身人格的整体性和统一性的结合，他认为人格的整体及其独特的生活目标和生活风格并不是建立在客观现实的基础上，而是建立在个体对生活事实的主观看法的基础上（阿尔弗雷德·阿德勒，2005：6）。在日常生活中，行为上出现问题的儿童一般易被视为"孤立行为"的存在，忽视了儿童的整体统一性，从而引起儿童心理和行为问题，因此，儿童发展中任何问题都不能视为孤立的、静止的，正如阿德勒描述的"学校不能把特定的行为视为一个孤立的音符，而是要把它视为整个乐章的组成部分，即整体人格的组成部分"（阿尔弗雷德·阿德勒，2005：23）。

### （二）社会情感的作用

在阿德勒看来，人们对个体生活和社会生活的基本问题的态度主要分为三个方面：一是社会关系，二是个体如何投入和运用自己的一生，三是关于两种性别的问题。人们对于这三个问题的看法和回答，可以直接反映其大致的生活风格和独特目标。而生活目标与风格的指向性决定了一个人的价值和力量的取向，从而影响个人的行动。在儿童早期阶段，就呈现出"对社会有益"这样一种社会情感价值观，个体心理学将儿童对于"社会情感"的态度作为检测个体发展的重要指标，能够有效评价儿童的生活风格。

### （三）自卑情结的理解

阿德勒认为，个体的追求或有目的的活动是以另一个重要的心理学事实为前提的，即人的自卑感（阿尔弗雷德·阿德勒，2005：23）。阿德勒提出"自卑情结"是儿童超越自我的动力和前提，可见，这与弗洛伊德精神分析学派的观点大相径庭。"自卑情结"是指一个人在意识到他要面对一个他无法解决的问题时，表现出的无所适从（阿尔弗雷德·阿德勒，2016：55）。在日常对儿童的观察中，我们就能发现"自卑情结"常常存在于儿童的本身，是儿童内心的一种潜在性的因子，是儿童身处于不同境遇中所凸显的一种"本能的反应"，也就是说，人人都会自卑，自卑是普遍存在于现实生活中人群内在特质的一部分。当在某种环境中感受到"不安全""很脆弱""受打击"等时，儿童本能地试图摆脱这种状况，内部驱动呈现为"强烈证明自己""超越自我"等思想状态。在本书中，阿德勒以"口吃的男孩"为例，描述了语言障碍儿童的心理发展状况和影响"有缺陷"孩子的多种人格因素，其中家庭养育环境、学校对孩子的影响、教师对待孩子的态度、身边的同伴、自身的外部特征、陌生人、亲属等成为儿童成长过程中的重要环境因素，而父母的严厉斥责成为他形成自卑情结的重要起因，这种强烈的自卑感和对优越感的追求走上了一种对社会、对自己无益的方向（阿尔弗雷德·阿德勒，2016：46）。

## 二、教育主张：儿童心理分析与治疗

### （一）追求优越的教育意义

阿德勒认为："被轻视和被蔑视的感觉、不安全感和自卑感总是会唤醒人攀登高一级目标的愿望，以获得补偿和臻于完美。"（阿尔弗雷德·阿德勒，2005：64）儿童的某些特征是环境力量的结果，在某些环境刺激下，对儿童的心理会产生刺激的作用，从而表现出不安全感、脆弱感和自卑感，为避免和摆脱此状态的发生，儿童内心会存在一种"挣脱和自由"的潜意识，帮助儿童在所处的外部环境中战胜当下的困境，追求更好的结果和优越的感觉，儿童会将自己对优越的追求转向发展有用的能力，试图取悦教师，注重整洁和秩序，从而发展成为一个正常的学生。当然，雄心过度会产生猜忌和妒忌心理，也会引起儿童人格发展的"异化"，孩子们寄希望于奔赴"名列前茅"，面对问题的出现，保持心理平衡远比认真着手解决问题更为重要。个体在追求优越感的社会承认时会发展出不同的行为特征和习惯，即所谓的生活风格，生活风格是儿童在童年经历中积攒的个体经验，从而形成了儿童较为固定的思考和行为模式。家庭风格是对儿童生活风格影响最大的因素之一，当然，阿德勒认为，除家庭以外，同伴、祖父母、学校、教师、亲属、陌生人等都能够影响儿童的生活风格。

### （二）儿童心理分析与治疗

阿德勒被视为一位对教育关怀由衷热爱的心理学家。百年前，他致力于学校儿童心理咨询室的建设，在心理学界引起前所未有的轰动，儿童心理问题的咨询备受重视。阿德勒认为，在教育过程中之所以呈现诸多障碍，主要是因为学校把抽象的作业成绩，而不是把教育的最终目的和社会目的作为评判标准。事实上，学校成为矫正家庭教育弊端的一个重要场所，当然，这种矫正的效果不一定是明显的。超越过度、野心过度的孩子往往会产生反社会性行为，存在自负和野心共存的心理状态。当他们不能从生活中积极的一方面展现自己的时候，往往便会转向消极的一面。在阿德勒看来，儿童心理问题的出现不是在于外部原因，而是在于儿童对外部世界的感知方式，这种感知方式即为在儿童观视角下的社会有益/无益性。当一个儿童以一种消极被动的方式感知外在环境，那么他对于优越感的追求可能更为敏感、易怒，从个体角度来看，强烈的自卑感会将儿童引向一种对社会和自己无益的方向（阿尔弗雷德·阿德勒，2005：49）。

阿德勒通过对儿童生活风格的分析，特别是家庭教育风格的分析，对儿童的生存境态作了详细的阐释，他将儿童生活风格分为支配统治型、索取型、回避型、对社会有益型四种不同的风格，并总结出了民主和鼓励、过分宠爱、过于顺从、完美主义者、忽视、拒斥、过于强迫、刺激孩子的性意识、惩罚、对健康过于关注、要求儿童承担家庭责任 11 个方面的家庭养育风格。

### 三、经验重构：个体经验的自我察觉

#### （一）从"自我"走向"他者"：个体经验的重构

阿德勒认为，一个人的生活风格通常在四岁或五岁的时候就已经确定下来。这段时间必须培养他们的社会情感和必要的社会适应能力（阿尔弗雷德·阿德勒，2005：93）。当一个"问题"孩子逐渐转变为一个对社会无益的人时，长篇累牍的道德说教是不能解决其主要问题的，而是要通过个体心理视角，挖掘对方的深层原因，特别是将社会情感发展作为重要思考因素。童年遭遇身体疾病、读书期间不受重视、家庭变故等一系列童年

经历让阿德勒从自卑情结中战胜自己，通过不断地调适和努力，建立自信，成为一名伟大的心理学家，这也是一段可以称作"自卑而超越"的生命历程。可以说，阿德勒的个体心理学带有着强烈的个人经历的印记，他的理论研究充斥着他的儿童经历所给予他的历史性投射，是一个从"自我"走向"他者"的个体经验重构的过程。在一般人文社会科学研究中，研究者均会带有一定的"个人色彩"，而这种"个人色彩"成为个体研究自我觉察多样性和特征性的重要指标。

### （二）从"自卑"到"超越"：止于至善的境界追求

自卑不能被视为一种病态的、带有缺陷的人格特征，自卑是一个普遍的心理现象，是人的行为的推动者和动力源。《儿童的人格教育》一书给我们的启示是：教育儿童要从儿童个性的视角来对儿童进行了解，不能采用千篇一律的法则教育儿童。在我们日常观察儿童的过程中，如果有些儿童几乎用相同的方式来对同一情景做出反应，很有可能是由于儿童对于周边情景缺乏理解和认知。成为那些在特定困难情景中的"迷失者"，儿童的性格特征、社会情感和生活风格企图获得优越感，能够提高自身在家庭中的"价值感和存在感"。阿德勒在《超越自卑》这本书中提到，战胜困境成长为人才的孩子有很多，历史上大量为社会作出贡献的人都有生理缺陷，然而他们不断追求进步、努力奋斗，达到了一种"止于至善"的追求境界。阿德勒认为，教师的第一要务是赢得孩子的信任，然后鼓励和增进他的勇气（阿尔弗雷德·阿德勒，2005：110）。阿德勒通过对儿童在学校教师的教育下、家长的关注下等多方面视角来阐述在儿童发展过程中运用心理学和教育学的重要性，从日常教育影响、成绩报告、智力测试、能力遗传、性别教育等方面论述儿童在学校教育中容易呈现的问题和正确观点。他首次提出，学校应当建立儿童教育咨询诊所，目的是应用现代心理学知识服务于教育系统。阿德勒强调，只有那些了解心灵及其运作的人才能运用他的知识指导心灵走向更高、更普遍的目标。

## 四、现实反思：中西方人格教育思想的"对话"

### （一）中国传统文化中的人格教育思想

不论从外部特征、内在特质，还是历史底蕴与文化内涵方面，中西方文化在人格教育方面截然不同。追溯中国传统文化中的人格教育成分，在三千多年以前，儒家思想中便蕴涵着古人对理想人格的无上追求。孔子提出最高理想人格为圣贤，他以儒家学说中的"五仪"（庸人、士人、君子、贤人、圣人）将人格类型进行了较为详细的描述（陈璠，2021：154－155）。除儒家以外，道家提倡"隐士、真人、至人、神人"的人格境界；而佛家将"明心见性，心无挂碍，功德无量，福慧具足"作为体现人格特征的一种"最佳境界"。事实上，"自卑"的字样亦有上千年之久，如战国时期子思《中庸》中所提"君子之道，譬如行远必自迩，譬如登高必自卑"，曾丰《续南有樛木·其二》中提到"时乎倒垂，自抑自卑"，邵雍《代书寄剑州普安令周士彦屯田》中的"作官休用叹奚为，未有升高不自卑"。而关于"自卑而超越"亦是传统文化中的一种中国智慧，如郑燮《竹石》中"千磨万击还坚劲，任尔东西南北风"的坚韧不拔之精神，陆游在《十一月四日风雨大作》中"夜阑卧听风吹雨，铁马冰河入梦来"的豪言壮志。特别是毛主席激昂向上的《沁园春·长沙》中的"问苍茫大地，谁主沉浮"，《七律·到韶山》中的"为有牺牲多壮志，敢教日月换新天"，这种追求优越、自信自强的精神成为中华民族为之崛起的民族气节（田秉锷，2018：18，180）。

### （二）西方视角下的儿童人格教育特征

在阿德勒关于儿童人格的分析与研究中，我们能够从"童年经历"对于人性的理解层面建立起西方关于人格教育的不同观点立场，儿童早期回忆成为儿童后期出现人格问题的重要原因，值得一提的是，阿德勒将用"儿童的视角"看待孩子们的处境，用孩子们"犯的错误"来理解孩子行为的问题，即儿童自己对外在现实以及他（她）与外在现实关系的看法决定了儿童的人格发展状况。纵观西方心理发展史中的人格研究，从弗洛伊德以性动力为起源的"本我、自我、超我"，以及阿尔伯特（Albert Ellis）、卡特尔（Raymond Bernard Cattell）与艾森克（Hans Jurgen Eysenck）为代表的人格特质流派，到华生（John Broadus Watson）、斯金纳（Burrhus Frederic Skinner）和霍尔特（Edwin Bissell Holt）为代表的行为主义对人格研究以个体的特殊学习经历和独特遗传背景的系统考察，从凯利（George Alexander Kelly）为代表的认知学派关于人格理论的核心是建构（CPC循环）到阿德勒关于"自卑与超越"的人格教育建构，我们能够感受到西方视角下的儿童人格教育研究事实上是基于儿童的"早期记忆"对成人一生影响的一种归因取向，特别是在当今心理咨询与治疗过程中，关于"原生家庭"的论断与中国那句俗话："三岁看大，七岁看老"不谋而合，都强调人生早期的关键作用。事实上，并非艰苦环境中的儿童就易极度自卑和挫败，并非溺爱就一定会形成不良人格。因此，早期经验不能够单独对人格起决定作用，而其他因素共同决定着人格的形成与发展，将儿童早期经历作为问题童年的"原罪"，是一种以偏概全的理解。

### （三）双向融合：积极的儿童人格教育观

20世纪末，积极心理学以继承和超越人本主义心理学的方式闯入当代心理学界，这给儿童心理研究带来了一场前所未有的"超越性变革"。事实上，积极心理学继承了人文主义和科学主义心理学的合理内核，认为心理学的功能应该在于建设而不是修补，并强调对人性的优点和价值以倡导用，这与阿德勒的追求优越、超越自我的精神内涵存在一定的相似之处。积极心理学认为儿童本身存在很多积极的元素，要善于把握儿童积极的心理状态，积极预防儿童身体内部的一系列消极缺陷。在强调儿童个体心理、个人良好品质的同时，要重视社会文化、经济、教育和家庭因素等对儿童的人格等方面的治疗和影响。从中国文化视角来看，儿童作为祖国的花朵，期待每一位儿童都能够茁壮成长是全社会的共同心愿。中国传统思想一直强调只有先修好个人自身，才能造福国家、有益社会，健全人格培养要由内而外、由己及人、由家及国，"做人"被看作个人发展、社会进步、国家昌盛的基点（李文道、夏静，1998）。正如《儿童的人格教育》的译者——华东师范大学彭正梅教授所说，"超越而自卑"是我们文化和国民的一种心理现象，这种心理与"修身齐家治国平天下"的中国传统文化结合起来，构筑起"天行健，君子以自强不息"的辉煌大气的民族心理（阿尔弗雷德·阿德勒，2005：25）。在百年未有之大变局的世界多元化格局里，阿德勒的儿童教育观亦能够从中国文化视角来延伸和挖掘。

**参考文献：**

阿尔弗雷德·阿德勒，2016，《超越自卑》，陈美锦译，上海：上海三联书店。

阿尔弗雷德·阿德勒，2005，《儿童的人格教育》，彭正梅、彭莉莉译，上海：上海人民出版社。

阿尔弗雷德·阿德勒，2017，《自卑与超越》，汪小玲译，上海：华东师范大学出版社。

陈璠，2021，《中华优秀传统文化中的人格教育思想溯源》，《文化学刊》第 9 期。

李文道，夏静，1998，《幼儿教育的核心：健全人格的培养》，《光明日报》1998 年 5 月 29 日。

田秉锷，2018，《毛主席诗词鉴赏》（第二版），上海：上海三联书店。

## How to Transcend: Rethinking and Constructing Children's Personality Education
### —Reading and Thinking on "The Education of Children"

Gong Tingting

**Abstract:** In the course of human life, childhood is regarded as the "critical period" of growth and development. In the initial formation of a child's personality, the child's life style, social interests, and the pursuit of superiority construct a holistic and unified personality structure. The children's early experiences, family upbringing style, and the interpretation of dreams are a "skylight" for understanding the children's social style. Adler regarded "inferiority and the pursuit of superiority" as the most essential attribute of human beings, which is the starting point and destination of Adlerian personality education. On the basis of this theory of human nature, Adler constructed his unique theoretical system of personality education. In this paper, we explain the theoretical meaning and spiritual connotation of children's inferiority to transcendence in four aspects of Adler's classic work, *The Education of Children*, from the understanding of human nature, children's personality analysis and treatment, self-awareness of individual experience, and traditional culture and personality, and see what should be meant by the idea of personality education under the perspective of Chinese traditional culture. It also reveals the proper meaning of personality education from the perspective of traditional Chinese culture.

**Keywords:** children, inferiority complex, pursuit of superiority, personality education

# 一场自己改变自己的劳作

## ——读《回归故里》

邓 莹①

**摘要：**法国社会学家迪迪埃·埃里蓬在《回归故里》一书中，对话布迪厄、福柯、萨特等一众知识分子，结合个人生活史与社会批判视角，详细回答了自己如何成功逃离工人劳动者的命运并跨越阶级，当代法国工人阶级如何在历史情景与社会结构之下进行再生产，以及他们的政治投票为何随着政治话语变迁而转向右派阵营这三个主要问题，揭示出社会结构的压迫机制和再生产机制，对于我们理解自我与所处社会具有极大的启发意义。

**关键词：**工人阶级　主体　社会批判　反思社会学

反思社会学是社会学脉络当中一个重要的学术传统与方法论，吉登斯、鲍曼等学者均加入讨论，布迪厄甚至以自我为样本尝试付诸理论实践，法国社会学家、哲学家迪迪埃·埃里蓬（Didier Eribon）在 2009 年出版的作品《回归故里》又推动反思社会学走向了另一个高峰，引起学界与大众的广泛共鸣和关注。

起于父亲去世后各种追问所带来的不安，埃里蓬选择回到 1953 年出生

---

① 邓莹，南京大学社会学院人类学研究所硕士研究生（502022070032@ smail. nju. edu. cn）。

的法国东北部小城兰斯，开始与母亲重新建立联系，他不再回避将社会规则作为写作目标，将关注点放在社会分类中的阶级维度，重新审视曾经生活过的工人阶级家庭，重述自己的成长历程。这是一部区别于心理学分析的反思性社会学自传，埃里蓬并不打算以原生家庭或是心理创伤来解释工人阶级的生活方式，而是纳入更宏观的历史与政治因素，讨论阶级关系、阶级统治、平民阶级的阶级意识，乃至阶级地位的主体化过程，进而批判社会通过教育制度、阶级差异再生产个体，揭露这种社会不合法状态（Lennon、Nilsson，2019：120－123）。

写作上埃里蓬应用了布迪厄如"惯习""区隔""资本""品味"等理论概念，沿袭《自我分析纲要》的分析思路与步骤，全书共分为六章，并非按照时间顺序叙事，而是从家庭到学校，从他人到自我，分两个有所侧重又相互重叠的维度展开讨论：首先，通过对亲人的观察竭力描绘和还原工人阶级的生活方式，分析他们作为政治主体如何应对历史情景的变迁；其次，结合对自己成长的反思，解释作为文化主体的工人阶级又如何在社会结构中被塑造（张劼颖，2021：50－57）。

## 一、遥远的工人阶级世界

埃里蓬与工人阶级的关系充满张力：精神上他仍然属于过去的成长世界，心理与实践上则是排斥状态。回归故里，他从社会结构与历史背景的双重视角出发，重新理解家庭教育缺位的原因；分析作为工人阶级的家庭成员（主要包括父亲、母亲、哥哥）在职业、婚姻、政治等方面如何被社会塑造，又如何主动屈从，重新理解他曾经厌恶和逃离的人。

### （一）作为家人的工人阶级

一直以来埃里蓬对父亲的印象包括暴力、无知、反同、大男子主义，他否定父亲的社会形象与生活方式，"成为完全不同的人"指导着他过去的认知与实践。重归故里，他关注到二战、居住地、多人口家庭等社会因素如何与父亲的工人身份互相嵌套：身为12个孩子中的长子，父亲14岁不得不辍学走上流水线，养家糊口，花园城这片被社会遗弃的空间延续和发展着工人阶级特定形式的文化和聚集方式……埃里蓬解释道，父亲的个性、主体化的方式受到时间和地点双重决定，而与个人精神特质无关。

工人阶级世界的夫妻及家庭结构存在着各种变动与不确定性，埃里蓬更偏重由此纵向的家庭史角度理解母亲：外祖母抛弃所有孩子、定居德国等经历深深影响了母亲，成绩优异的她没能继续完成学业转而受孤儿院的严格管制，只希望赶紧借由婚姻实现独立，于是她选择嫁给没有感情基础的父亲，选择忍受长时间言语谩骂、肢体冲突的夫妻暴力生活，她渴望孩子成长却又嫉妒孩子的能力，承受着身体与精神上的双重折磨，只能通过重编美化家庭历史，减小继亲家庭带来的次生影响。而在横向的社会结构框架之间，一方面埃里蓬看见外祖母与母亲作为女性，被迫承受着来自男性、国家机器的歧视与暴力：父亲尝试阻止母亲从事已被污名化的"女工"职业并不间断猜忌；共同出行之下对女性驾驶的羞愧又使得没有驾照的他仍执着于坐在驾驶位开车；战争结束后，国家又通过剃发、游行等方式惩罚"不守妇道"的女人，借此重新肯定男权统治秩序。另一方面书中批判道，"社会不公平在因为多年的高强度劳作而痛得动弹不得的母亲身体上得到了最为具体的表现，甚至'不公平'这个词本身也委婉地掩盖了真正的血淋淋的暴力剥削"。

工人阶级的生育缺乏计划与节制，埃里蓬关于弟弟的讨论不多，而哥哥是他青年时期重要的参照系之一。选择成为屠夫学徒的哥哥，其行为方式和肢体语言联结着工人阶级样貌，作者则尽力打造并维系着截然不同的学生气质，当时他们都以为这是自己的自由选择。保罗·威利斯的《学做工：工人阶级子弟为何继承父业》一书早在20世纪70年代就对同样现象作了更细致的讨论：工人阶级子弟通过反叛学校文化自动放弃接受教育，成为不平等经济结构所需的工人，客观上达成劳动再生产的合谋（保罗·威利斯，2013）。

当把焦点再拉远一些来看，不仅埃里蓬家庭内部的阶级一致性基本没有改变，整个家族的状况也没有改变。这种状态的维持很大程度上得益于宗教仪式，家族成员能够在团体聚会当中不断印证并肯定自身的存在，进而加深主体的自我认同。他在这里没有作过多叙述，下一部分关于政治投票的讨论会着力分析集体意识与主体性建构的关系。

埃里蓬批评雷蒙·阿隆作为资产阶级知识分子对自身身份的忽略与"无标记化"，他认为人们尤其是底层平民会在具体的生活情景中感受到所处群体的现实状况，当然这并不意味着要把自己看作一个社会阶级。这种感知被他称作"社会镜像阶段"，正是通过特定的社会召唤情景与自我认知过程，使得埃里蓬内心坚决要对抗工人阶级的未来，逃脱家庭成员正在践行的职业、婚恋、文化等多方面再生产循环，完成新的阶级主体建构。

### （二）作为选民的工人阶级

埃里蓬回忆过去的成长经历，法国共产党曾经是工人阶级当时唯一的政治视野与组织原则，如今家庭成员政治倾向的右转却变成现实甚至有时非常自然。他关注到背后某种社会学上的必然性，这里讨论地区与国际范围的经济背景之下，政治话语与政治范畴如何塑造或重塑政治主体。

埃里蓬主要归因于政治话语，政治话语的变化改变着团体成员的认知、思考方式、同社会与政治生活的关系，乃至社会本身。他打破将工人阶级与左派直接进行联系的认知惯习，主张在政治话语的变动性之下，关注工人阶级的复杂性与矛盾性，并将历史事实重新放入其中。

根据对父母政治生活的观察，埃里蓬反对德勒兹所主张的工人阶级政治生活建立在宏大观念之上，而主张首先应为自己的生活谋不平，期望每天遭受的不公待遇可以得到改变。投票表面上是个人行为，实际选择的依据却是感到被代表，感到在政治生活中存在并拥有一席之地，从而建构政治主体。

埃里蓬对法国社会问题进行了敏锐的观察与批判：选举结果成为某个

公共群体而非个人的宣示，政治话语鼓励使用粗暴的愤怒解决问题，于是本能性的理解成为人们思考与感知世界的方式，并广泛蔓延在日常交流当中，前面所谈到的性别歧视正是如此。另外，白人工人阶级与平民阶级用种族主义观点代替阶级进行自我与他者的划分，自我身份认同以及政治主体的标准得到了重新界定，这部分解释了日常生活世界的邻里矛盾为何频繁发生。

## 二、过去的个人成长世界

后半部分埃里蓬主要聚焦个人成长历程，反思学校教育与性取向如何影响并作用于自身，建构作为文化主体的自我。

### （一）学校教育的真相

初入高中，埃里蓬的阶级"惯习"让他在与他人的区隔之下感到格格不入，转而反抗学校文化与校园纪律，幸得与中产阶级同学的一段友谊，这种本能的叛逆没有简单演化为对教育的拒绝，而变为对校园秩序的重新学习，对自我的再教育，他需要重新学习那种艺术的、书本知识的，甚至言语方式的"品位"与行为方式，用近乎暴力的态度与家庭所代表的内部世界分离，进入一个重新主体化的过程。

然而，埃里蓬后续的生活仍然困难重重：第一，背负着家庭与历史重担的同辈友谊不得不走向结束，一对朋友的互动背后实际是两段社会史的碰撞过程；第二，他选择以哲学为业也是由其社会地位所决定，这种听从自己喜恶的学业选择背后是选择策略的缺乏，也带着弱势阶级的烙印；第三，即布迪厄所论述的"结构的位移"，同一种文化资本的价值与利用空间会因为家庭、人际关系、信息要素的不同而产生差别，弱势阶级以为自己成功跨越了阶级，其实与强权之间的距离并没有发生变化。

回顾家人与自己的受教育经历，埃里蓬将教育系统总结为这场社会与平民战争的"地狱式机器"，他冷静反观学校教育与社会秩序的另一种"合谋"：表面维持机会均等、公平选拔的叙事，实际使得阶级压迫变得合法化，社会不平等自然化，不同阶级的职业选择和社会地位差异如此之大，复制着现有的权力关系，当中无论是学生还是教师，能改变的空间微不足道。

### （二）从同性恋而来

埃里蓬书写着过去的回忆：青年时期主动进入同性恋的非正式文化空间，他无数次目睹同性恋遭受着身体物理层面的暴力，同时社会贬抑与医学病理化构成的言语、文化打击在公共空间中构成更一般化恐同暴力的一部分，米歇尔·福柯在《疯癫与文明：理性时代的疯狂史》等作品当中对精神病学与机构体制进行了批判。

埃里蓬将更多笔墨放到与这个群体的非正式互动过程：早期的交谈成为一种同性恋社会化的过程，一种建构同性恋身份的方式，一种文化遗产的传承媒介，乃至一种对自身主体进行的社会创造和文化创造。埃里蓬在走投无路时正是被同性恋亚文化提供的资源所拯救，闯入知识分子阵营，幸运又意外地重回轨道。

经过漫长而耐心的努力，弱势的、被污名化的同性恋主体重新塑造着自己的身份，这种骄傲挑战了正常的标准以及单一化的体制，自始至终都带有政治性，正如埃里蓬的阶级跃升，正如《艾迪的告别》作者爱德华·路易斯（Edouard Louis）在此书法语版序言中提到的："我们的眼泪都是政治的"，底层人民的眼泪是政治、社会、文化史相互掺杂的结果。

### 三、回归故里之后

本书讨论的主题并不新颖，关于底层人民的艰难处境与阶级跃升代价在许多书中都有详尽描述，如 J. D. 万斯在《乡下人的悲歌》中描述自己成长于美国"铁锈地带"的一个贫苦小镇，白人工人阶级的流动从相爱的外祖父母就已经开始，但家人仍然无法逃脱药物滥用、酗酒等惯习，万斯秉持着不过多批判政府与社会的偏右派立场，侧重从个人亲身实践讲述身份跨越何以可能（J. D. 万斯，2017）；《你当像鸟飞往你的山》的作者塔拉·韦斯特弗来自美国爱达荷州山区，她基于女性视角回顾过去如何逃离原生家庭的痛苦与挣扎，转而拥抱教育给她的新世界（塔拉·韦斯特弗，2019）。

比较而言，本书的特殊性在于，作为个人自传加入了宏观的社会学分析，作为反思性社会学作品则加入了微观的个人体验：第一，埃里蓬不是宣扬类似美国梦的个人奋斗史，也没有将工人阶级浪漫化，而是从社会学的角度指向了有关工人主体性与阶级生成性的探讨，批判使他们处于弱势与无能为力的系统性暴力，展现出社会学概念相比于精神分析学概念独到的洞察力与解释力；第二，从日常生活及其经验维度出发，埃里蓬具身化地讲述了个人阶级惯习断裂后产生的情感与体验，分析重新主体化的方式如何被一种非理性的、情感的、身体的维度所引导建构，这是对布迪厄自我分析方法的延续与补充，埃里蓬批判布迪厄"没有胆量继续揭开面纱"，没有推动自我分析更进一步，通过捕捉当地生活世界的具体经验，他将反思社会学分析范式引向了一个更加现象学的方向，为思考社会变革与认识主体间性的异质性开辟了新的可能（Perger.，2017：163—167）。

正如韦德曼提醒我们不能忽视"统计数据"所揭示出的社会真相，理论立场层面埃里蓬所支持的社会决定论同样关注个人如何总是已经结构化的，这里所说的社会决定论不是完全否认变化的可能性，而是强调身份跃升是有限且相对的，需要付出巨大代价。埃里蓬的经历也向我们证明，成为被侵犯的客体并不一定是与获得能动性相反的概念，暴力和苦难在某些情况下反而会激起儿童和青少年的反抗与反叛，本书展现的脆弱性的政治和社会调节作出了理论贡献，提醒我们注意成长过程的话语和建构、组织和机构的网络（Rieger-Ladich、Wortmann，2021：79—92）。

《回归故里》也不免面临着一些批评。首先，埃里蓬关注私人经验与他人处境的视野似乎略显狭隘，他是基于认同资本主义文化的立场来批判社会对平民阶级的压迫（停云，2023：41－44）。这在书中可能体现为他坦言通过选择工人取向的政治立场借以远离真实的工人阶级，将学校文化秩序形容为"前卫、激进、智性"相关的东西，与继承父业的工人子弟保持着截然不同的"洞见"（保罗·威利斯，2013）。但在我看来这并没有脱离他贯穿全文承认的"割裂"范畴，另一部分工人阶级精神立场同样可以透过他对于艺术品位的观察看见："热衷于高雅文化活动的人获得了如此多的自我满足感和优越感，展现于他们永远不会放下的神秘微笑，还有他们克制的肢体动作，还有他们的讲话方式……所有这些都表达了一种对于自身社会身份的愉悦感，他们属于优越的阶级，他们可以通过欣赏高雅艺术来炫耀自己。"

其次，埃里蓬以详尽的个人生活史贡献了阶级研究与工人研究的一手资料，但同样无法逃脱文化研究再现的困境：底层人民因为缺乏相关的文化支撑无法再现自身，而任何一种再现都必然伴随着事实扭曲与外在性，即使埃里蓬希望极力再现自己所成长的文化，重新理解工人阶级家庭，过后的回看本身还是与置身其中的工人的视角完全不同。埃里蓬在终章中借由哈布瓦赫的记忆理论，也反思了整部书的论述方式：政治与理论的范式可以向人们提供看待自己的方式，从而创造了一种既是集体也是个人的记忆，本书是在现代政治的坐标之下完成的，他提请我们注意，需要看到记忆产生于异质、多样的时间和空间当中，需要关注个人记忆与个人历史的变化性与多样性。

最后，埃里蓬逃离家庭重塑自我，回归故里则找寻到了真实的自我，他在书中前半部分直言不讳自己不曾经营维护与父亲、兄弟及家族成员的关系，而是主动抹杀，理应为窘迫的家庭关系负上很大部分责任。我不禁想问，"回归"二字应该如何理解？写作完成之后埃里蓬会选择如何面对、处理与家人的现实关系？似乎很难要求或想象出一个阖家团圆的结局。

埃里蓬关注工人阶级的变化性与历史性，我们同样可以将这种思考应用到中产阶级，注意其内部的分化。就两年前我在北京的一对一教培工作经历而言，也存在一部分所谓中产阶级出身的孩子并不热衷于校园秩序或者艺术文化，通过鄙视"书呆子"在同辈群体当中生产并维系着亚文化以确立个人主体性认同，这方面的讨论似乎是失声的。

埃里蓬关于教育的讨论具有启发意义，教育系统是一个兼具双重特质的场域：既包含公平竞争的赛道，又可以是阶层再生产的机器。反观中国社会的教育市场，差异部分在于底层人民拥有更薄弱的反智观念，父母"砸锅卖铁也要供孩子上学"，"我们脑子笨，读不了书"背后又是农民与工人的自卑，"内卷"成为一种社会风气，这与悠久的选拔考试传统、儒家文化，乃至官本位观念有关，但是我们在世界或者说西方主导的文化体系之下仍然面临困境，究竟哪里的阶层流动空间更大，实在难以一言以蔽之。

总之，埃里蓬展示了一幅优秀的自我分析范本，我们可以借鉴作者的分析思路，摆脱认知中根深蒂固的等级观念、概念架构的条条框框，以及它们所造就的社会惯性，如埃里蓬所言，尝试用外部俯瞰的方式了解自己与他人的生活，结合社会结构与历史变迁，重新审视结构性暴力是否或如何在个体身上呈现，书写个人的社会身份、阶级处境如何影响并塑造我们的身份认同。

**参考文献：**

保罗·威利斯，2013，《学做工：工人阶级子弟为何继承父业》，秘舒、凌旻华译，南京：译林出版社。

J. D. 万斯，2017，《乡下人的悲歌》，刘晓同、庄逸抒译，南京：江苏凤凰文艺出版社。

塔拉·韦斯特弗，2019，《你当像鸟飞往你的山》，任爱红译，海口：南海出版公司。

停云，2023，《"为我们的出身雪耻"——读埃里蓬〈回归故里〉》，《师道》第 3 期。

张劼颖，2021，《回归故里——从法国旧故事重返工人文化》，《读书》第 9 期。

Lennon, J. & Nilsson, M., 2019, "Eribon, Didier (2013) Returning to Reims, Semiotext (e), Los Angeles, CA", *Journal of Working-Class Studies*, 4 (2).

Perger, N., 2017, "Eribon, Didier (2013). Returning to Reims. Los Angeles: MIT Press, 256 pp. ISBN978-1-58435-123-8", *Center for Educational Policy Studies Journal*, 7 (2).

Rieger-Ladich, M. & Wortmann, K., 2021, "Enabling Violations: Social Class and Sexual Identity in Didier Eribon's 'Returning to Reims' ". *Childhood Vulnerability Journal*, 3.

## A Labor of Changing Yourself
### —Reading "Returning to Reims"

Deng Ying

**Abstract:** In his book *Returning to Reims*, French sociologist Didier Eliphon talks with a group of intellectuals such as Bourdieu, Foucault, and Sartre, and combines his personal life history and social critical perspective to give detailed answers to the three main questions of how he succeeded in escaping from the destiny of the workers and laborers to cross the class, how the working class of contemporary France reproduced itself under the historical scenario and the social structure, and why their political vote turned to the right camp with the change of the political discourse. The book reveals the mechanism of oppression and reproduction in the social structure, which is of great enlightenment to our understanding of the self and the society.

**Keywords:** working class, subject, social critique, reflective sociology

# "礼物交换"背后的中国礼俗社会与教育小社会

任方芳[①]

**摘要：**《礼物的流动：一个中国村庄中的互惠原则与社会网络》是一项关于中国北方一个村庄中的礼物交换体系和人际关系模式的民族志研究。作者阎云翔通过对下岬村的深入的田野调查，探讨了礼物交换在维持、强化并创造中国传统乡村社会联系中的作用，以及这一社会实践如何反映和塑造了农村社会的政治、经济结构和文化规范。本书在认识论和方法论层面上提供了一种独特视角，从日常生活脉络中的"礼物交换"现象见微知著，透视总体性的中国社会关系生态及其未来变迁。将"礼物的流动及社会关系网络"这一经典的人类学议题迁移至教育小社会，基于对现有少量研究的梳理，笔者认为，应当基于礼物自身"交换的对称性"和"赠予的不对称性"等双重结构特征，加强对"礼物"非物质性形态的关注，通过礼物的流动把握教育关系的形成、维持、发展与变革，理解教育这一小社会的运作方式，避免局限在纯粹应然、功能整合抑或纯粹冲突的两极统摄思维方式中。

---

① 任方芳，南京师范大学教育科学学院博士研究生（1349830573@qq.com）。

关键词：礼物交换　社会网络　民族志　教育

## 一、文化相对：中国传统村庄中"礼物交换"问题的缘起

"跨文化沟通与理解"不仅是人类学的重要使命，也是引导人类学者发现研究问题的基本思维方式。作为一位成长于中国的学者，阎云翔深受中国传统文化的影响，"礼尚往来"正是中国文化中一个重要的社会行为准则，他17—24岁时在黑龙江下岬村的意外生活经历更是让他对中国乡土社会中人际关系的复杂运作方式有了切身体验。成年后，阎云翔接受了中、西人文与社会科学的学术训练，行走在多种文化之间的生活经历塑成了他敏锐的文化洞察力，使得他能够通过日常生活中的"礼物交换"这一看似稀松平常的实践来深刻理解、揭示中国社会中维系和构建关系网络的复杂性，更挑战了西方关于个体主义与集体主义、市场交易与人情往来的二元对立观念。

### （一）个人身份：村庄的闯入者、乡村文化的新手

本书作者是国际著名人类学家阎云翔教授。1954年，阎云翔出生在北京的一个普通家庭里，1966年因家庭背景问题被遣返回山东临邑。1971年，为了逃离饥饿，他带着微薄的钱，踏上了前往东北的火车，并最终在下岬村落脚，度过了7年时光。因此，从阎云翔的早期经历来说，他并非中国传统乡村文化完全意义上的熟手，其研究兴趣源自其独特的个人经历。他在书中提到，在一次春节，他注意到村民互赠蒸馍作为礼物，这与他之前对礼物的理解不同。特别是当他看到亲戚在接受礼物后回赠部分物品时，他感到困惑。通过询问家人，他了解到这是一种乡村习俗，主人会接受一半礼物并回赠一些自家的东西，这激发了他对礼物交换文化的兴趣。他在黑龙江省下岬村的生活经历则为他的田野调查提供了坚实的基础。

下岬村与清朝八旗制度有关，但到了 20 世纪 50 年代，封建影响已不明显，社会分层主要体现在干部群众、城乡、阶级之间。70 年代经济改革后，社会分层体制发生了变化。由于户籍管制严格，阎云翔的迁移被视为"盲流"，加之出身问题，下岬村对他是否留下有争议。幸运的是，他被允许留下，尽管没有户口，但能通过记工分获得口粮。在村里的 7 年时间里，他尝试过多种工作，但因出身问题屡屡碰壁。1977 年高考恢复后，他凭借扎实的学习考上了北京大学中文系。毕业后，他继续深造民俗学和神话学，并留校工作。1986 年，他前往哈佛大学攻读人类学博士，之后在香港中文大学、约翰·霍普金斯大学和加州大学洛杉矶分校任教，目前定居美国。1989 年，为了撰写博士论文，阎云翔重返下岬村进行田野调查。2001 年，《礼物的流动：一个中国村庄中的互惠原则与社会网络》一书初稿完成，这本书基于他的博士论文，后来成为他的代表作。此后，他多次回访下岬村，深入研究当地的社会变迁。《礼物的流动：一个中国村庄中的互惠原则与社会网络》《私人生活的变革：一个中国村庄里的爱情、家庭与亲密关系（1949—1999）》和《中国社会的个体化》等作品都讲述了下岬村的故事，其中《私人生活的变革：一个中国村庄里的爱情、家庭与亲密关系（1949—1999）》荣获 2005 年列文森亚洲研究图书大奖。

### （二）文化他者：西方理论话语和中国本土实践中的"礼物"与社会关系

有了源自日常生活实践经验中初步的问题，阎云翔又对学术研究层面的"礼物"的社会交换问题进行梳理。首先，作者回顾了既往西方人类学家对于"礼物"的研究：究竟人是如何通过物而与他人彼此互相关联的呢？基于文本资料的分析，莫斯（Marcel Mauss）在他的开创性著作《礼物》中提出了著名的"礼物之灵"（spirit of the gift）的概念，也由此将"礼物"确立为 20 世纪文化人类学研究的基本范式，他强调了礼物所携带的义务和回馈期望，马林诺夫斯基（Bronislaw Malinowski）则提出互惠原则（principle of reciprocity），认为礼物的交换是基于人们相互之间的利益和需要。弗斯（Raymond Firth）、列维-施特劳斯（Claude Lévi-

Strauss）、马歇尔·萨林斯（Marshall Sahlins）等学者都对莫斯的观点进行了批评和发展。萨林斯使礼物之灵非神秘化，并且强化了互惠原则的可计算性和实践性。他指出，互惠不是所有交换的普遍原则，也有在等级情境中受礼者有优越性的例外情况。而布迪厄（Pierre Bourdieu）提出的"象征性资本"（symbolic capital）的概念则代表了一种逐渐兴起于20世纪80年代的礼物研究的新方法，强调物品与其所有者的不可让渡性（inalienable possessions），即送礼者随时能要回礼物，这表明了物品的个人化和身份化。此外，人类学家们还开始争论现代商品经济背景下商品与礼物之间的关系。而后，聚焦东西方差异，阎云翔指出，礼物馈赠在中国文化中非常重要，可以被视为一种总体性社会制度，从"礼尚往来""伸手不打笑脸人""千里送鹅毛，礼轻情意重""拿人的嘴短，吃人的手短"等俗语就可见中国人对礼物往来的重要性具有极强的意识（但由于历史原因，中国关于礼物的研究并没有形成一个独立的学科领域）：第一，中国的社会关系结构在很大程度上是由流动的、个体中心的社会网络而非凝固的社会制度支撑的（关系、人情、面子、报），因而礼物馈赠和其他互惠交换在社会生活中扮演着重要的角色；第二，个体从礼物交换中获得人际交往的经验，是"人格之文化建构"过程；第三，在现代中国社会中，礼物交换仍然是经济和政治生活中一种重要的交换方式；第四，中国领域在当时对于礼物的研究较少，且只是当成个体策略而不是社区规则。

因此，在本书中，阎云翔把中国的礼物交换视为一种总体性的社会制度，试图以包括有关礼物馈赠的所有类型的社会活动为研究对象，来考察中国一个北方农村的礼物交换过程和社会网络培育，为我们理解中国社会中人际关系和文化传统提供了宝贵的视角。因此，本书分析的重点是礼物交换的文化规则与运作逻辑，以个人与群体之间社会互动的动态过程，来考察人们的社会关系网络，而不是研究馈赠行为的动机和策略。

## 二、化熟为生：中国礼物交换与变迁中的社会关系网络——以下岬村为例

### （一）礼物交换与社会关系网络的构建

借助理想类型，以下岬村为案例，阎云翔将村民间的礼物交换归纳为两大类：工具性礼物和表达性礼物。工具性礼物带有特定目的，旨在改变或建立社会关系。它可以细分为三种情况——间接付酬：接受帮助后，通过仪式回赠礼物；巴结性礼物（溜须）：低位者向高位者赠送礼物，以维系不平等的关系；润滑作用的礼物（上油）：在求助他人之前先行赠送，建立短暂的工具性关系。这些工具性礼物在村内可能不被认同，但通过私人网络传递时，仍需依托表达性关系。表达性礼物则遵循传统规则，用以维持现有社会关系，也可以分为仪式性和非仪式性两种。仪式性礼物在经济和反映社会关系方面更为重要，如生育、婚礼、建房、拜寿、葬礼等不同场合的礼尚往来。非仪式性礼物则包括日常的互动，如春节拜年、走亲戚、分享食物等，这些情境下的礼物馈赠强化了村民间的共同体情感和团结。

此外，书中还指出了社会结构变迁对礼物交换模式的影响。20 世纪六七十年代以来，新郎新娘成为婚姻礼物交换的主体，这反映出了个体性与夫妻性上升、父权制衰弱的社会结构变迁。

### （二）礼物与人情伦理

阎云翔指出，礼物与人情伦理在乡村社会扮演着核心角色，通过礼物交换维系社会网络，这不仅关乎经济利益，更是道德义务的体现。随着家庭周期的变化，新婚夫妇参与礼物交换，而老年人逐渐淡出。乡村社会的关系结构分为核心、可靠和有效三个区域，通过礼物交换维持界限，工具性礼物尤其有助于界定社区边界。自 20 世纪 80 年代经济发展以来，村民

的私人网络扩大，社会网络随之扩张，下岬村特别依赖朋友联系、屯亲参与和姻亲角色。

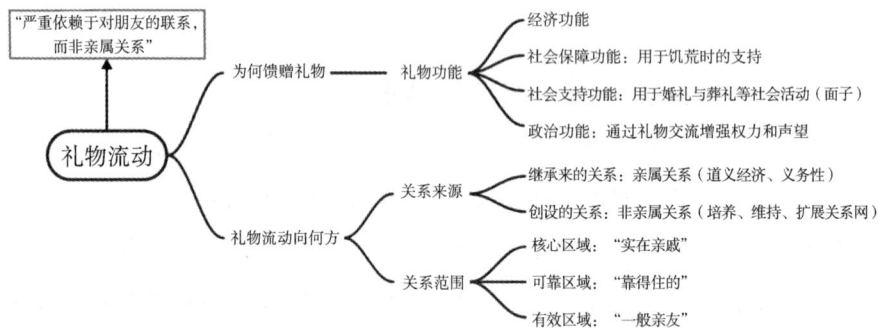

**图1  礼物的功能及其在关系结构中的流向**

人情伦理体系基于乡村社会常识性知识，包含感情、规范、义务和资源等多重含义。下岬村的礼物交换遵循四种规则，反映互惠原则，包括互惠往来、维持社会地位等级、根据往昔关系调节馈赠以及回礼方式的适度。沾光行为在构建人情文化中扮演重要角色，影响着村民的互助义务和日常行为。"面子"涉及社会声望和道德约束，地位高的人面子更脆弱。感情和道德责任深刻影响村民行为，礼物交换中道德义务往往主导人的行为。礼物交换关系中的权力与声望同家庭发展周期和社会地位等级相关。新婚夫妇或单身汉通过送礼维持村中地位，而晚辈孝敬长辈的礼物不求回报。社会地位等级导致礼物的不对称流动，如村民向干部送礼、干部间的政治同盟以及低层干部向上级送礼。基层干部通过控制再分配体系影响村民依附资源，低层人士送礼以保护自己免受歧视。平等个体间的表意性礼物不产生权力，而工具性礼物的受礼者因提供资源而处于优越位置。在下岬村，声望与收礼相关，人们通过送礼建立义务关系，期待将来获得回礼。

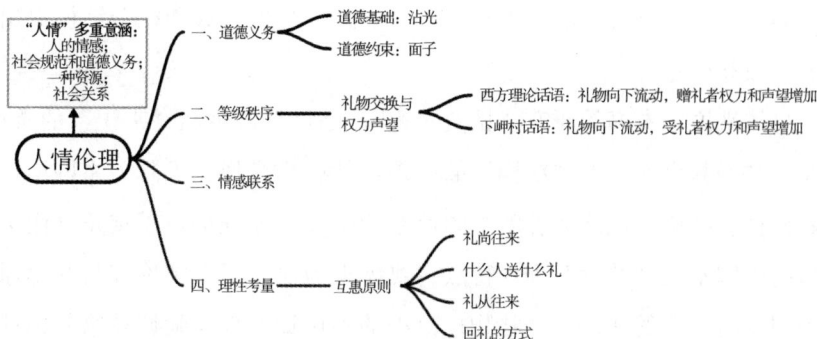

图 2　礼物流动与人情伦理

## （三）结论：中国社会独特的礼物流动与社会关系网络

在中国社会中，礼物流动与社会关系网络具有独特性，与印度和西方文化形成鲜明对比。结合本书附文中阎云翔对中国的孝敬与印度的檀施这两种非对称性礼物馈赠文化的人类学分析可得，中印文化的礼物赠送与西方的互惠原则不同，原因在于文化背景的差异：西方是原子化、个人主义的社会，而中国是差序格局，印度则受种姓制度影响。

阎云翔提出，在中国，礼物的精神在于通过物品传达的人情，而非物品本身，这种人情是不可让渡的。礼物馈赠在日常生活中体现人情观念，随礼作为道德义务，不仅促进了人情文化的形成，也是村民培养、维护和扩展社会关系网的基本方式，体现了传统价值的传承。但是，伴随着时间的推移，礼物交换的仪式性和情感性逐渐减弱，20 世纪 50 年代后礼仪生活被简化，仪式性馈赠变得粗糙。礼物的内在结构也在商品化的世界中发生变化，可能获得商品属性。下岬村的礼物交换体系反映了"传统再利用"的过程，村民采用新的礼物馈赠模式，调整对人情伦理的适应方法。

由此，阎云翔预测，尽管礼物与礼物馈赠在村民生活中仍将扮演重要角色，但随着劳动力流动性的增加和"农民"职业的非固定化，非亲属性的私人关系网络将在乡村社会中发挥更重要的作用。在今日来看，他的预测揭示了中国乡村社会在现代化进程中可能经历的深刻变化。这些变化不仅影响着村民的日常生活，也对乡村社会的传统价值观和社会结构提出了新的挑战和机遇。

总体来说，本书的研究"见微知著"，是对日常生活"常识"的重识，以及对"经验事实"下"结构"的发现：从礼物交换到人际关系网络，再到农村社会结构，最终为理解中国社会的个体化变迁提供了视角。而书中提出的中国本土"礼物"理论特点主要体现为探讨了人情伦理与互惠原则在中国乡村社会的适用性：礼物理论中的不可让渡性，强调礼物的精神联系即人情；礼物与商品间的关系，工具性礼物兼容对立性关系；以及礼物体系中的情感反映，超越了西方礼物研究的经济和宗教意义。

## 三、对话思考：教育小社会中的礼物流动

"礼物"是人类学的经典研究领域，而本书除了在内容层面的发现外，更在经验研究的方法论上，为我们提供了一种借由在生活中具体的物，把握、透视流动中的人际关系网络和非制度化的日常生活中的某一社会群体的方法论意义上的启发（潘泽泉，2005）。

"礼物"，包含"礼"和"物"，以莫斯为起始，经济-道德一体的礼物交换构成了理解社会形态构成的根本途径，而在商品经济高歌猛进的进程中，它的纯粹的赠与性和交换的牟利性之间的矛盾愈发明显，这也充分体现、投射在了教育这个受到外部社会影响，内部有自成一天地的小社会中。在我国现有教育学领域的"礼物"研究中，大多聚焦教育互动过程中多元主体（比如教师-家长；教师-学生；学生-学生等），围绕物质性礼物的交换实践展开分析，受到了布劳的社会交换理论或是阎云翔对中国乡村的礼物研究的极大影响，其结论普遍呈现为工具性、表达性礼物的功能二分、互惠原则和价值的现代异化问题（蒋丽华，2006；武媛媛，2011；张梅梅，2014；魏静，2021）。在笔者看来，这实际上是将教育外部社会的

礼物交换形态进行了直接的复刻，更多表现出的是教育世界的外源性影响，而对教育实践中强烈的符号存在、非物交换的特性有所忽视，比如知识的流动、品性的濡染，即便是"一朵小红花"也更多是一种特定文化意味的符号性存在，而非它的纸张原料。但是，区别于阎云翔对村民的礼物交换与社会生活研究时贯穿始终的中立立场，而对其中的灰色地带的真实样貌予以相对全面的揭示，前述研究中的教育学研究者对"礼物"的应然价值与形态的表述反而在此处凸显出了"教育学"承袭自伦理学的强烈而集中的德性特征。由此，笔者粗浅以为，近乎先验的"道德承诺、责任伦理"研究立场既是教育人类学研究在现实情境中的一种"约束"，又是一种"人类学"与带有价值规约的"教育"相遇时的特征要素，尤其在中国社会中。事实上，阎云翔在本书中也格外强调"道德"在中国村民们生于斯、长于斯、死于斯的乡土社会的日常交往和礼物交换体系中的重要性，其力量可以说是"大象无形"。在当下现实生活，尤其是媒介叙事中找到"教育"与"道德"的影踪，举例来说，当"礼物"出现在亲密关系中时，尽管受到利益交换的侵蚀，但仍然保留了其赠与性的浪漫，但它出现在教育关系中，对它所做的阐释却要十分敏感、慎重。

追溯历史，"礼物"在传统中国教育中无处不在，以"束脩礼"为例，"物"承载着"礼"，"礼"既体现，也塑造着教育世界中的关系网络，为此，有必要区分教育场域中的物质性和非物质性礼物，并加强对体现出教育符号性、象征性特征的前者的关注。在教育这一小社会中，笔者以为礼物流动可能不是传统意义上的物质交换，而更多地体现为一种非正式的、基于人际关系的互动和资源分享。在教育环境中，礼物流动可能包括教师、学生、家长以及其他教育工作者之间的非物质性"礼物"，如专业知识、建议、时间、关注和精神支持。这些非物质性"礼物"有助于建立和加强社会联系，参与着教育小社会乃至贯通外部社会中社会资本的建构。当然，除了"资本"意味的功能之外，礼物的流动也可以是一种信任和尊重的表达，一种对于教育者、受教育者的学术或教育成就的激励（正面反馈），一种缓解误解和分歧的人际关系的润滑剂。但是，不可否认的是，礼物流动也会带来负面的因素，在隐性层面，它还可以作为教育过程中文化和价值观传递的一种方式，带有阶层性的优势文化也就在这一过程中实现了延异，加剧着教育不平等；在显性层面，在某些情况下，礼物流动可能会引发道德和律法规范上的挑战，尤其是在礼物被视为利益交换条件或影响教育决策的手段时。

然而，目前国内仅有福建师范大学的吴涯在硕士毕业论文中基于教育学学科视角专门将非物质性礼物作为一个类型进行了讨论（吴涯，2022）。他还引入了"场域"理论，试图打破带有功能论色彩的静态教育学研究形式，但他认为"非物质性礼物/精神性礼物"就是教育本身，即"教育作为精神性礼物"，"与物质性实体礼物的馈赠相比，教育无疑是使儿童受益一生的'佳礼'"，家庭的馈赠是在私人领域为儿童提供庇护，学校的慷慨是将儿童引入公共世界。事实上，在最初的概念界定时，他就已经将其赋意为"教师给予学生、时代给予儿童、国家给予国民最好的礼物"，还提出了礼物既是媒介，也是关系，在这样的逻辑与立场前提下，"场域"中的各种规训也就成为儿童获得满足自我发展需求的享受时必须接受的折磨，"教育作为人生不可多得的礼物，儿童通过教育，通过享受教育得以成为人，但这种享受必然不是那么轻松的享受"。最后，他提出了"教育场域中的礼物范式作为一种他者取向的教育关系"。

在笔者看来，首先，以上观点的演绎逻辑无疑是对教育学场域中近乎先验的德性特征的再次确证，这也是包括笔者在内的教育学人相近的某种理想关怀，但若是它成为一种先行的研究立场，会导致将具有复杂性的"礼物"引入教育学研究，聚焦教育关系，更新既有对教育现象和背后的肌理认识的可能被遮蔽。一者，"礼物现象"的张力源自于它自身"交换的对称性"和"赠予的不对称性"，"经济"与"道德"，"竞争性"与"非竞争性"并存的双重结构；基于社会事实、作为"场域"的教育自身也充满张力，因此才形构出动态变化的教育社会关系网络，因此，笔者以为，若要深化"礼物"在教育世界中的经验研究，需要以礼物的纯粹赠予关系为原型，加强对"礼物"非物质性形态的关注，即在关系中研究此种礼物如何成为礼物，通过礼物的流动把握教育关系的形成、维持、发展与变革，理解教育这一小社会的运作方式，尤其聚焦原型扭曲以及其他非预期后果、负向功能的成因，避免局限在纯粹应然、功能整合抑或纯粹冲突的两极统摄思维方式中。否则，我们恐怕对"既然教育被研究者视为一种正向的礼物，却会让儿童受到折磨"的这一已在批判教育学中得到一些解释的问题都无法作出回答。

最后，对于"教育究竟是不是一种礼物"这一话题，笔者以为无法贸然给出定论。从静态层面来说，除了"礼物"的属性之外，还涉及究竟如何理解"教育"、理解"教育关系"（譬如教育是主体对客体的改造吗？谁又是主体？所有实践层面存在的教育都可以被视作礼物吗？），尤其在受教育权是公民的基本权利的基本前提下，这一话题更需要进行审慎商榷；从动态层面而言，笔者以为，作为日常生活现象的"礼物流动"更多发生在微观的教育互动过程中，这也是阎云翔的研究所采用的研究视角与方法论。礼物在关系中是一种媒介，它折射、凝结着关系，但却不是关系本身，不能将其视作预设的整体框架本身，它的属性由连接的双方和情境决定，譬如以作为礼物的"知识"为例，至少与它的诞生、塑造的制作过程，以及在何种情况下被送出、如何被接受等问题相关，即便它本身饱含着馈赠者的满腔热忱和美好寄望，也会出现非预期后果、负向功能。而在这一方面，对于初学者来说，阎云翔的《礼物的流动：一个中国村庄中的互惠原则与社会网络》已经给出了具有很强操作性的范例。但是，由于当前的礼物研究已经趋向于跨学科的融合，结合经济学、心理学、文化研究等多个领域的知识，因此，还需要根据具体的研究问题进行具体研究设计，跳出单一学科视角，对礼物现象有更多元和深入的理解。

**参考文献：**

蒋丽华，2006，《礼物的流动——对初中生社会关系网络的探究》，华东师范大学硕士学位论文。

潘泽泉，2005，《实践中流动的关系：一种分析视角——以〈礼物的流动：一个中国村庄中的互惠原则与社会网络〉为例》，《社会学研究》第3期。

魏静，2021，《教育场域中礼物的异化问题》，南京师范大学硕士学位论文。

吴涯，2022，《教育场域中礼物的教育关系研究》，福建师范大学硕士学位论文。

武媛媛，2011，《礼物的交换意义及其合理化过程——一项关于教师收礼行为的研究》，华东师范大学硕士学位论文。

阎云翔，2017，《礼物的流动：一个村庄中的互惠原则与社会网络》，李放春、刘瑜译，上海：上海人民出版社。

张梅梅，2014，《教师日常行动的社会学研究》，陕西师范大学硕士学位论文。

## The Chinese Society of Ritual and the Educational Microcosm behind "Gift Exchange"

Ren Fangfang

**Abstract**：*The Flow of Gifts*：*Reciprocity and Social Networks in a Chinese Village* is an ethnographic study on the gift exchange system and patterns of interpersonal relationships in a village in northern China. The author，Yan Yunxiang，through in-depth fieldwork in Xiajia Village，explores the role of gift exchange in maintaining，strengthening，and creating traditional rural social connections in China，as well as how this social practice reflects and shapes the political，economic structures，and cultural norms of rural society. Transferring the classic anthropological topic of "the flow of gifts and social networks" to the educational microcosm，the reviewer posits that by reviewing a few existing studies, we should focus on the dual structure of gifts— "exchange symmetry" and "gift-giving asymmetry" —while emphasizing their non-material forms. Through the lens of gift circulation, we can understand the formation, maintenance, evolution, and change of educational relationships, grasping how this small society operates, avoiding a binary thinking trap of pure ought, functional integration, or conflict.

**Keywords**: gift exchange, social networks, ethnography, education

学校案例

# 地方中小学校的文化传承道德自觉与历史责任

## ——以泉州地区南音文化教育为例

余天琦[①]

**摘要**：研究中华优秀传统文化可以从地方文化入手，地方中小学是培养高度文化自信青年的场所。本文从泉州地区南音文化教育的个案出发，通过对历史资料的梳理和现实情况的分析，分别阐述泉州南音的独特价值与南音融入地方中小学的意义，分析当今泉州地区中小学文化传承道德自觉的具体体现与存在问题，并提出相对应的传承实践路径，以形成南音传承人的培养、政府民间力量共同支持、课程与教学体系完善以及现代化技术应用为主的"四位一体"传承举措，激发地方中小学生个体的文化传承道德自觉与历史责任。

**关键词**：地方中小学 文化传承 道德自觉 历史责任 泉州南音

推动中华优秀传统文化进中小学课堂是落实党和国家立德树人根本任务的重要途径。《国家中长期教育改革和发展规划纲要（2010—2020年）》就提到要"加强中华优秀传统文化教育，培育德智体美全面发展的社会主

---

① 余天琦，福建师范大学教育学院本科生（2445924066@qq.com）。

义建设者和接班人"。2014、2019 和 2021 年，教育部接连印发了《完善中华优秀传统文化教育指导纲要》《加强和改进中小学中华优秀传统文化教育工作方案》《中华优秀传统文化进中小学课程教材指南》，对传统文化教育做出了系统的指导。在多元文化互相交融的时代背景下，地方中小学要在教育教学活动的实践开展中树立起文化传承的道德自觉，并引导学生形成文化自信。

泉州是南音文化的发源地和最后的保存地，其文化传统和地域特征成为南音文化传承传播有别于福建其他地区的独特优势，成为福建闽南地区南音文化传承最具代表性的地区。然而，随着社会日新月异的发展，现代流行文化的强烈冲击，南音社团成员老龄化及青少年对南音文化理解认识不足等因素造成了慢节奏、使用闽南方言演唱的南音传承的梗阻现象。地方青年是弘扬本土文化的主力军，本文希望通过文献查阅、实地考察及访谈的方式对南音文化教育融入泉州地区中小学的现状进行分析，并试图研究南音和课程与教学有机融合、建构课程教材体系、培养青年学生学习南音的兴趣的实践路径。另外，重视现代化技术的应用，尤其是在"元宇宙"技术与南音教育课堂互动结合方面的研究，以社会动力、学校教育与科技创新为关键抓手，共同助力泉州南音文化的活态传承、动态性传承。

## 一、泉州地区南音文化的历史探析与现实价值

"南音"古称弦管，由器乐和声乐两大部分组成，是发轫于古代海上丝绸之路的起点城市——泉州的千年古老乐种，被誉为"中国古代音乐历史的活化石"（王丹丹，2018：50－52）。为地方留下了瑰宝的同时，也提供了丰富的文化与教育资源。同为"闽南大三角"之二的厦门、漳州地区也为南音的传承传播采取了一系列举措，尤其在地方中小学开展相关课程、活动，但其效果却远远不及泉州地区。地方中小学传统文化教育始终

根植于当地独特而悠久的历史文化，因此，深入挖掘泉州地区的历史文化因素，体悟其地理特征和历史文化底蕴，有助于从根本上探知南音文化教育与地方中小学课程体系融合的内涵与要义。

### （一）泉州南音文化传承的历史渊源

关于南音的历史起源，学者研究后发现南音盛于隋唐，但其历史可追溯到汉晋时期，随北民南迁来的不仅有经济作物、农耕工具，更有中原地域缔结形成的文化珍宝。中原音乐文化被带入今福建晋江流域一带，既保留了中国盛唐以来中原雅乐的音乐元素，又与古闽越文化中的民间音乐长期交融，形成了南音这一具有鲜明艺术特色的乐种（彭兆荣、葛荣玲，2007：64—69）。在文化传播的过程中，形成以泉州地区为核心，以厦门、漳州为缓冲带助推器向四周辐射的传播形态。20世纪80年代，泉州南音乐团到北京演出，赢得了爱新觉罗·溥杰的赞誉："源远流长活化石，平生难得几回闻。"值得肯定的是，南音及其所孕育的南音文化不是一朝一夕形成的，而是人类在长期经验积累中形成的智慧的结晶，借取联合国教科文组织"人类口头和非物质遗产代表作"公告中的话，就是"人类天才创作的杰出代表作"。

泉州地区之所以能成为将南音完好保存的源起之地，且传承传播活动较厦门、漳州而言明显活跃，离不开泉州地理位置和历史地位上的优势：宋元时期，泉州港为东方"第一大港"，是海洋交通运输的枢纽，对外交流相较内陆地区空前繁盛；而后期实行的海禁政策，泉州在海陆交通受阻，恰好成为南音文化保存的优势条件。因此，经济发展对泉州人民的传统思想并未有根本性的动摇，南音文化发展依旧兴盛（蔡颖，2016：8—13）。顺着古代海上丝绸之路的路线，闽南地区怀着"爱拼才会赢"精神的先辈们远涉重洋，南音也成为当时中国与东南亚国家经济、文化生发及交流的非物质载体。古时下南洋者劳作之余吹洞箫、弹南琵，苦闷之余通过南音纾解思乡之情，弦友们于无意识中构建起南音文化传承的桥梁纽带。时至今日，海外华人华侨怀揣着对南音的情怀，成为新时代泉州南音历久弥新的庞大支持力量。在华人华侨的资助和政府的大力支持下，南音馆阁纷纷成立，南音相关的社团、文化活动百花齐放，无不助推着南音文化欣欣向荣、蓬勃发展。泉州地区在南音保存方面具有独到之处也离不开南音本身具有的个性特征及文化因子。

其一，泉州南音具有多元性。南音从远古走来，又随着闽南人走向世界各地。在这个广阔的时空坐标中，南音持续地与各种不同的文化接触，形成了自己强大的文化张力（彭兆荣、葛荣玲，2007：64－69）。它保留着汉唐以来中国古典文化的精髓，又凝集了西域音乐的形式与形态，也吸收了其他音乐文化如佛教音乐的特色。在成长发展的历程中，在地域文化的熏陶下，南音吸取了闽南地方性音乐的独到之处。从泉州南音中，不仅可以窥见"横抱琵琶"的特殊形态下西域文化的特征，还可以听见"汉相和歌""晋清商乐""隋唐燕乐"的遗音和演奏规制，蕴含着晋清商乐，唐代大曲、法曲、燕乐和佛教音乐，及宋元明以来的词曲音乐、戏曲音乐等形式（彭兆荣、葛荣玲，2007：64－69）。在它身上，古代中原文化、西域文化、闽南文化、宗教文化相互交融的痕迹清晰可见。南音从来都不仅仅是泉州人创作的，它是多元文化的集大成者，因此有专家称："泉州像个戏曲的博物馆。"它把所有宝贵文化收入囊中，并鲜活地保存下来，实现了古代中原文化、西域文化、宗教文化及闽南地域文化的有机融合，形成了别具一格的闽南海洋文化。

其二，泉州南音具有独特性。泉州南音之所以能流传至今，其蕴含的历史文化在时空的涤荡中历久弥新，展现出强大的活力，与其自身所具有的独特价值密不可分。首先，南音自身的传承方式独特：南音是"活"的文化遗产，很长一段时间以来，一直依靠民间师徒"口传心授"的方式传承（林莹，2020：142－145）。南音传承人以其与生俱来的素养及内心的热爱承担起传承南音的光荣使命。这种颇具原始色彩的传承方式，成为南音传承至今的重要因素。同时，南音唱腔从容幽雅，委婉柔美，作为古老的音乐形式，"照古音"咬字吐词，归韵收音，象征着古代历史的深深烙印。其次，南音采用泉腔闽南方言演唱，赋予泉州南音独特的地域色彩。福建省历来以方言复杂著称，全国汉语方言七大类，福建境内就占有其五——闽方言、客家方言、赣方言、吴方言和官话方言（志选，2004：14－18）。福建省多为丘陵地形，山河相间将地理单元分割开来，于福建区域大致可划分为七个方言区，闽南地区为其中之一。闽南语与闽东语、闽赣方言等大相径庭，得益于闽南地区特殊的地理文化生态，并形成一套当地人特有的语言体系，把南音文化与八闽大地上其他地方的文化区分开来，形成自身特色。

其三，泉州南音具有世俗性。南音源于宫廷音乐，但它从未满足于在社会上层流传，而是在由北向南，由上而下的传播中走向世俗化，走向大众化。南音借助泉州在历史和现实上特殊的地缘关系，从一个地方性的民间音乐形态转变为一个覆盖闽南以至于世界各地华人社会的区域性"南音文化圈"（彭兆荣、葛荣玲，2007：64－69）。南音的传播不仅局限在全国范围内，更体现在其向海外传扬的魅力，因海外认同而建立起的南音馆阁、社团机制，弦友们相会于此，重视伦理，人情味浓厚。专业性南音社团在助力中华优秀传统文化传承的同时，往往也以同乡互助的形式，对同乡同胞进行救济援助，形成了具有强大凝聚力的共同体，也逐渐演变为一种有别于血缘和地缘认同的社会共同体。德国文化哲学家卡西尔（Ernst Cassirer）提出人是一种文化符号动物，人的独特之处在于能够创造和使用符号（卡西尔，1985：34）。泉州的人们在长期生活中创造出自己的文化体系，"泉腔南音"也成为海内外华人共同认同的文化符号之一。

泉州南音的历史资源与其特性不仅有着重要的研究价值，也为教育教学活动尤其是中华优秀传统文化教育活动顺利开展提供了鲜活的素材与案例。

### （二）泉州南音文化传承的道德自觉对当代青少年的教育价值

泉州地区光有优秀的地方传统文化是远远不够的，要让地方文化展现出其应有的价值，发挥其现实影响力，必须采取相关举措维护并传承好文化，利用好当地的文化资源。青少年是文化传承的新鲜血液，更是传承的主力军。学校教育相较于其他形式的教育能够更加系统地将知识传授给下一代，是履行文化传承职能有力的执行者。新时代视域下形成南音文化传承的道德自觉和文化自信对当代青少年具有教育意义，主要体现在以下三个方面。

其一，开展南音文化教育有助于培养有文化自信的青年。树立文化自信是我党培根铸魂的基础性工程。文化是民族的"根"和"魂"，是人们的精神家园。每个人自生下来就浸染于特定的文化传统中，文化在无形中塑造着每个人的精神气质，塑造着特定的国民文化心理（吴玉军，2015：48—53）。在泉州地区中小学开展南音文化教育，使学生接受南音的洗礼，从认识到熟知再到亲身实践，独立演奏演唱，不仅丰富了学生的课余生活，促进学生身心健康发展，提升学生的审美品位，贯彻落实"五育并举"中的"美育"举措，同时还能够培养学生的艺术修养与文化素养。更重要的是，南音文化对青少年学生的影响力不是一蹴而就的，而是一种"濡化"的过程，使学生在润物细无声中融入南音文化，在著名唱段的演奏中，在弹奏琵琶拨弄弦管的过程中，发自内心地敬畏这里的文化，在深入的学习中逐渐转化为文化自信。在当今社会，面对多元文化的交融，学校积极对中小学生进行优秀传统文化教育有利于学生形成高度的民族自豪感和认同感；有利于学生民族身份的形成，使其成为具有中华文化气质的现代中国人（张善超、李宝庆，2016：49—51）。

其二，开展南音文化教育有助于形成中小学办学特色。地方中小学要办好让人民满意的教育，首先要确定自身的办学理念并突出办学特色。学校办学特色的形成是优化学校管理模式，提升学校办学质量的有效举措之一。地方中小学的特色发展体现在其校园文化建设、学校管理模式、办学理念、课程体系等的创新上。中华优秀传统文化融入地方中小学教育能够使学校开设的课程内容更加丰富，促进课程结构的创新，从而使学校的办学理念实现良性转化。另外，地方中小学在政府指导下开展课后延时辅导，依据学校的实际情况，结合学生的兴趣爱好，有针对性地开设系列课程。泉州地区的中小学在将南音文化教育融入课程体系的实践方面颇具借鉴性，一系列不同层次的南音课程循序渐进开展，满足了学生的课余文化活动需要，形成泉州地区中小学有别于福建其他地区中小学的特色，并形成了地区、学校的品牌，提升了学校口碑声誉，更重要的是，能够让教育教学活动更好地开展。

其三，开展南音文化教育有助于传承地方优秀传统文化。教育系统是社会的子系统，良好的教育能够通过对人的培养来促进社会各个系统的协调发展（张善超、李宝庆，2016：49－51）。在全球化的大浪潮下，人们与文化知识的距离在某种意义上不断缩短，西方文化伴随着经济和科技实力的日趋强劲渗透到人们生活的方方面面，渗透到世界的每一个角落，逐渐形成了一种文化侵蚀现象。针对这样的情况，德国教育人类学家克里斯托夫·武尔夫在著作《教育人类学》中提到："教育将不能再简单地看作是一个国家所能够单独承担的事情了，教育将变成一个跨文化的任务。"（克里斯托夫·武尔夫，2020：160）面对潜在的文化风险，教育承担起保存、传承好世界各地优秀文化的社会性职能。从宏观角度来看，泉州地方中小学开展南音文化教育具有消解优秀文化消亡风险的意义：在教育对文化的传递、传播过程中，学生能初步认识南音的由来，体悟其历史文化底蕴。在系统化的南音课程教学中，学生深入了解南音的基本乐理，在实践课程中，学生能够亲身参与到南音的演唱演奏过程，使广大青年学生实现由认识到感受内化南音文化这一过程的转变，形成对地域文化的认同感，并逐渐演化为传承地方文化的使命感，使泉州南音文化薪火相传，代代守护。另一方面，泉州地区的魅力在于，南音文化等一类地方优秀传统文化的传承不仅局限在学校的课堂，更有家族中的代际传承，有泉州每个小家庭中家长对孩子的有意识引导，在这些社会因素的配合下，地方中小学可以恰到好处地发挥以点带面的作用，使南音文化更广泛地传播。

## 二、泉州地区中小学南音文化传承道德自觉的培养现状分析

社会学家费孝通认为，"文化自觉"即生活在一定环境中的人对当地文化有一定的"自知之明"，表现为对民族文化发展的过程与价值的认知，地方民众在长期的共同生活中逐渐形成传承保护优秀传统文化的自觉。泉州地方重视南音文化的保护与传承：1989年，泉州市政府下达了"南音进中小学课堂"的相关文件，鼓励从小培养南音人才，开创了民族音乐进课堂的全国先例。基于南音文化传承的现实，泉州形成了独具本土特色，适应文化发展的"政府—学校—民间"文化传承模式，即政府主导，学校具体实施，民间广泛参与，这是泉州南音保存完好的一大原因，更开创了福建地方中华优秀传统文化传承传播的新局面。地方中小学作为社会年轻一代的培养地，为文化传承提供丰富的潜在人才。鉴于泉州地区文化传承资源丰富，泉州地区具备南音文化融入学校教育，融入中小学课程体系的优势。然而，作为年代久远的古老的传统文化，其存在一些外部因素的影响干扰，南音本身的传承传播活动具有一定的局限性。从客观的角度对南音文化融入学校教育的现状分析，能够把握好中华优秀传统文化传承的关键点及堵点，从而从本源处解决优秀文化融入教育的现实问题。

### （一）南音文化传承的道德自觉在教育中的具体体现

泉州地区南音传承得天独厚的优势在于全社会的重视程度高。在泉州市政府的大力扶持、社会民间力量的无形助推、华人华侨的资金支持下，泉州地区中小学南音文化进课堂的全方位实践如火如荼地开展。以泉州培元中学（以下简称培元中学，培元中学是泉州的百年名校，是"非遗校园传承研究"课题核心学校）为例，作为南音教育的典范学校，该学校形成了自己的办学特色，在南音文化融入学校教育工作方面为泉州地区其他学校工作开展提供可借鉴的蓝本。

2005 年，培元中学面向全市招收南音艺术特长生，设立南音课程，并成立"培元中学南音艺术团"，确定南安四都小学、晋江求聪小学等学校作为该校的南音生源基地，每届特招 10－20 名南音特长生，致力于在校园中培养南音人才，把南音教育作为学校的一项办学特色（陈恩慧，2015：84－87）。此后，培元中学以"南音文化教育"为品牌持续深耕，形成课堂普及性教学与课余艺术团针对性教学相结合的办学模式。该模式加速南音文化融入地方中小学学校教育，成为可持续发展的借鉴性优势。

培元中学重视课堂普及性教学与校本课程的设计，这体现在以下几方面。

其一，优秀传统文化要在地方中小学落地生根，一大肯綮在体系化分层次教学。普及性南音文化教育不是笼统地"一刀切"，也不是泼水式将南音"一股脑"倾倒给学生，而是针对不同年龄段学生的身心发展特点与知识吸收掌握的效率，将不同学段的学生划分层次，设计不同的南音校本课程《培元中学南音中学实验课程》《培元中学南音高中实验课程》，开设"必修课＋选修课"模式，旨在"循序渐进"式促进学生对南音知识与技能技巧的吸收。例如，培元中学分别设置初中部南音体验课与高中部南音鉴赏课。同时，还围绕不同课程设置不同的课程目标与教学方式，让南音真正在中学阶段得以传承（蔡清雅、陈恩慧，2021：31－34）。初中阶段教授的主要是关于南音的基本知识和易唱易会的入门曲目，通过工乂谱结合简谱开展教学，旨在初步培养学生的学习兴趣，在此阶段做到基本实现"生生知南音，生生唱南音"的教学目标。高中阶段保证学生每周至少一节南音课程，此阶段以系统教授南音曲艺的鉴赏为主，赏析南音经典曲目，让学生熟悉南音"四大名谱"，旨在提升学生的审美意趣与审美能力，在校期间，要求每位学生学唱《南音校歌》，形成对本土文化认同及对学校特色文化的认同。

其二，设置专门的校本教材优化教学内容。2013 年，在泉州南音文化传承中心的支持与帮助下，在南音传承人和南音文化研究学者的指导下，学校成功设计专门的校本教材《南音生南国》，并由中国文学基金拨款印制。将校本教材与教师教育教学有机结合，教师依照课本内容进行教学，合理调整教学进度。详尽的课本内容、方法记录，不仅能减轻教师教学的负担，更使南音的理论教学与实践指导更加规范化，系统化。

除了课堂教学，培元中学还加强课余艺术团针对性教学与专业化人才培养。课堂教学时长有限，尽管教师倾囊相授，也很难把南音复杂繁多的知识技巧完全教给学生。因此，在南音文化融入地方中小学的教育教学实践中，光有课堂上的普及性教育是不够的。实现优秀传统文化的传承离不开一批专业精湛的传承人。对此，培元中学早在2004年就成立了南音艺术团，主要对有天赋和资质进行深度学习的南音人才进行一定程度的拔高。艺术团采取分组教学模式，由于南音演奏的难度大于演唱难度，艺术团首先开展"口授心传"的教学模式，另外在更高程度的小组开展南音器乐的专业教学，如南音洞箫，从南音基础练习曲入手，紧接着教授南音专业曲目练习。地方中小学的专业化艺术团为培养高校南音专门化人才奠定了基础。

另外，专业化、雄厚的师资队伍也是南音文化教育融入地方中小学成功的一大关键要素。艺术团主要采取"外引内培"模式，"外引"即通过聘请南音传承中心的演员到校参与演出；"内培"即请南音专家不定期地到中小学对教师进行培训。南音艺术团成立的同时，培元中学还成立了南音艺术教育中心，以艺术教育教师为骨干，其他音乐教师协同参与，多种方式全面提升教师的专业素质，打造强劲的师资力量。

培元中学始终以"播扬南音遗响，传承闽南文化"为己任，坚持守正创新与以文育人、以文化人相结合，在中华优秀传统文化传承方面成果显著：通过系统的课程学习和校园南音文化氛围的熏陶感染，培养起学生对南音文化的浓厚兴趣。学生在学校常规化、系统化的课程及课余学习中，或多或少地对泉州南音的文化传统和基本乐理有初步的认识，在政府、社会力量与学校的共同努力下，学校被评为"中华优秀传统文化曲艺传承示范基地"，南音校本教材《南音生南国》入选福建省美育优秀地方与校本课程，又被评为首批福建省精品校本课程；南音教学成果《世界非物质文化遗产之福建南音的校园传承探究与实践》荣获全国基础教育教学成果二等奖。生动的实践充分印证了南音文化教育融入地方中小学具有可操作性。

### （二）文化传承道德自觉视域下南音文化教育面临的冲击

学校教育面向的对象是在校学生，随着时代的发展变迁，文化传承的途径和手段发生一系列变革。在南音文化教育融入地方中小学的实践中，泉州地区在取得成果的同时，仍面临一系列问题，亟须解决，这些问题的存在也是地方优秀传统文化在传承传播中的现实困境。

其一，南音文化教育与闽地方言的传承有一定难度。泉州南音以用泉州古方言演唱著称，这是泉州南音独特性的生动体现，却成为南音融入地方中小学的一大劣势。新中国成立以后，国家要求各级各类学校学生必须说普通话，地方中小学课堂未开设地方方言相关课程，甚至被明令禁止在校园课堂内使用方言。随着标准普通话的普及，新一代年轻人鲜少用方言沟通，年轻人丧失了说地方方言的习惯，方言在年轻一代的传承出现了代际的"断承"的现象。另外，地方方言学习的难度较大，若无本地文化环境的熏陶，外地人很难在短期内学会闽南方言，也较难掌握泉腔南音的演唱技巧。福建地方与地方间方言差异显著，即使是同一方言体系中，个别的字与对应的音节仍有很大的地区差异。

学好方言难，学会标准正宗的方言难度则更大。虽然，与福建其他地区相比，厦漳泉地区的方言普及率较高，闽南方言的社会认同感较强。年长一代在日常生活中会有意无意地用闽南方言与下一代交流，在儿童成长的过程中营造说闽南语的良好语言环境，但是，南音的主要传承形式是"口授心传"，在一代一代人口口相传的过程中，人们会不自觉地对方言进行"简化"，汉字对应的闽南语原本的"古音"在传承的过程中面临失传。以"语文"二字在闽南语中的发音演变为例："语"一字的读音在泉州古音中需要经过喉咙，形成"喉化音"发出。但如今，在会讲闽南方言的年轻一代群体中，大多数都采取不经过喉咙，直接简化的发音，后辈人的某些音发不出，发不准，使正宗泉州古音与闽南方言传承濒临危机。在南音的演唱中，"字简腔繁"又是其一大特点，南音的唱段都对咬字、润腔、气口都有严格的要求。学校教育中，学生尤其是小学低年级学生在无充分的学习准备，认知理解能力尚未完全形成的情况下，"口授心传"的传统南音师徒传承模式在学校教育中不能完全适用。

其二，南音文化教育面临现代流行文化的冲击。在科技日新月异的现代化社会，以互联网为中心构建的社交网络为广大青年提供海量的信息，信息的来源更加丰富，青年人正处于中华优秀文化与外国优秀文化，传统文化与流行文化相碰撞的时代风口。学校教育对学生的认知与行为有引导作用，如何在传统与流行之间做出合理抉择，平衡好二者关系，也是学校教育的一项任务。部分青年，尤其是青少年，存在对主流文化重视程度弱化，对优秀传统文化疏离的现象，容易被短视频强视觉冲击力的内容创作吸引眼球。而作为优秀文化遗产的南音旋律婉转绵长，演唱的节奏缓慢，与"快节奏"的流行文化背道而驰，能够沉下心欣赏南音唱段，并沉稳地接受平缓的音乐的年轻人凤毛麟角。另外，南音的演唱演奏形式比较单一，多为固定的表演者在舞台上固定站位或坐位，每个节目的表演者人数固定，甚至有的表演只需一位表演者持乐器演奏就能完成。一台演出往往持续时间长，视觉上画面一成不变，造成观众的视听疲劳。越来越多的年轻人在传统与现实的抉择中，最终还是选择投入异彩纷呈的流行文化的阵营中。南音文化魅力在年轻一代间丧失，长此以往，会造成未来南音文化市场受到负面影响，并进一步演化为南音濒临消亡的潜在性危机。

其三，教育资源分配不均的社会现实同样影响南音文化在各区域中小学间传承的程度。城市学校的教育条件与乡村地区相比较为优越，不仅在于师资力量的积累，优质生源的流入，更重要的是，南音演奏使用的民族乐器需要定期更新维护，乡村学校往往缺乏充足的资金更换设备，演奏难达预期效果。

因此，在方言传播受阻、流行文化异军突起及地区文化发展不协调的三重社会现实笼罩下，年轻人渐渐远离传统文化，泉州地区的南音传承人出现普遍的"老龄化"现象。文化难以长久保存，自然波及学校的传统文化教育，学校教育与地方传统文化之间形成一道难以逾越的鸿沟。在承认地方于传承与弘扬优秀传统文化方面发挥的作用和具备的优势的同时，也应该正视文化传承过程中面对的问题。南音文化教育融入地方中小学本质上以人为中心、以学生为中心，在方言教育与文化自信的树立层面应做足功课，保证好南音文化的后续发展活力与再生产能力。

## 三、泉州地方中小学文化传承的历史责任与实践路径

在把握好南音文化教育融入泉州地方中小学的优势与堵点后，需要确立与之相对应的改进措施以保证南音文化教育后续发展的持续性再生力。陶行知认为，真正的教育要使教、学、做合一，最终目的在于做（张善超、李宝庆，2016：49—51）。南音的传承教育光有理论的指导是远远不够的，重在实践。泉州地区分别从起点环节、中间环节和结果验收层面针对南音文化教育的融入提出指导性意见，并辅之以必要的手段，在发展中探索出"全过程"式传承传播的保障举措，丰富南音文化的传承形式与实践路径。

### （一）南音融入的逻辑起点：传承人的道德意识与文化自觉

南音之所以传承至今，历久弥新，不仅因为其深厚的文化生命力，更是因为其与中国几千年优秀厚重的文化基因同根同源，本质内核一脉相承。潜藏在南音背后的，是自西周时期便盛行的礼乐文明，是自孔孟时期便广泛倡导的制度、规制、礼节。每一个南音传承人都谙熟南音的演奏礼节：他们以"祖师爷"孟昶君为信仰，奏前需焚香，演奏过程中每个演绎

者需要与下一个演绎者进行"接拍"的仪式，演奏时乐器的排布讲求丝竹相和。这是在南音传承人之间形成的一种约定俗成的默契，是南音历史底蕴与中华文明的呼应。

另外，南音"口授心传"的教学模式要求无论是演唱还是演奏方法都要先师一字一句地对学生进行传授。"先师"是教授南音且具有精湛技艺、扎实功底的老师的尊称，学生称呼老师为"先师""先生"，传达着学生对南音优秀传承者的无限敬意，传达着儒家尊师重道的优良传统，传达着存在于我国几千年的重视道德修养的宗法、礼乐传统。南音传承严格遵循着"先拜师后学艺"，并定期进行"拜馆"活动。传承人是直接参与非物质文化遗产传承、使非物质文化遗产能够沿袭的个人或群体，是非物质文化遗产最重要的活态载体（祝海霞、何卫东、李俊健，2013：142－143，78）。南音传承人是南音文化的活的灵魂，南音的一系列礼仪习俗根植于每一位传承人的心中，并代代传递下去。泉州地区自古以来便尊重传统，规整的礼制是构成泉州地方文化的一大因素，在这个地区的传承人心中形成道德自觉、文化自信与文化自觉。通过特定的仪式的继承，保持好南音的独到性与独创性。

然而，在当今的社会上，这样具有高超技艺与道德情怀的优秀传承人越来越少，针对南音文化传承人老龄化的发展态势，当前的工作应当以培养新的专业化的传承人为重要任务之一，致力于为南音传承团队注入新鲜血液。从青年的个体角度出发，在学习南音演唱演奏时，能够有意识地了解南音的相关礼仪和礼制，并在演唱、演奏的过程中有意识地践行礼仪，让南音的优雅婉转与传统的礼仪礼制共同成为激发年轻人心中对家乡文化的认同感与自信力。另外，南音的承袭当在传承人之间形成自发性到自觉性的转化，将馆阁传习与学校课堂结合，将家庭传习深入到闽南地区的每个家庭，并形成每一个家庭、每一个家族对南音文化的不同理解，营造代际共同参与的良好传承氛围与传承环境，承担起南音传承人的义务与责任。南音是闽南地区的文化"富矿"，年轻一代传承人在倾情演绎中将其内化为道德认同并形成传承的道德自觉，并在其间充分领略南音文化之美。

### （二）南音融入的中间环节：政府、民间等社会力量的支持

南音文化的传承离不开传承人的内生动力，更离不开外部条件的有力推动。社会力量是中华优秀传统文化得以传承的强大抓手与支持力。从政府的角度出发，其一，当地文化局、旅游局出台相关政策，能够更有针对性地对文化传承起助推作用。泉州市政府可以定期举办南音演唱、演奏比赛，调动社会民众广泛参与，为南音文化的展示提供热烈而广阔的舞台，做到南音文化的动态性传承。例如，泉州市每年定期举办中小学生南音演唱、演奏比赛，从原本单一形式的演唱比赛，到加入南音乐器演奏的比赛项目，既提升了比赛难度，又丰富了比赛形式，证明当今中小学生通过系统性的学习，具备了更加专业的南音音乐素养，在才艺展示的过程中，不仅以竞争奖励机制敦促学生进行南音的深入学习，更在全社会营造重视南音的文化氛围。一方面为学生们的南音舞台实操提供了最佳素材，另一方面在推动学生德智体美劳建设方面起到了四两拨千斤的作用（陆靖，2022：47-49）。其二，政府当为专业南音乐团、民间乐团提供资金支持，建立专门的非物质文化遗产保护基金会、南音传承基金专款，鼓励并保障其开展各式各样的南音文化活动。另外，泉州市政府要为学校提供专项拨款用于校园南音文化建设。其三，南音的融入离不开专业的师资团队。政府可以制定适当的人才奖励机制，鼓励南音专项人才进入中小学任教，业务骨干被持续输送至课堂授课，有利于提升南音文化的教学质量；政府应当建立完备的人才准入机制，对南音专才进行筛选，保证进入中小学的教师具备高素质，掌握南音专业文化知识及演奏技巧。定期开展教师培训，教学研讨活动，长期坚持练习，调整教学策略，探寻适合学生发展的南音教学模式。

泉州南音具有世俗性，便意味着传承传播南音不仅仅是专业乐团的南音传承人的事，在民间同样有一批活跃的力量，民间曲艺人组成南音传承

民间乐团，是非营利性的重要民间组织，是弦友交流切磋的主要场所。与专业的南音乐团不同，民间乐团通常没有受到过系统性的指导和训练，因此，他们的技艺技巧往往是在一遍一遍的练习中不断娴熟，经验是在长期的演唱演奏中日益丰富的。虽然同样的曲目有的专业乐团演唱、演奏比业余的更好听，但民间曲艺人的艺术性与传承情怀是不容忽视的。弦友分布在社会各阶层，民间的大师能够对学龄前的孩子形成耳濡目染的影响，从小培养起南音的意识。至此，南音融入学校教育的中间环节形成了以政府为主导的学校教育与民间非正规性南音文化影响相结合的形式，共同推动南音在社会传播的局面形成。

### （三）南音融入的结果引导：地方中小学的课程体系的完善

中华优秀传统文化由文化形态转化为教育形态能有效发挥其促进"转识成智"，植入文化基因、形塑内在精神力量的巨大价值（吴彬，2012：16）。优秀传统文化的传承，低年级阶段学生重在"启蒙"，高年级学生重在能力培养。在南音文化融入地方中小学的传承实践中也应如此，在小学低、中年级的兴趣培养阶段重视引导，普及基本的闽南语发音和南音念白。在小学高年级及中学阶段进行深入教学。培元中学不仅在现有培育模式上有参考性意义，在南音传承的未来方面的发展战略方面也值得借鉴，形成了独具特色的人才协同培养的培元特色南音传承道路。具体举措如下：南音校园传承、人才培养、精品课程研发、课题研究领域与高校开展深度合作，为共同培养南音人才"扎根深耕"；与泉州师范学院开展战略合作，邀请泉州师范学院的专家定期进入学校进行指导，构建人才培养的联合路径，打通"泉师-培元"模式，不断为高校输送高素质、高水平的南音人才。

同时，应将南音文化教育正式地纳入地方的教育体系，保持南音文化的民族性特征。坚持南音文化融入泉州中小学课程，促进课程校本化、地方化。南音不再仅仅以文化资源的形式出现，更重要的是要发挥其育人价值，包括但不限于在校本课程的开发过程中，深入挖掘南音唱段背后的历史典故和历史启发性。不能仅满足于让学生认识南音，而要明确融入的目的是促进学生更好、更全面地发展。

最后，要营造良好的校园文化环境，为文化传承提供良好的沃土。比如打造泉州地区各中小学与南音相关的学校特色文化节、文化活动，在丰富学生课余生活的同时无形中对学生起到文化熏陶作用，将南音注入学生的灵魂。在校园建设显著的文化标识，如将南音元素融入校徽校标的设计，将南音古朴的曲风融入校歌旋律中，在泉州地区中小学广泛做到"生生唱南音"的普及。建设集思想性、艺术性、知识性、规范性于一体的校园文化场所，如文化角、宣传栏、校园景观等，让学生无论在小憩还是在活动中都可以感受到南音，拉近学生与地方优秀传统文化的距离。

### （四）南音融入的辅助手段：传统与创新结合及科技手段的应用

在流行文化正当道的当下，当代人尤其是年轻人的审美趣味更加多元，南音的题材多以才子佳人为主要话题，在当今多元的信息时代有一定的局限性。而人们的乐感养成有别于传统乐感，逐渐形成了一种普遍性乐感比重增加的当代乐感。在这种乐感的影响下年轻人更热衷于改造南音，或者对南音进行重新编曲填词。因此，他们将南音传统曲目进行适当改编，与流行元素结合，与时俱进，赋予南音唱段新时代的内涵与元素，编写适应时代发展的南音新曲，以学生喜闻乐见的方式进行文化展示，并与当代热点紧密结合，形成南音与"思政＋""互联网＋"的创新。但是，在南音文化改编成现代形式作品的过程中，必须要保留优秀传统文化的精粹和内核，在多元融合中，杜绝出现"不伦不类，不土不洋"的情况，把握好改编的尺度和流行文化的比重，做到传统与流行的合理融合。

除此之外，智能时代的到来为南音文化的传承提供更多的可能性。现代化技术的应用为保存优秀的南音文化提供又一辅助手段。以当今热门的"元宇宙"技术与南音文化融入地方中小学教育教学实践为例，"元宇宙"这一概念的提出，为解决南音融入地方中小学课堂的困境提供方案。传统的南音"口授心传"方式需要以面对面的方式进行，学校学生数量众多，一位教师要面对几十个学生，无法做到面面俱到的"手把手"指导，这使南音文化教育的生产率没有大的提升，更面临着师资力量薄弱，专门化专业化教师缺乏的问题。元宇宙技术通过沉浸式的远程体验模式，使虚拟课堂的体验感、功能与参与度等大幅度提升，这将极大地提升南音文化教育的生产率。在未来教育中，学生只需通过手持穿戴式设备，便能够以第一视角亲身体验坐在舞台上，通过交互式设备实现南音琵琶的弹奏，沉浸式体验所谓"言传身教"，在南音文化教育过程中，很多信息是不能只通过语言或者文字来传递的，尤其是南音唱段的演示和乐器展示等必须通过教师当面进行传达。这个特点，就为南音教育在泉州地方中小学的普及制造了障碍。

现实中，即便泉州地区拥有丰富的南音文化资源，教育资源分布依然是不均匀的，很多偏远地区缺乏优秀的教师。元宇宙的应用，能够使这些当面传达的内容通过远程实现。而元宇宙在助力远程教育方面具有比当前所使用的音视频会议更加丰富、生动、沉浸式的体验，更具互动性，学生能够在演奏乐器时与同伴、教师实时互动交流。通过对南音素材系统化的收集整理，实现南音数字化。与此同时，在互联网的加持下，南音传承人，专业教师可以事先将南音经典唱段、教学视频上传到互联网平台，供学生随时随处下载学习，在节约资源的同时实现有限的南音唱段的永久性保存，解决南音唱段、南音技法失传的困扰，实现南音从闽南地区扩展到福建全省，从辽阔的中国大地扩展到海外的"涟漪式"动态性传承。


## 四、结语


在地方优秀传统文化传承的过程中，"从学校教育入手，从青少年抓起，对于文化遗产传承与繁荣发展具有极其重要的战略意义"（吴彬，2012：16）。泉州地区南音文化的传承同样依托学校教育，尤其是地方中小学，抓住学生启蒙的关键期和价值观形成期，以知识积累、演唱演奏技巧为着眼点，坚持"保护为主，抢救第一，合理利用，传承发展"的文化传承依据，并充分认识到泉州地区南音传承的局限，根据对应的实践路径解决南音面临的濒危问题。更重要的是，在传承教育中，音乐只是载体，知识也只是抽象的形式。在这背后潜藏的巨大的文化价值不仅仅在于南音的独特性，更在于其作为福建地域文化中的重要一支，与传统礼乐文明、中原古文明、外来文化的联系，从中可以窥见一个地域人民的整体风貌、精神特征，将抽象的、无形的非物质文化遗产通过人们的传承活动具象为可视的具体现实，更容易引导学生认识到文化承载的厚重价值，展现南音以乐化人的情怀与当代价值，从中领悟文化内涵并转化为文化传承的自觉与历史责任。

本文对南音文化教育融入地方中小学的背景、现状和路径进行分析，因水平有限，文中所提及的观点难免失之片面，每一部分都值得再深入挖掘。在研究方法上，本文的资料来源于文献，但历史文献的考据较初步，后续将加强对历史文献资料的充分整理和深度挖掘；要更加突出具有批判性与反思性的质性研究，适时可收集数据进行量化研究。在人类学的田野调查中，由于客观条件的限制，调查时间较短，无法准确长期记录当地中小学文化融入的完整风貌；采访设计的问题比较浅显，无法有针对性地反映南音文化传承的社会全貌和总体情况。后续将对田野调查工作进行进一步梳理，做足调查准备，并基于田野叙事，体现访谈或基于田野调查的整体设计，减少研究过程中的主观臆断成分。对于实践路径，还需从多方面进行实践方式的探寻，提升研究的高度，拓宽研究的广度，加深认识的深度。

**参考文献：**

蔡清雅、陈恩慧，2021，《泉州市培元中学南音特色办学研究》，《中国音乐教育》第 12 期。

蔡颖，2016，《厦漳泉中小学南音文化教育传承个案比较》，《泉州师范学院学报》第 3 期。

陈恩慧，2015，《泉州南音传承教育的再思考——基于不同阶段南音教育的探究》，《廊坊师范学院学报（社会科学版）》第 2 期。

卡西尔，1985，《人论》，甘阳译，上海：上海译文出版社。

克里斯托夫·武尔夫，2020，《教育人类学》，北京：教育科学出版社。

林莹，2020，《高校非物质文化遗产南音专业的育人路径研究》，《北京印刷学院学报》第 12 期。

陆靖，2022，《探索开展校园曲艺传承工作的途径——以泉州市培元中学南音特色项目为例》，《曲艺》第 8 期。

彭兆荣、葛荣玲，2007，《南音与文化空间》，《民族艺术》第 4 期。

王丹丹，2018，《南音文化传承研究》，《人民音乐》第 10 期。

吴彬，2012，《创建非物质文化遗产传承人才培养立体教育体系的构想》，《神州民俗》第 6 期。

吴玉军，2015，《论国家认同的基本内涵》，《中国特色社会主义研究》第 1 期。

张善超、李宝庆，2016，《中华优秀传统文化融入中小学课程设计：内涵、路径与特色》，《教育理论与实践》第 11 期。

志选，2004，《福建方言的形成及分布》，《福建史志》第 1 期。

祝海霞、何卫东、李俊健，2013，《非物质文化遗产视野下广西民族传统体育传承人的传承发展探析》，《运动》第 14 期。

# Cultural Inheritance Moral Consciousness and Historical Responsibility of Local Primary and Secondary Schools
## —Taking Nanyin Culture and Education in Quanzhou as an Example

Yu Tianqi

**Abstract:** The study of Chinese excellent traditional culture can be started from local culture. Local primary and secondary schools are places to cultivate highly culturally confident youth. Starting from the case of Nanyin cultural education in Quanzhou, this paper expounds the unique value of Nanyin in Quanzhou and the significance of integrating it into local primary and secondary schools by sorting out historical data and analyzing the actual situation. It analyzes the concrete manifestation and existing problems of the moral consciousness of cultural inheritance in primary and secondary schools in Quanzhou today, and proposes the corresponding path of inheritance practice, forming a "four-in-one" inheritance measure that focuses on the cultivation of Nanyin inheritors, the joint support of government and civil forces, the improvement of curriculum and teaching system, and the application of modern technology, to stimulate the individual cultural inheritance moral consciousness and historical responsibility of local primary and secondary school students.

**Keywords:** local primary and secondary schools, cultural inheritance, moral consciousness, historical responsibility, Nanyin in Quanzhou

# 上海市 H 中学年级组管理文化的人种志研究

崔玉强[①]

**摘要：**上海市 H 中学的年级组以德育处领导为主，除此之外，也接受教务处及学校其他管理部门的指导，沟通各管理部门与年级师生，重点抓班主任工作，注重日常生活细节的管理。上海市 H 中学的年级组是实干机构，联通各领导部门和师生，在日常学校运行中比较有效地发挥了作用。但年级组权力相对较小，某种程度上只是各中层处室所做决定的执行机构。年级组在执行学校的工作安排时有一定成效，在根据教育教学规律创造性地开展工作方面则比较欠缺，对以学生发展为本的理念落实还不够。基于此，笔者提出三项建议：进一步明确年级组的领导体制；进一步放权给年级组，促进组织扁平化；鼓励年级组根据教育教学规律主动开展工作。

**关键词：**年级组　管理文化　领导体制　组织扁平化

---

①　崔玉强，上海南汇中学教师（124741420@qq.com）。

# 一、前言

年级组管理文化是学校文化建设的重要组成部分。年级组在普通高中基层管理中起到重要作用。年级组运行状况的好坏，直接关系到一所学校的教育教学质量。对当前高中年级组运行状况进行实证研究，能够发现现有管理机制的优缺点，从而发扬优点，改进不足，使年级组更好地服务于高中学校的整体建设。

为了便于深入研究，考虑到进入田野及获取调查数据的便利性，笔者选择自己所在的上海市 H 中学作为调研对象。上海市 H 中学地处上海市浦东新区，是上海市实验性示范性中学。学校目前有 58 个教学班，在校学生 2350 余名，教职工 240 多名。年级组有 3 个，分别为高一年级组、高二年级组和高三年级组。每个年级组设组长 1 人、副组长 1 人。

本研究采用教育人类学的人种志研究方法，基于实地展开深入调研，具体方法为观察法和访谈法。对年级组长、副组长的日常工作进行观察，对年级组正副组长、教师、学生、中层干部、校级领导进行访谈，了解他们对 H 中学年级组的运行状况的看法。

本研究的有利条件是本人系 H 中学教师，且与高二年级组长处于一个办公室，便于对以年级组长为中心的年级组的运行进行观察。同时，对学生的采访比较方便，说明调查意图后，学生也能畅所欲言。不利条件是，校级领导及教师对采访的回复比较保守，这大概与他们考虑到复杂的人际关系有关。但通过进一步沟通，还是能够获得他们的真实想法的。这也启示笔者，做好访谈调查要在充分掌握周围环境的基础上，设法走进被访谈者的内心世界。

## 二、文献综述

通过文献梳理发现，国外并无"年级组"这一概念，但在学校内部组织中，有大体相当于年级组的这一机构。我国年级组有三十年左右历史，积累了一些经验，也存在不少问题。在对教研组的研究上，学者们涉及面广，对年级组的概念内涵、发展情况、特点功能、发展策略都有研究。

### （一）年级组的概念内涵研究

学者们对年级组的概念内涵进行了比较充分的探讨，对年级组的规模、组成、性质、作用过程、业务范围等进行了论述。

石场等人（2010）认为，年级组是规模较大的学校中由同一年级教师、若干平行班组成的担负教学与管理任务的基层管理组织。年级组，作为学校管理组织系统的一个组成部分，是学校活动的基本单位，对管理学校内部的日常教育教学、培养社会所需的各种人才，具有特别重要的意义。朱洪秋（2007）认为，年级组管理主要是针对以前的教研组管理而言的，年级组管理是在教研组管理的基础上产生的一种新型管理模式。金仲明（2014）认为，年级组是一个行政与业务的综合管理机构，承担了年级组内的德育管理、教学管理、年级事务和日常活动的管理。陆晓东等（2010）认为年级组管理的过程是组织协调年级各人际关系间的相互作用，共同实现教育教学目的的过程。万艳（2016）认为，年级组作为学校管理体系中的基础部门，既对教师的日常教学行为进行管理，同时也通过对班主任的管理与指导加强对年级组学生的管理，是一个具有执行、管理、考核功能的内部机构。它既执行学校各处室的行政安排，也要及时向各处室反映执行中的问题，以便调整。年级组与学校中教研组的关系也是相辅相成的，互相监督、互相配合，共同完成学校的教育教学工作。

笔者认可上述学者对规模较大的学校设置年级组的判断，认为年级组是较大规模学校中的基层综合管理组织。但对相关学者关于年级组业务范围的论述，笔者认为不同学校是不同的，并非所有学校的年级组业务范围都涵盖德育管理、教学管理、年级事务和日常活动管理。在年级组与教研组并列建制的学校，年级组主抓德育管理，而教研组主抓教学管理。

## （二）年级组发展情况研究

因为国情、学校组织结构和规模的不同，大体而言，国外年级组管理没有成为学校管理的主导模式。而我国的年级组管理，其存在和发展的历史也并不长，既有需要总结的成功经验，也尚有很多需要提升之处。

### 1. 国外年级组的发展情况

对于国外年级组的发展情况，选择教育水平较高的美、日、英、澳四个国家进行论述。

美国中学学校管理中，校长之下设副校长、行政助理或指导员。在一些更大规模的中学设置具有"主任"称呼的管理人员，帮助校长分担管理任务，增加学校与教师、学生、家长、学区及社区之间的沟通渠道。学校的年级组主任往往由全职教师承担，主要负责本年级教师工作沟通与协调。（赵章靖，2015）

日本学校内部管理组织体系大致分为校长、副校长、主任、教员四个层次，彼此间的关系都由法律明确加以规定。主任分学年主任、教务主任、教科主任，主要承担联络、调整、指导及助理工作，由于日本的教育法规定主任不属于行政管理职务，所以与教师之间不存在任何上下级关系，并且在原则上不使担任主任的人员固定化，而是采用"轮流执政制"的方法，让尽可能多的教员担任主任，积累工作经验，为学校培养更多的人才。（郑瑞，1986）

英国中小学内部的管理组织体系大体上可以划分为三个层次，即领导层、中间管理层和基础操作层。领导层主要由校董事会、校长和高级管理委员会三方组成。中间管理层主要由高级教师、教育活动协调人和接待室组成。基础操作层主要由教研组、年级组和班级组成。年级组的重要职责

是研究对儿童进行个别辅导的经验与规律。（司晓宏、布什、马丽安，1998）

澳大利亚的学校将家庭式和年级组管理模块交错融合为一体。学生被分到各个"家庭"中，在各个"家庭"中，学生选举自己的学生会，在"家庭"负责人即教职员工的领导下开展"家庭"之间的纪律、学科、文体活动等各种评比和竞争。这种"家庭"就类似于我们的年级组。（刘珠霞，1999）

我们可以发现，上述美、日、英、澳国家的学校中，相当于年级组的组织，其负责人相对具有"草根"身份，多由一线教师担任，且实行"轮流坐庄"，并非由某人固定担任。而且，此类组织特别注重教师之间和师生之间的人际沟通，注重对儿童进行个别辅导，注重学生自治。这些具体作为及其理念，在我们进行年级组发展建设时，可以酌情参考。

2. 国内年级组的发展情况

葛新斌（2007）认为年级组的孕育和产生经历了两个时期：一是教研组职能发生异变，逐渐承担管理性职能时期；二是学校规模急剧膨胀时期。

20世纪80年代之前，我国高中基本没有设立年级组制度，国家有关部门也仅仅是对教研组进行了一定范围内的职责划分。1988年，国家教委颁布的《中学德育大纲（试行稿）》规定："年级组是实施德育大纲的重要环节。年级组应定期组织年级组教师分析研究本年级学生的思想品德情况，制定有针对性的教育措施，沟通信息，协调各方面的关系，组织本年级教师共同贯彻德育大纲的要求。"1995年国家正式颁布《中学德育大纲》，进一步规定："学校要加强对年级组和班主任工作的指导和管理。年级组应定期组织年级教师分析研究本年级学生的政治思想品德状况；制定实施本大纲的分年级要求；沟通信息，交流经验，开展年级性的教育活动，组织本年级教师共同完成本大纲的任务。"自此确立了年级组作为学校基层德育管理组织的合法地位。到了90年代末期，由于高中规模不断扩

大，部分高中开始将年级组提上日程。（董川，2010）

许书明、马晓芳（1998）认为，加强年级组工作有四个优势：职能优势、管理优势、效率优势、互补优势。年级组管理时常会出现"一多四少"的局面，即：任务要求多，授权少、培养少、发展少、指导少，导致年级组的管理职能很难有效发挥出来。（文久江，2006）

从上述学者的研究来看，我国学校教研组的产生与教研组职能的变化及学校规模的膨胀有关。年级组的建设从政策上看肇始于《中学德育大纲》，因而在相当多的学校，年级组在业务上归德育处指导管理。我国高中学校年级组在发展过程中积累了不少经验，发挥了职能优势、管理优势、效率优势、互补优势。但"任务要求多，授权少、培养少、发展少、指导少"的弊端，限制着年级组功能的更好发挥。

### （三）年级组的特点功能研究

年级组的特点功能是由其在学校组织中的地位和性质决定的。

周明民（2005）认为，普通高中年级管理的特点，概括起来，主要有以下几个：人本性、综合性、独立性、社会性、协调性、全程性、服务性和群体性。

王元华（2005）认为，年级组的服务职能，体现在对内服务和对外服务两个层面。对内服务的对象是教师、学生和各处室。年级组的直接目标是为学生服务的，它以年级为单位，便于各科教师的沟通协作，共同管理学生，为学生提供全面的服务。

笔者在认可上述学者观点的同时认为，在年级组的诸多管理特点之中，"服务性和群体性"是其最明显的特征，"服务职能"是其最鲜明的导向。有没有为广大师生服务好，是判断年级组工作有没有做好的根本标准。

### （四）年级组的发展策略研究

当前对年级组发展，不少学者提出"扁平化"的策略，如张从伟

（2007）提出年级组发展应遵从如下策略：确立两级式年级组管理模式；实施以届为周期的捆绑式年级组管理；打造品牌年级。

组织扁平化、人性化、服务型导向，是新公共管理理论在全球管理领域带来的强劲潮流，也是年级组发展值得期待的方向。

## 三、年级组运行状况

### （一）上海市 H 中学的年级组模式及其在学校组织体系中的地位

通过梳理与学校各部门的接触，以及采访学校相关部门的老师，可以得到 H 中学学校组织架构及年级组组织模式如下。

1. H 中学学校组织架构

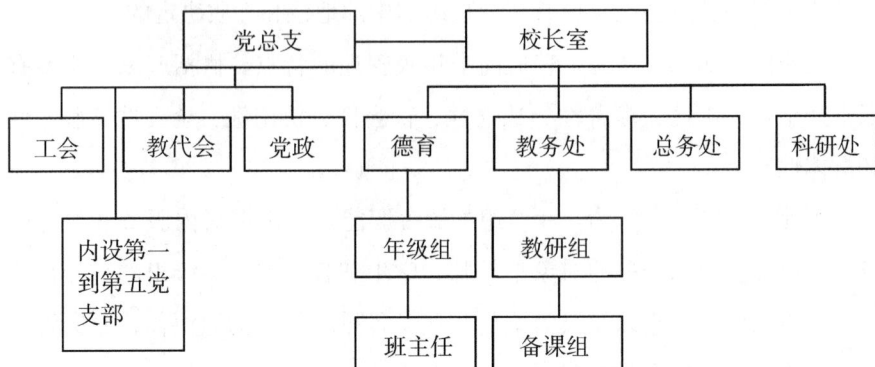

**图 1　H 中学学校组织架构**

2. H 中学的年级组模式

笔者通过采访校领导、年级组长、一线教师，查找学校关于年级组及年级组长工作的相关规定，来综合研判 H 中学的年级组模式。

主抓德育工作的 Q 副校长认为，H 中学年级组承上启下，落实德育处的德育工作部署，联通德育处、教务处等部门的工作，组织安排本年级的

284

教育教学工作，交流互鉴，创新构建学校"德育立交桥"。

高二年级组长 J 老师认为，年级组在德育处的领导下进行工作。高二年级组副组长 Z 老师认为，年级组和德育处、教务处等部门沟通、反馈、协调日常工作中遇到的问题，提出一些建议供参考；安排各个部门下达的任务，并协调年级组老师完成相关的工作。

高一年级 G 老师认为，从业务开展来说，年级组及时把控教师与学生整体运行（如教学、公益事业、旅游等），开展各项活动。

H 中学关于年级组和年级组长工作的相关规定载明，年级组须建立以班主任为中心的教育集体和以备课组长为中心的教学集体，协调解决在工作中产生的一些矛盾；指导、督促班主任按时制订工作计划，并经常检查计划的贯彻执行情况。

综上，本研究认为 H 中学的年级组的管理以德育处领导为主，除此之外，也接受教务处及学校其他管理部门的指导，沟通各管理部门与年级师生，重点抓班主任的工作，注重日常生活细节。

### （二） H 中学年级组运行情况

为了全面掌握 H 中学年级组运行情况，笔者调研了年级组长的工作，以及校级领导、中层干部、一线教师、学生对年级组工作的看法。

#### 1. 年级组长的工作

H 中学三个年级组的组长和副组长，其工作的开展情况虽然与其个性有关，但也拥有广泛的共性。工作性质决定了各年级组工作的共性远大于个性。现以笔者所在的高二年级组长和副组长的工作为例，来展现 H 中学年级组正副组长的工作情况。

#### （1）高二年级组长 J 老师的工作

高二年级组长 J 老师跟笔者一个办公室，办公室由高二语文备课组八位老师组成。J 老师与大家关系融洽，虽然她比笔者年长几岁，但彼此之间可随便开玩笑。正如办公室其他同志一样，没人把她当成领导，她也不把自己看作领导。除开与大家一样做好语文教师的工作之外，关于年级组长工作部分，她把自己看作一个执行者。收到以德育处为主的学校各管理部门关于各项具体业务的通知时，她会集中安排时间迅速把相关事情处理好。下面以 3 月 22 日笔者观察到的她处理教务室老师安排的一件事为例，来展现她处理年级事务的风貌。

　　3 月 22 日，周三。上午，教务室 T 老师在高二年级班主任群发布通知，说如果学生等级考通知单上的信息有误的话，请班主任今明两天告知；通知单请家长签好名后上交。J 老师把全年级学生的等级考通知单放在她办公桌前面的一张空办公桌上，微信通知各班主任来高二语文组领取。我们办公室做班主任的 Y 老师抱怨，说今明两天就上交，住宿的学生根本来不及，所以她代替住宿生家长签字了。J 老师得知后，对 Y 老师说："你傻吗，替学生家长签字你要负责任的。明天不交也可以的，教务室 T 老师说的是信息有误的话尽快报给她，交的话晚些也可以的。"Y 老师说："那你通知个啥呀，你通知还以为交给你。是 T 老师的活的话，应该她自己通知，是她自己通知没有说清楚。"J 老师在进一步解释这个事情的时候，跟 Y 老师一起抱怨 T 老师。对于 T 老师的通知，年级组长 J 老师是经常抱怨的。原因在于，教务室是教务处的下设办事机构，连教务处都并非年级组的直接主要领导机构，那么作为其下设办事机构的教务室老师让帮忙做的事情，年级组长更觉得没有道理。但抱怨归抱怨，她最后往往还是把交代的事情给认真办好了。

在对年级组长的工作进行观察的这段时间，笔者明显地感受到年级组长接到各个部门领导和办事人员给出的工作安排非常多，各个部门都能给年级组长安排任务。因而，年级组长日常忙于执行各部门下达的工作任务。

（2）高二年级副组长 Z 老师的工作

　　Z 老师是物理老师，笔者跟她搭班上课好几年，也是很熟悉的同事。笔者跟她不在一个办公室，所以不能完全观察到她的工作状态，故而以访谈的形式询问她对 H 中学年级组运行情况的看法。

我：您认为年级组长及副组长的工作内容有哪些？

Z：我资历比较浅，我从"打工人"的视角来谈一谈。我们的工作就是完成学校常规活动安排，如午休值班、晚自习值班、导师分配、监考安排等一些日常的事务安排；发放各种通知；和德育处、教务处等部门沟通、反馈、协调日常工作中遇到的问题，提出一些建议供参考。

我：您通常运用怎样的方法来开展工作？工作流程是怎样的？

Z：我的工作主要是根据校领导的安排进行一些常规工作的安排；工作流程是领导派发任务，然后按要求、结合具体情况进行安排，必要时征求各方意见，召开相关教师的小组会议，讨论具体的实施细节。

我：您对年级组长的工作有什么困惑吗？

Z：年级组长工作经验不丰富，对年级组各位老师的情况了解不是特别清楚，安排工作时难免考虑不周全。

在这段访谈中，Z 老师反复强调的是，年级组长、副组长是根据领导的安排来协调日常工作的。和 J 老师一样，Z 老师也把自己定位为领导决定的日常执行者。

2. 学校领导对年级组工作的看法

校级领导层面，笔者访谈了 Q 副校长。Q 副校长是主抓德育工作的副校长，可以说是年级组工作的专业领域最高校领导。她担任副校长以前，曾担任过几年教务处副主任，后有较长时间担任德育处主任。因而，她对年级组运行模式及年级组长的工作都比较熟悉。

我：您觉得我校年级组的运行模式如何？您怎么看待我校年级组的工作？

Q：说模式，感觉没有什么模式，只能泛泛而谈，说得不对的地方，请忽略。年级组长：承上启下，落实德育处的德育工作部署，联通德育处、教务处等部门的工作，组织安排本年级的教育教学工作，交流互鉴，创新构建学校"德育立交桥"。

中层干部层面，笔者采访了教务处副主任 D 老师。D 老师在担任教务处副主任之前，曾经作为 J 老师的副手，担任年级组副组长多年。她既有年级组的工作经历，又有教务处的工作经历，因而，对年级组的工作有她自己的独到认识。

　　我：您从中层干部的角度谈谈对我校年级组运行模式、在学校组织中的地位的看法。

　　D：我校的年级组与教务、德育部门对接得还是比较好的，能够起到很好的连接基层和管理部门的桥梁作用。但是感觉我们学校年级组的权力比较小。比如说，有些学校的年级组长是有"组阁"权的，年级组有权"挑选"老师。还有些学校年级组有活动经费，具体我也不知道人家怎么操作的，但是高三考完出去团建一下还是可以的。我只是举个例子。我们学校可能比较大，而且每个学校的情况也不太一样，传统也不同。这里没有什么好或不好的说法，因为好或不好没有办法进行对比实验。所以只能客观地说说不同，并不代表哪个好哪个不好。就目前来看，我们学校的模式还是比较能在学校运行过程中有效地发挥作用的。

综合以上校级领导和中层干部看法，不难看出，H 中学的年级组是实干机构，联通各领导部门和师生，在日常学校运行中比较有效地发挥了作用。但 H 校年级组权力相对较小，某种程度上只是各中层处室所做决定的执行机构。

3. 教师对年级组工作的看法

在教师访谈部分，笔者访谈了一位中级教师 G 老师和一位高级教师 T 老师。

　　我：G 老师，从教师的角度，您如何看待我校年级组的模式及其在学校组织中的地位？

G：对管理层而言，有利于把校级权力下放，减轻他们的压力，这是一种权力让渡，调动年级组管理层的积极性。从年级组的业务开展来说，能及时把控教师与学生整体运行（如教学、公益事业、旅游等），开展各项活动。

我：T老师，您如何看待这个问题？

T：年级组的设置，这是一个普遍的现象。它对于落实学校层面的工作目标，工作计划，协调班级与班级之间，老师与老师之间的关系作用很大。

我：所言有些抽象呀。您如何看待"我校"年级组的运行模式及其在学校组织中的地位？或者换个问法，您日常感受到年级组的哪些服务？放心，本访谈绝对只用于研究。

T：在落实学校层面的工作目标方面积极作为。以学生发展为本的理念指导下的操作落实不够，比如对学生的学习方法的引导，休息时间的安排，体育活动的管理。

两位老师回答访谈问题时，一开始都从理论的角度进行回答，并没有结合H中学的实际。他们这样的回答，显然不是没有听懂笔者问的问题。笔者分析下来，对于这个问题，他们如果一味说年级组的好话，肯定有些假。而且，笔者和他们都相当熟识，他们以这么冠冕堂皇的话来答复，显然也说不过去。但如果提年级组工作的缺点，则毕竟大家在一起工作，担心人际方面的不方便。当笔者揣测到他们的心思时，通过进一步解释性追问，并再次充分告知本次访谈的纯粹学术性之后，老师们最终比较辩证地谈了对H中学年级组工作的看法，即：在执行学校的工作安排时挺积极的（T老师所谓"在落实学校层面的工作目标方面积极作为"）；但在根据教育教学规律，创造性地开展工作方面则比较欠缺（T老师所谓"以学生发展为本的理念指导下的操作落实不够"）。

4. 学生对年级组工作的看法

12班学习委员L同学谈了她对H中学高二年级组管理的感受。

我记得我高一上学第一天就被管了……因为当时校服裤子很长，我问同学要了橡皮筋在校裤最下端绑了一下，形成一个束脚的样子，就不会拖到地上。然后有老师进来检查仪容仪表，我就被要求把橡皮筋拿走，当时很不服气啊，毕竟高一刚进来不服管。现在想想好像没什么。

其实我们背地里都在骂。因为她们太注重于细枝末节。但如果是为了让学校拥有一个好点的校风，这种方法也未尝不可。我也听说 Z 老师抓小情侣。我觉得一个真正校风好的学校应该不是被管出来的。可能是因为我自己本身不太喜欢被管，我是一个向往自由的人。J 老师上次收了 P 同学的相机。但是我运气比较好，她没有跟我发生过过节。P 同学的相机前一天刚拿到，自习课上就很开心地在拍照。

从学生的感受来看，他们觉得 H 中学年级组的管理比较注重仪容仪表和行为习惯的细节。同时他们意识到"真正校风好的学校应该不是被管出来的"，这点与前面教师访谈提到的 H 中学年级组工作存在的不足相一致。


# 四、结论和建议


## （一）结论

通过调研，本研究对 H 中学年级组运行情况有了全面、深入的认识。

1. 年级组运行模式

笔者认为 H 中学的年级组的管理以德育处领导为主，除此之外，也接受教务处及学校其他管理部门的指导，沟通各管理部门与年级师生，重点抓班主任工作，注重日常生活细节。

2. 年级组运行情况

年级组长受到各个部门领导和办事人员给出的工作安排非常之多，各个部门都能给年级组长安排事情。因而，年级组长日常忙于执行各部门下达的工作任务。年级组长、副组长根据领导的安排来协调日常工作。他们把自己定位为领导决定的日常执行者。

H中学的年级组是实干机构，联通各领导部门和师生，在日常学校运行中比较有效地发挥了作用。但H校年级组权力相对较小，某种程度上只是各中层处室所做决定的执行机构。

年级组在执行学校的工作安排时挺积极的，比较注重仪容仪表和行为习惯的细节。但在根据教育教学规律，创造性地开展工作方面则比较欠缺，对以学生发展为本的理念落实还不够。

### （二）建议

为了更好地发挥年级组在学校管理中的作用，根据上述调研结论，笔者提出针对性的建议，期待能有助于相关工作的改进。

#### 1. 进一步明确年级组的领导体制

根据调研情况来看，多头指挥使得年级组长疲于奔命，是年级组工作不能深入的重要原因。根据学校领导的表述及相关管理规范，年级组的直接上级应该是德育处。那么，在学校的行政实践中，应加强中层与年级组对接的专门化。其他部门若有业务需要年级组协助解决，应该通过德育处协调之后，由德育处统一发通知给年级组。这样，条线明确，有利于年级组工作效率的提升。

#### 2. 进一步放权给年级组，促进组织扁平化

当前年级组主要在做的工作，就是传达中层以上部门的各项指令，年级组几乎没有独立完成任务的相应权力。实际上，教师们都把年级组长当作穿梭在领导层和教师中的联系人。这种联系人的工作固然有其值得称赞之处。但领导部门的频繁指令及考核，显然使得年级组长没有精力去深入研究本年级的教育教学实际，根据学生和教师发展的实际去规划完成年级组的工作。为此，需要进一步把中层处室与年级组工作相关的权力下放给年级组，直接由年级组来统筹行使。这样做的目的，在于增强年级组独立完成任务的业务能力，同时使中层以上部门的领导职能更大程度上转变为

服务职能。通过弱化科层制的方式使学校组织体系更加符合学校作为教育部门而非行政部门的特殊性。

3. 鼓励年级组根据教育教学规律主动开展工作

以上两条建议做到以后，将从制度上保障年级组工作的主动开展。为使年级组主动开展的工作取得实实在在的育人成效，学校层面需要鼓励引导年级组深入研究教育教学规律，根据教育教学规律规划工作，引领年级师生生命成长。这需要首先鼓励年级组摆脱"领导指令执行者"的自身定位，以师生发展作为工作的根本出发点。其次，鼓励年级组依据自身实际开展活动，包括师生思想建设、学习方法引导、文艺体育活动组织等。最后，为了更好地完成年级组的自主活动，年级组需要掌握一定的资源，或者具备一定的协调使用各种资源的便利。

参考文献：

董川，2010，《普通高中年级组发展策略研究》，苏州大学硕士学位论文。

葛新斌，2007，《年级组的建制及其对超大规模中学内部管理的影响》，《教育科学研究》第 3 期。

国家教委，1988，《中学德育大纲（试行稿）》，（88）教中字 013 号。

金仲明，2014，《中学年级组教师团队建设研究》，华东师范大学硕士学位论文。

刘珠霞，1999，《澳大利亚圣爱德盟学院的教育教学管理》，《外国教育研究》第 5 期。

陆晓东、肖满涛，2010，《关于创新年级管理模式的思考》，《广西教育》第 2 期。

石玚、李雯、王绪池，2010，《学校管理的规范与创新》，重庆：重庆大学出版社。

司晓宏、布什、马丽安，1998，《英国中小学管理体制述略》，《陕西师范大学学报》第 4 期。

许书明、马晓芳，1998，《中学建立年级组的优势浅析》，《教学与管理》第 9 期。

万艳，2016，《年级组长在中学管理中的职责优化——基于南京 S 中的个案研究》，南京师范大学硕士学位论文。

王元华，2005，《年级组管理：学校发展的阻力还是动力?》，《中小学管理》第 7 期。

文久江，2006，《浅谈中小学年级组的建设》，《现代校长》第 Z1 期。

张从伟，2007，《普通高中年级组发展策略的研究》，首都师范大学硕士学位论文。

赵章靖，2015，《美国基础教育》，上海：同济大学出版社。

郑瑞，1986，《日本学校管理组织中各成员之间的关系》，《教育评论》第 2 期。

周明民，2005，《中学年级组管理创新的研究》，华东师范大学硕士学位论文。

朱洪秋，2007，《对年级组管理的实践与思考》，《中小学校长》第 12 期。

## 附录：H 中学年级组长工作职责

一、建立以班主任为中心的教育集体和以备课组长为中心的教学集体，协调解决在工作中产生的一些矛盾。

二、定期召开本组教师会议和学生座谈会，了解本组工作计划的执行情况，分析学生的政治思想动态和学习、生活等状况。

三、指导、督促班主任按时制订工作计划，并经常检查计划的贯彻执行情况。

四、教育学生严格遵守《中学生守则》。组织实施《中学生日常行为规范》的教育和训练，培养学生良好的道德品质及行为习惯。

五、根据学校安排，组织好本年级的集体活动，如社会实践、文体、科技等教育教学活动，并做好对带队老师的鉴定工作。

六、定期开展班主任工作经验交流。组织开展本年级组内的主题班会和主题教育课观摩活动。

七、向学校建议并协助召开年级学生大会和年级学生家长会，督促和协同班主任、任课教师做好家访工作。

八、指导、督促班主任做好学生评价工作和班主任工作总结。

九、定期向学校分管领导和德育处汇报本年级组工作，期初须制订工作计划，期末做好工作总结。

十、年级副组长协助年级组长做好以上部分工作。

## An Ethnographic Study of Management Culture in Grade Group of H Middle School in Shanghai

Cui Yuqiang

**Abstract**：The grade group of H Middle School in Shanghai is mainly led by the Moral Education Department. In addition，it also receives the guidance of the Academic Affairs Office and other administrative departments of the school，communicates with each administrative department，the teachers and students of the grade，focuses on the work of the class teacher and pays attention to the management of daily life details. The grade group of H Middle School is a practical organization，connecting various leading departments，teachers and students，and playing a more effective role in the daily school operation. However，the grade group has relatively little power and is to some extent only the executive body of the decisions made by the middle level departments. The grade group has some success in implementing the work arrangement of the school，but it lacks in carrying out the work creatively according to the law of education and teaching, and it is not enough to implement the concept of student-oriented development. Based on this, the author puts forward three suggestions: to further clarify the leadership system of grade groups; Further delegating power to grade groups to promote organizational flattening; Encourage grade groups to take the initiative to work according to the laws of education and teaching.

**Keywords**: grade group, management culture, leading system, organization flattening

学术动态

# 深扎中华文化传承田野　推进中国式教育现代化

## ——第九届全国教育人类学学术年会综述

陈泽锴[①]

2023 年 5 月 26 日至 28 日，第九届全国教育人类学学术年会暨"中国式教育现代化与民族文化传承"研讨会在福建福州召开。本次会议由全国教育人类学学术委员会主办，福建师范大学教育学院承办。来自 30 余家单位的学者与师生近 400 人参加了会议。会议共收到来自各地的参会论文110 份。本次年会共组织 6 场主旨报告、5 个分论坛与 3 个研究生论坛。与会人员围绕民族文化传承视域下教育人类学学科发展、家庭学校社区场域民族文化传承、社会媒介化形势下的教育现代化等时代课题展开了广泛讨论与深入交流。

党的二十大报告提出"以中国式现代化全面推进中华民族伟大复兴"。作为中国式现代化关键组成部分，中国式教育现代化取得了举世瞩目的成就，提供了基于民族文化自觉、区别于西方先发模式的多元化现代性可能，彰显着将现代性视为一种文化模式及持续建构过程的重要意义。从中华民族的文化根性出发，解读与提炼中国式教育现代化道路的文明基因，从创造人类文明新形态的高度寻求教育现代化新动力，成为教育继续在中国式现代化中发挥基础性、长期性、引领性作用而必须面对的重大时代

---

①　陈泽锴，福建师范大学教育学院本科生。

课题。

## 一、面向民族文化传承，推动教育人类学学科发展

教育人类学是一门新兴的综合学科，集人类学、教育学、历史学、文化学等相关学科为一体，融多种方法于一炉，以开放包容、多元共生的学科视野，研究人的文化生成及教育在人的生成与发展中的作用，积极解决现代化运动下日益多元复杂的教育问题。从中华文化传承与推进中国式现代化的视角出发，进一步推动中国教育人类学学科发展，成为本次研讨会关注的重要主题之一。

### （一）聚焦教育领域人类文化传承，把握教育人类学学科脉门

教育人类学学科的重要作用，在于研究教育领域人类文化传承及其规律。中山大学冯增俊教授在大会主旨报告中指出，哲学关于人的阐释是教育人类学的研究总纲，人类学奠定教育人类学学科标的，教育学赋能教育人类学研究主题及学科创构。教育人类学能否兴起与作用大小，关键在于能否从"人"的由来与发展这一人类学研究的核心问题中把握文化传承脉门，促成其参与社会的实践。南京大学杨德睿教授围绕文化传承的方式问题，展开了细致入微的具体剖析。他认为，应采用"制度系统""传递媒介""信息单元"三个关键层次对特定的文化传承案例进行研究。他从既有的人类文化案例中总结出"基本的学徒制""社群集体仪式训练""专业制度化的学徒制""社群集体仪式训练"，以及近现代国家的建制化的学校教育等四种特色鲜明的文化传承"制度系统"。他所指的"传递媒介"包括身体、表演、影像、空间、互联网等。"信息单元"是揣摩人类学习可能样态的重要维度，涉及"主体性""身体技术""图式""典型情节""意义"等话题和概念。

（二）以历史文化人类学范式建构耦合历时与共时的理论视野

历史与文化，历来是人类学与教育人类学的重要构件。首都师范大学张志坤副教授对德国人类学著名学者克里斯托夫·武尔夫教授的历史文化人类学进行了介绍。张志坤副教授指出，从理解"人化"的角度来说，历史的维度是必不可少的。人类学研究应采取耦合共时和历时的研究，将历史与文化维度联结，以"历史文化人类学"的视角进行跨学科、跨文化、创造性研究。突出人类学研究的历史性、文化性与跨文化性，探索一种基于历史文化人类学的研究范式，或将为教育人类学推进中华文化传承的研究实践提供理论与方法启示。

此外，福建师范大学的博士生荆洲对中国教育人类学发展的桎梏进行了探讨。他指出，教育人类学可能面临研究视点异于本土、学科定位摇摆、学科的数据资源疏漏、价值表征模糊等影响该学科研究的藩篱。面向未来，需要在推进我国教育人类学的研究转型方面，注重丰富民族志的本土化话语体系，凸显以问题解决为导向的学科目的，并将教育数字化转型与学科发展相结合。

## 二、依托学校家庭与社区场域，协同传承民族文化

教育是人类文化成长的主要场域，办好教育必须设计好文化传承，要通过人的文化过程，在实现文化传承的过程中发展人。在文化传承中促进人的全面发展，是教育人类学研究的重要实践使命。而文化传承具有系统性特质，应以人文生态系统的视野全面研究，并促进其具体实践。就具体场域而言，至少应从学校、家庭、社区三大协同运作的空间主体切入，开展民族文化传承研究与实践，推进中国式教育现代化。

（一）学校场域的民族文化传承探索

学校是民族文化能动正向传承的实践空间。教师是学校场域文化传承

的重要责任主体，学校场域文化传承的高质量发展同教师自身文化素养与文化育人技能的高质量发展有着密切关联。在本次会议中，与会学者围绕文化传承视域下的教师发展及教师教学策略进行了多元视角的研讨。部分参会学者还关注了高等学校场域的人类文化传承。

1. 重构乡村教师文化地位，促成高质量文化传承劳动

乡村教师，是乡村教育发展的"命脉"。然而乡村教师文化传承劳动面临多重危机，需进行价值理想澄清和人文关怀强化。山东城市建设职业学院周立洁老师通过为期一年的田野考察，发现农村教师受留守儿童等现象影响，心力高度消耗，在社会期待与社会地位的高度不协调中遭遇情感失调。同时，受农村社会环境下血缘人缘因素影响，本地教师的情感劳动较外地教师更具正向性和主动性。她指出，应提高地方性知识在乡村教育中的地位，培养"反哺型"高质量本土教师，使乡村教师回归乡贤身份，增进其身份认同感和人文关怀感。哈尔滨师范大学博士生徐亮则从乡村教师文化性格建构的角度，发现乡村教育现代化进程中生存方式异化削弱了文化信念的凝聚功能、角色认知困扰动摇了文化态度的稳定特性、话语权缺失曲解了文化形象的原生内涵。他认为，应以挖掘生命价值理想、澄清生命价值内涵等路径应对危机。

2. 强化音乐教师文化自信，理性透视教师"躺平"现象

音乐，是民族文化传承的重要载体，音乐教师在文化传承中发挥着特殊作用。要立体化建构音乐教师传统文化素养，理性认知青年音乐教师"躺平"行为的正负面功能并存性。福建教育学院吴蔚副教授在会上提出了"中小学音乐教师传统音乐文化素养要素模型"，其内隐层为"具备对中国传统音乐的价值认知、文化认同、文化自信和教育自觉"，中间层为"理解中国传统音乐的内在特性、美感追求与哲学观念"，外显层为"掌握中国传统音乐的基本知识、基本技能、认知思维方法与相关文化艺术素养"。成都大学硕士生李珉昊发现音乐教师常在教学活动中将音乐与文化相剥离，这使学生难以深层次剖析理解音乐，且不利于全面育人目标的达

成。华东师范大学博士生程超讨论了当代青年音乐教师在内卷中"躺平"的现象。他认为,"躺平"是教师消解和应对内卷冲突的象征性尝试,常见策略有避世行为、心理补偿和修饰伪装,是一种破坏性与建设性交织的生存境遇,不应一味地进行污名化叙说。

3. 探索文化传承具体策略,服务学校教师教学实践

教师要成功地促进民族文化的传承,就需要掌握文化传承的思路与方法。在本次年会中,与会各方就学校场域文化传承的实践策略展开了广泛探讨。"仪式"是受教育人类学学者关注的重要文化传承策略。首都师范大学张志坤副教授指出,仪式对儿童的身体感知、态度形成、意识构建、行为操演等方面产生了不可替代的重要作用,是一个内外兼修的过程。张志坤副教授强调,学校仪式教育要重视神圣性、文化性、表演性和游戏性,要以仪式促进师生形成彰显生命之高尚的珍贵情感,通过仪式对学生进行文化传承,以"表演"促进身体的参与,以"游戏"提升仪式的儿童性、创新性。

针对特定文化内容的传播策略研究,对学校场域的文化传承同样具有积极的指导意义。厦门大学博士后黄睿针对中国古代典籍教育,提出开放性读经的三步流程:开放地选编古代经典并转化为儿童哲学"刺激物",在"探究团体"中向经典开放地提出问题,在"对话教学"中开放地讨论经典的意义;福建师范大学硕士生康睿玲认为学校要在思想品德课程中设计中华传统义利观集中教育,并将其渗透于各科目教学及校园课外活动中;福建师范大学硕士生崔馨予,提出要充分开发侯官文化中的儿童情商培养资源。

4. 珍视教育学传统遗产,建构中国化、时代化学术视野

前述研究者多从基础教育场域对学校文化传承进行研究,而高等学校也是文化传承的重要场域。高等教育场域应珍视传统教育遗产,吸收现当代理论成果,不断开拓中国化、时代化学术新视野。西安外国语大学金志远教授以课程与教学论教材为分析对象,认为国内课程与教学论教材中传

统教育内容比重极低且常常仅出现于引入部分，关键内在理论乏匮。他呼吁树立"古今中外"意识，从传统命脉中把握现代课程与教学论，建构带有中国特色的课程与教学理论体系。西北民族大学周青副教授以教育人类学视角探讨了民族高等专业舞蹈教育的理论体系建构，提出要以跨文化比较研究、民族志研究、释义学方法下的深描式研究等，打破舞蹈教育研究的文化背景限制和民族间文化偏见，并在民族舞蹈教育中通过互动传递模式强化整体文化交互，以教育文化生态学模式开展动态平衡分析，依托多元文化教育理论丰富异文化间教育。此外，广西师范大学硕士生曾滢滢研究了大学英语教材中的中华文化内容，认为内蕴式呈现方式使用较少，呈现模态单一，革命文化内容偏少；西藏民族大学硕士生葛柯颖指出"学位服中国化"不是"去西方化""复古化""汉服化"，而是要体现中国特色社会主义办学理念。

### （二）家庭场域的民族文化传承探索

家庭教育，是实现人类再生产的关键环节，是人类文化传承的关键场域。家庭文化传承既有文化历史共同体背景下的群体内在共性，也极具多样化发展实践下的个性化差异和私人化特征。

#### 1. 重振传统家庭教育思想体系，传承优良家风家训

中国有着悠久的家教文化，家庭教育在我国本土教育历史中有着高度立体的面相，但近代以来随着西方文化的冲击，中华传统家教文化出现了根弱之状，表现为传统家教文化式微及家教理论的边缘化，亟待重振。贵州师范大学杨润东副教授指出，要重振"家国天下"的家庭教育目的观，发展以德为先、全面发展、中国特色的家庭教育内容，振兴以"别爱"与孝为基础的家庭情感和关系，使其化育家人，并全面发扬严慈相济、事-情-理相融的家庭教育方法。揭阳开放大学讲师卢晓娜以粤东卢侗家风家训为具体研究对象，指出其修德、勤学、孝悌、慎言、宽容等思想具有丰富的时代价值和深刻的教育意义。应联合多方力量，通过民俗活动、乡土教材、课程思政等路径让卢侗家风家训得到更好传承。

2. 系统化多维分析家庭教育投入，家校社协同优化现状

在深扎中华文化田野的同时，作为政治、经济、教育等多重因素相互作用之结果的家庭文化传承，需要从系统性视野进行观察与解读。宁夏大学田养邑教授结合资金、情感、时间等要素，对"双减"背景下家庭教育投入结构化特征进行了实证分析。他指出，受传统教育观、升学压力及盲目攀比的影响，家长在"双减"政策下产生的新焦虑对家庭教育投入结构产生不良影响，但家庭教育投入仍有两极化趋势，如受教育程度较高、职业更具优势的家长在资金投入中明显更为重视提升孩子的综合素质，情感投入也更为充足。他还发现，在"双减"加重教师职业负担的背景下，教师自身工作投入与家庭教育投入间的矛盾更为凸显。他认为，家庭教育投入现状的优化须由家校社协同达成。

3. 反思家庭亲子伦理，创构和谐理性的现代化家庭格局

父母，是家庭系统文化传承的重要承担者。在优化家庭文化传承的时代要求下，现代家庭伦理格局有待在反思中完善。福建师范大学毕世响教授在会议发言中强调，教育在本原意义上是一场祭祀仪式。父亲应该成为理性动物，在大格局、大方向上塑造子女，在家庭谈话中传递智慧。贵州师范大学杨润东副教授指出，中国传统文化所倡导的亲子关系具有交互性，儿童与成人是相"属"的，不应将儿童视为成人的附属品。西北农林科技大学讲师王璐反对仅从父权维度理解儒家孝文化，认为将母子伦理置于从属地位，阻碍了人们全面把握孝文化的历史功能。她强调，应反思儒家孝道伦理的局限性，对现代社会母子关系进行伦理重构。

4. 探索民族家庭教育特色结构，提升城镇少数民族文化自觉

除一般视野下的家庭，少数民族文化系统中家庭突出的文化传承功能也是值得关注的问题。少数民族家庭教育在特殊的社会文化背景下呈现出极具自身特色的内容特征，在受外界文化冲击较多的城镇地区，少数民族文化呈现出符号特色的弱化与实质内涵的相对稳定性。西昌学院肖雪教授对凉山彝族传统家庭教育的内容进行梳理，将其划分为以伦理道德为主的

品行教育、以家支谱牒为基础的家族文化传承教育、以人生礼仪和节庆风俗为主体的习俗教育、自家庭而集体的彝族民间游戏活动教育和以口头文学及音美活动为主要形式的启智审美教育。西昌学院讲师取比尔莲认为彝族民俗文化在家庭传承中的变迁很大程度上是部分文化符号的变化，文化内涵未发生实质突变，民族凝聚力和民族意识反呈增强趋势，应进一步提高凉山城镇彝族的文化自觉。

### （三）社区场域的民族文化传承探索

社区是文化传承的重要场域，具有生活化、自由化等实践特质。但未经统筹的社区文化资源常面临闲置浪费等处境，过度内隐化，形成了储蓄端资源丰盈，体验端资源乏匮的存在情态。社区文化传承亟待在平台建设与制度完善中生成更多更具育人服务意义的共享性资源。

1. 盘活社区存蓄资源，制度化推进社区文化教育

过度内隐化的社区文化教育资源需要通过有组织地开发承载实际育人价值。西北民族大学周鹏生教授指出，社区蕴藏有丰富的文化教育资源，但广泛存在着资源闲置、缺乏统筹等问题，应积极盘活社区资源以应用于教育。广西师范大学博士生隋丹妮就民族社区教育中传统文化传承问题，指出了政策法规保障不充分、协同发展机制不健全、资源配置不平衡、功能定位不突出等现实困境，并提出应构建"政府-社区-平台"社区教育模式和"县-镇-村"三级文化传承平台，通过数字化网络系统、专业化社区教师团队、特色化民族文化课程等，促进优秀传统文化传承成为民族地区社区教育的时代新主题。

2. 多类主体协同促进社区教育，多样人群共享社区资源

社区文化传承需坚持多类主体协同为多样人群平等服务。西昌学院肖雪教授概括了彝族社会教育的特点：主体多样性、对象广泛性、内容丰富性、教育形式多样性、教育终身性。华东师范大学白芸副教授认为社区院校和老年大学可运用多种路径着力弥合老年人在第三代教育方面与年轻父母间的鸿沟，发挥隔代教育优化指导功能，同时为社会各方参与家庭教育

指导搭建平台。重庆师范大学蔡红梅副教授提出，民族地区基层群众自治组织要通过学习组织建设、宣传活动开展等，为民族地区儿童青少年国家通用语言文字学习提供必要的公益服务。

云南艺术学院吴婉婷副教授强调博物馆的重要功能之一就是通过建构集体记忆实现文化认同，他以昆明翠湖博物馆群落为例，指出博物馆的历史建筑能够唤起集体记忆，博物馆的叙事结构能够凝聚集体记忆，博物馆的社会功能能够拓展集体记忆。宁夏大学博士生帅静提出要为孤残儿童创设包容多样，尊重差异，共享发展的儿童友好型社区环境。

## 三、社会媒介化现实下中国式教育现代化的多维探索

当前，人类正生活在一个媒介建构的世界，媒介和现实生活要素紧密地纠缠，媒介和真实之间的界线变得模糊。华东师范大学终身教授丁钢在会上指出，在数字化时代，媒介化正以无法拒绝的方式推进着，教育研究不能成为在场的缺席者。教育人类学研究者必须关注到，媒介化的弱联系特性正在改变教育的处境。而学习方式的弱联系化，恰恰保证了对于每个不同差异的学习个体越来越多元化与个性化的意愿和需求的尊重，非正式学习正发挥着愈加重要的功能。

### （一）教育现代化探索应与民族文化传承深度耦合

社会媒介化是中国式教育现代化进程中必须面对的实践背景，教育实践和教育研究需要保持时空在场性，及时而积极地面对社会系统的变革与演进。与此同时，教育现代化探索须同民族文化传承相耦合，要从民族文化根性中探求深层原动力。辽宁师范大学讲师赵浩含在会上指出，中华优秀传统文化与教育现代化相融合是实现中华民族伟大复兴的必然要求，是传承和弘扬中华优秀传统文化的根本遵循，更是顺应时代化、现代化发展的现实需要。应加强跨学科研究，增进对中华优秀传统文化的资源挖掘、

宏观整合与脉络探索。南京师范大学硕士生刘子怡认为，应在中国式教育现代化进程中赋予中国古代教育思想新的生机与活力，探索将"天人合一，以人为本"的教育理念，"德教为先，诗书礼乐"的教育内容和"循序渐进，教学相长"的教育方法等应用于现代学校教育。

### （二）教育现代化变革需在人工智能挑战中守正创新

人工智能，是媒介化时代的另一新兴要素。在人工智能快速发展的当下，基础教育现代化机遇与挑战并存，需在守正创新中超前应对。辽宁师范大学杨淑萍教授指出，ChatGPT 时代基础教育现代化面临个人隐私和数据安全受到威胁、学生的道德观念存在异化风险、教师的传统权威受到挑战、教育数字鸿沟可能加剧等问题。基础教育现代化若要借助 ChatGPT 等人工智能技术实现由"后发"到"超前"的跨越式发展，必须加强对 ChatGPT 技术应用的监管和规范、落实立德树人根本任务以实现人的全面发展，培育"智慧"教师以彰显"人师"的独特价值，优化数字教育资源配置以促进教育公平。贵州师范大学杨润东副教授强调，人工智能正在替代人类的"做"和"思"，让孩子多做事，就是为了融合"事-情-理"，让儿童在新情境下多感多思。上海师范大学硕士生欧蒋杰提出人工智能时代要构建以人机对话为支点的 STEM 教育新格局。

### （三）整体谋划，构建中国式基础教育现代化新格局

中国式教育现代化是面向全体人民的现代化，基础教育现代化是其"全民性"的核心保障。教育现代化视域下的基础教育改革需要以更为系统化的视角多维分析。东北师范大学张聪教授指出，中国式基础教育现代化新格局从时间维度来看是新中国成立七十多年来，特别是改革开放四十多年来持续探索的必然要求；从空间维度来看，是全球教育深度变革、科技竞争日趋激烈、人才竞争持续升温的必然要求；从实践维度来看，是新时代中国基础教育现实性问题呼唤破解、学理性难题不断聚焦的必然要求。品牌建设，是基础学校现代化的有力助益。西南乡村教育创新发展研

究中心向帮华教授在会上强调，学校品牌建设应以促进学生学习为底层逻辑，以帮助学生学习为核心工作，以释放教师心力为推进建设的力量源泉，团队深度沉浸是学校品牌建设的有效路径。浙江大学博士生刘馥达考察了教育现代化进程中基础教育教师用书的编制，提出数字化时代教师用书应借助数字教材的富媒性、开放性、互动性与关联性为不同教师提供针对性意见，尽可能丰富地呈现经考究的成果，依托云端数据分析促成课堂教学管理的高效化。

### （四）优化机制，完备立法，实现后脱贫时代教育帮扶善治

在中国式教育现代化实践中，后脱贫时代教育帮扶是值得关注的本土化问题。教育帮扶的善治化是一项协同性工程。西北民族大学周鹏生教授基于对临夏州的个案研究指出，在教育帮扶过程中，应注重激活内在需求，优化东西部协作机制，补齐教育帮扶法律短板，紧跟经济发展趋势。他还强调，若要提升教育帮扶管理水平，则需要更多地考察利益相关方的内部动力性因素，大力开展"组团式植入"，把受助学校作为组织进行模块化建构，在遴选和培养帮扶干部上讲究方式方法，积极采用跟岗培训、分级分类培养等干部培训创新性思路。此外，西北民族大学硕士生董慧莹发现，我国教育领域贫困识别指标建构相对薄弱，亟待完善。

本次学术年会是在我国全面加快教育现代化，大力建设文化强国的宏观背景下举行的，具有重要的学术与实践意义。从学术上看，进一步突出了中国教育人类学围绕教育场域人类文化传承，赓续人类学田野精神，在新的起点上不断壮大高质量研究队伍，跨学科跨文化创造性发展的学科未来路向，回应了中华民族伟大复兴的中国梦对教育人类学研究的呼唤；从实践上看，进一步明确了新时代教育人类学深扎中华文化传承田野，奋力推进中国式教育现代化的重大时代课题，凸显了中国教育人类学为全面建设教育强国、文化强国，建构中华民族现代文明而服务的崇高学术使命。